CW01481188

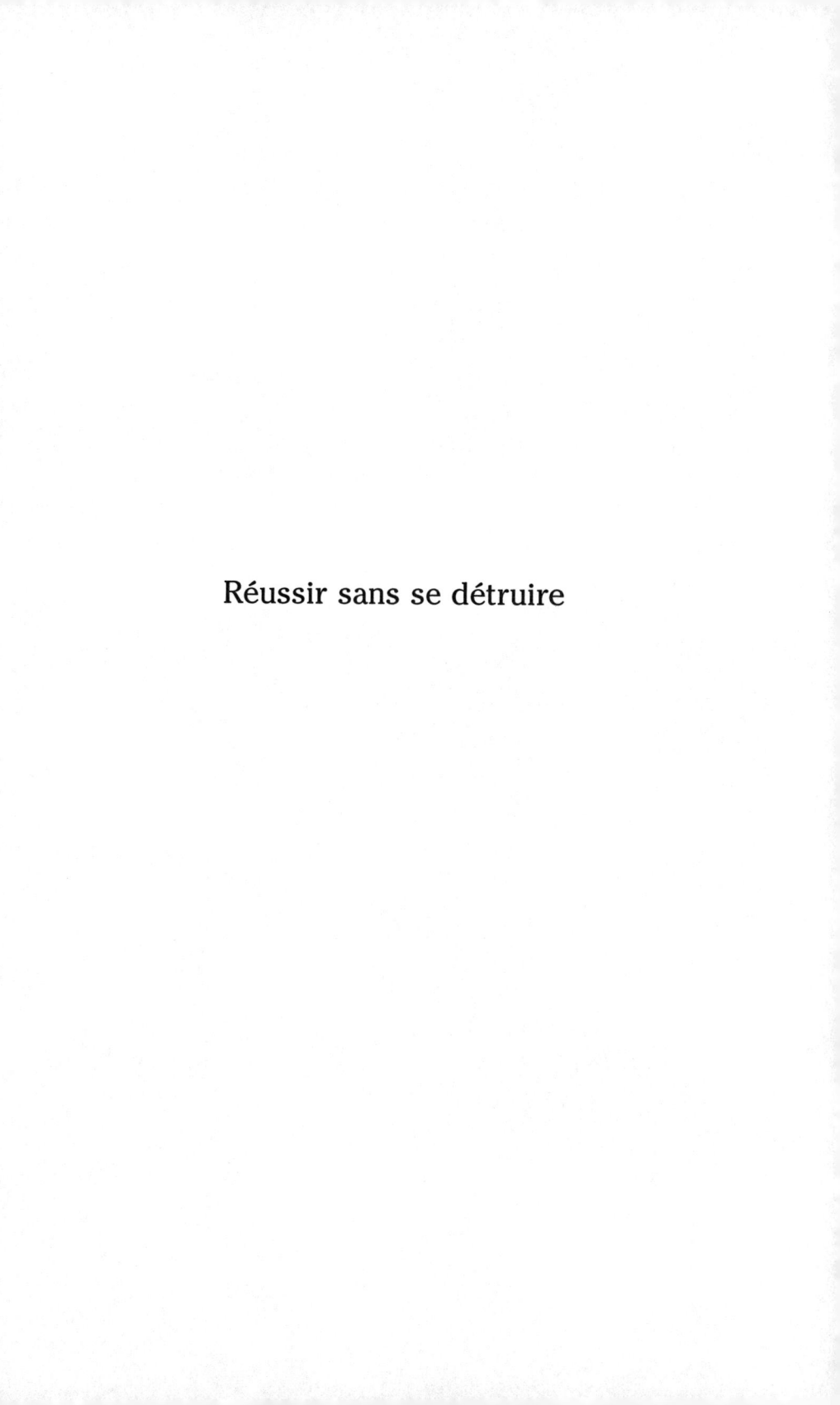

Réussir sans se détruire

Docteur Christophe Massin
Docteur Isabelle Sauvegrain

Réussir
sans
se détruire

Des solutions au stress du travail

Albin Michel

© Éditions Albin Michel, 2006

À celles et ceux qui, comme nous,
recherchent plus de sérénité au quotidien de leur vie
et un meilleur équilibre
entre ce qu'ils font et ce qu'ils sont.

Introduction

Quelle place occupe le stress dans nos vies ? Voici une question qui se pose aujourd'hui à nous, Occidentaux du troisième millénaire. Alors que nous avons éliminé de nos conditions d'existence la plupart des dangers qui pouvaient menacer nos ancêtres, on ne saurait dire que nous en ressentions davantage de sérénité ! Tant d'entre nous traversent des périodes durables de tension et, talonnés par le souci d'efficacité, courent du matin au soir contre la montre et ne trouvent pas la disponibilité pour se détendre, échanger, apprécier l'instant... « Gérer », comme on dit, un équilibre satisfaisant entre vie personnelle et professionnelle relève désormais plutôt de la performance et de l'équilibrisme que d'un fonctionnement naturel. Des peuples, qui connaissent un sort matériel moins favorisé que le nôtre et qui se battent pour leur survie quotidienne, montrent souvent plus de tranquillité face aux difficultés les assaillant !

Pour les hommes comme pour les animaux, la réaction de stress joue un rôle central dans les processus de survie : pas de stress, pas de vie. Mais trop de stress, pas de vie non plus ! D'un côté, le stress est le moteur de l'adaptation au flux incessant des changements : sans lui, nous nous trouverions rapidement

hors du courant de la vie. De l'autre, il mine nos existences, détériore nos relations, menace notre santé
psychosomatique. Si, donc, il nous aide à nous soustraire aux dangers potentiels qui nous guettent, à inno-
ver, à nous affirmer et à nous dépasser, il peut également nous conduire à l'épuisement, à la dépression,
à la maladie et à la mort.

Le stress en milieu professionnel a longtemps fait
l'objet d'un tabou. Lorsqu'on évoquait son existence,
il était soit nié, soit assimilé à un aveu d'échec pour
ceux qui acceptaient de se reconnaître concernés.
Mais en 1993, le Bureau international du travail lui a
consacré son rapport annuel, montrant son coût
considérable, tant en termes de santé publique que de
conséquences économiques, légitimant ainsi l'intérêt
qu'une entreprise pouvait lui porter. Parallèlement, les
médias ont largement contribué à ébranler le tabou,
mais il n'en demeure pas moins vivace, surtout pour
certaines catégories professionnelles tels les cadres et
les dirigeants. Si ceux-ci admettent leur stress en privé
ou dans le secret d'un cabinet médical, ils s'en défen-
dent encore beaucoup face à leurs pairs ou à leurs
supérieurs. De plusieurs enquêtes en France, il ressort
que plus de deux tiers des cadres se reconnaissent
stressés et qu'une même proportion pense qu'il serait
préjudiciable pour leur carrière d'en faire état.
Dans la presse, le thème du stress est fréquemment
abordé à travers des enquêtes, des questionnaires
d'évaluation assortis de conseils d'hygiène de vie. Différents ouvrages en traitent, sous l'angle de l'organisation du travail, des relations dans l'entreprise, ou
bien de la gestion individuelle du stress. Qu'est-ce que
ce livre prétend donc apporter de plus à un sujet déjà
aussi largement traité ?
À notre avis, la proportion d'individus stressés
s'est accrue depuis le début des années 1980. Et ce

phénomène ne tient pas seulement au fait que les langues se délient ou à une prise de conscience collective.

Le point de vue du médecin du travail en entreprise (Isabelle Sauvegrain)

Au fil de mes observations et des confidences recueillies dans le secret du cabinet médical, sur le lieu du travail ou en ville, j'ai vu certains indicateurs évoluer de façon diamétralement opposée en termes de santé physique et de santé mentale.

À mes débuts en usine, en 1976, la médecine du travail traitait des problèmes liés à la mécanisation progressive et à la complexification des tâches, alliées à une accélération des cadences. Les accidents du travail n'étaient pas rares : main coincée dans une machine, chutes, brûlures, projections dangereuses. Aujourd'hui, la méthodologie rigoureuse et volontariste dans l'approche des risques a contribué, en synergie avec le déploiement de politiques de sécurité et de prévention, à une nette diminution du nombre des accidents. Ceux qui se produisent encore sont de moindre gravité et surviennent lors de déplacements sur le lieu de travail, ou par le fait de gestes inadaptés.

Dans ces vingt-cinq dernières années, sur le plan de la maladie, les pathologies en milieu professionnel appartenaient au registre organique – inflammations, infections, allergies et cancers. Le suivi médical régulier, les dépistages, la mise en œuvre d'actions de prévention ont considérablement amélioré le niveau de santé physique.

Mais, progressivement, les indicateurs concernant la santé mentale ont commencé à se dégrader : plaintes psychosomatiques diverses, manifestations anxio-dépressives. La prescription d'anxiolytiques et d'anti-dépresseurs par les médecins traitants s'est développée d'autant. L'écoute des personnes fait ressortir la complexité de situations où sont imbriqués facteurs de stress personnel et professionnel.

Le point de vue du psychiatre-psychothérapeute (Christophe Massin)

Lorsque le domaine professionnel était abordé par mes patients en consultation, dans les années 1980, il s'agissait généralement de difficultés relationnelles très perturbantes avec un patron ou un collègue, d'un stress de surcharge ou d'une dépression de surmenage pour des cadres ou des dirigeants. Les perspectives de carrière suivaient une logique relativement prévisible et autorisaient le déploiement, dans le long terme, d'ambitions et de stratégies.

Puis, au fil du temps, j'ai vu émerger des problèmes qui m'ont alerté. Certains, manifestement compétents, sont complètement déstabilisés par des méthodes de management qui, suivant les cas, m'apparaissent brutales, incohérentes, voire perverses. Je les vois manipulés par des chantages, des phénomènes de double contrainte – prenez des initiatives, mais on vous attend au tournant. D'autres me semblent plongés dans un univers où des considérations technocratiques, financières, occultent tout respect des hommes. Comme beaucoup, je rencontre un nombre croissant de chômeurs qui se retrouvent exclus du système par une restructuration à l'âge de la maturité, alors qu'ils sont au faîte de leur expérience et de leurs capacités. Parallèlement à cette évolution de l'environnement professionnel, je reçois l'écho d'exigences individuelles plus affirmées, en termes de qualité de vie, avec la recherche d'un épanouissement personnel. Nombre d'hommes ne veulent plus tout sacrifier à leur réussite.

La conjonction de ces différents paramètres a rendu l'accompagnement thérapeutique de ces per-

sonnes plus délicat et m'a conduit à quitter mon cabinet pour intervenir aussi dans l'entreprise.

La confrontation de nos points de vue nous a amenés
à nous interroger sur ce qui avait changé dans le climat
des entreprises et dans leur organisation. Plutôt que
d'en faire dans cette introduction un tableau exhaustif,
nous l'illustrerons par des situations concrètes.

Stéphane, ingénieur de formation, décroche son premier
emploi dans une société de service informatique. À vingt-cinq
ans, il a un regard neuf sur le monde du travail. Que constate-
t-il sur le plan du stress et des rapports humains ? La charge
de travail, importante, lui semble gérable mais les objectifs
sont constamment remaniés en cours de route, sans que les
délais initialement prévus soient adaptés en proportion. La
pression de l'urgence – il faudrait avoir fini avant d'avoir commencé – représente un premier facteur de stress. Les dysfonctionnements organisationnels en rajoutent. Sa société le mis-
sionne auprès de grandes entreprises comme prestataire.
Devant œuvrer pour des projets transversaux, il se heurte aux
cloisonnements interservices du client. Ceux qui devraient collaborer à ce projet commun sont davantage préoccupés de
rivalités de pouvoir que de lui permettre d'accomplir sa mission. Son action s'en trouve freinée d'autant. Il remarque également le peu de considération dont jouissent les prestataires
de services, traités, selon ses dires, comme de la chair à pâtée.
Du côté de sa société, il trouve son patron obsédé de profit à
court terme. Des formations seraient nécessaires pour que ses
collègues et lui-même arrivent chez le client en ayant des
connaissances plus approfondies. Il n'y a pas d'investissement
pour professionnaliser véritablement et faire évoluer l'équipe
des intervenants. La recherche de réduction des coûts conduit
parfois à des situations absurdes où des outils indispensables
sont refusés par mesure d'économie. Il a la sensation que son
patron ne se préoccupe guère de prendre en compte les personnes ni de favoriser des liens de cohésion avec ses collabo-

rateurs. Ce climat ne donne pas envie à Stéphane de s'engager à fond dans cette société ni d'y rester longtemps. Il remplit ses objectifs avec sérieux mais n'investit pas la pleine mesure de son potentiel, attendant une opportunité et un contexte qui l'y incitent mieux. De toute façon, il tient à préserver une qualité de vie globale et ne pas tout sacrifier à sa carrière.

Le regard de Stéphane peut sembler désabusé mais il est empreint de réalisme. Comme beaucoup de jeunes diplômés actuels, il a débuté sa vie professionnelle par une recherche d'emploi de plusieurs mois, dans une ambiance peu porteuse. Il nous donne le ton d'une tendance montante dont nous recevons l'écho aussi de la part de personnes plus anciennes dans les entreprises, et de différents niveaux hiérarchiques. La dimension humaine en milieu professionnel s'est considérablement appauvrie, la rentabilité financière, pour un ensemble de raisons, primant sur toute autre considération. L'attachement mutuel entre l'entreprise et ses salariés s'en est affaibli. « Pourquoi m'impliquer et me lier à une entité qui me traite comme un pion ? », « J'aime faire mon travail correctement, sinon je ne suis pas motivé, mais je ne vois pas pourquoi je me défoncerais pour des gens qui n'ont cure de moi », entendons-nous. Dans cette perspective, le travail s'inscrit dans une relation réciproque purement utilitaire, voire cynique, sans valeur humaine ajoutée. Le lien social se délite dans ce climat ; on voit se développer un rapport de forces où l'on cherche à tirer le maximum de profit de l'autre. On en arrive, dans certains cas, à une logique de prédation mutuelle, où l'entreprise pressera le salarié jusqu'à la dernière goutte avant de le jeter, et où ce dernier cherche à s'arroger le maximum d'avantages.

L'histoire de Pascal, cadre dirigeant, décrit une ambiance et des procédés dont nous avons observé les conséquences néfastes ces dernières années. À la cinquantaine, il est parvenu à de hautes responsabilités dans l'entreprise où il a fait toute sa carrière après de brillantes études. Convaincu de la nécessité de réorganiser pour optimiser les coûts, il veut recentrer l'entreprise sur son cœur de métier, en laissant tomber les productions annexes. Du siège parisien, il détermine, en fonction du marché et de la concurrence, les secteurs prioritaires qui vont nécessiter des investissements lourds. Les autres productions passeront au second plan et resteront en l'état. Les équipes concernées, alertées par un budget d'investissement en chute, commencent à s'inquiéter. Il les rassure avec de bonnes paroles, faisant appel à leur implication au service de la société. Leur compétence saura compenser les difficultés rencontrées. Qu'ils se mobilisent, qu'ils produisent au meilleur coût et il fera le point. Avec des moyens comptés, produire de la qualité sur un outil vieillissant, dans des conditions de sécurité qui se dégradent, c'est une gageure. Néanmoins, au moment du bilan, le pari a été tenu. L'équipe du secteur attend la juste reconnaissance de ses efforts. Elle attendra longtemps...

Pascal a pris la décision, en comité de direction, de céder cette ligne de produits à la concurrence avec une partie du personnel concerné. L'encadrement, en double emploi, sera incité à rechercher d'autres postes en interne ou en externe. Pascal suivra de loin l'évolution de leur situation, se reposant sur la DRH dont c'est la fonction support. La décision annoncée est relayée par d'autres, chargés de la faire appliquer. Le personnel « lâché » apprécierait de le rencontrer pour comprendre une décision qu'il trouve arbitraire et injuste, mais ses occupations et son courage ne le lui permettent pas.

Après la production, au tour des commerciaux d'être dans son collimateur ! Avec cette ligne de produits en moins, l'équipe commerciale devient pléthorique et doit être *réajustée*. Pascal charge le directeur commercial d'adapter sa taille au volume d'activité. Cette équipe motivée s'attendait à d'autres remerciements pour ses résultats des années passées. Malgré ses demandes, elle ne rencontre pas Pascal, trop occupé. Les représentants du personnel rencontrent qui de droit, sans lui.

Il est convaincu d'effectuer une tâche difficile mais nécessaire au bon développement de la société. Ses décisions, adoptées en comité de direction et déclinées par les personnes qui font le relais, lui donnent peu d'états d'âme. Il en parle bien un peu chez lui, mais plutôt pour valoriser sa stratégie.

Content de ses résultats, il part confiant en séminaire de direction avec ses collègues, patrons comme lui d'une division, et la Direction générale. Au moment des bilans et des résultats, il présente comme les autres son secteur. Tous n'ont pas eu son courage pour anticiper la dégradation des affaires. Pourtant, il reçoit à peine quelques remarques positives de son directeur général. Il vacille, légèrement surpris, mais se dit que la reconnaissance viendra plus tard.

Le directeur général, après un déjeuner convivial, présente alors sa stratégie. Réflexion faite, il lui semble opportun de rassembler dans une même Business Unit les produits de Pascal et une ligne complémentaire, ce qui étofferait le portefeuille et créerait des synergies. Pascal, intéressé, se voit déjà sollicité pour mener un tel projet et attend confiant sa désignation. Aussi sent-il son cœur se décrocher quand le nouvel organigramme projeté sur l'écran apparaît sans son nom, pas plus qu'il ne l'entend pour la nomination au comité de direction. Il croit s'évanouir, mourir ; peut-être s'est-il trompé, a-t-il mal lu, mal entendu ? Il voit son collègue Xavier content, les autres rassurés. Le directeur général de continuer à développer sa stratégie sans sourciller, comme s'il n'existait plus, d'un coup d'un seul ! Il est devenu transparent, la terre se dérobe sous ses pieds. Il se sent lâché, trahi, abandonné. Ne rien montrer, tenir, tenir... La réunion continue. « Et moi ? » a-t-il envie de demander. Pour finir, le directeur général lui fait part d'une possible mission pour lui : « Oui, oui, d'un grand intérêt ! Mais si vous préférez, vous pourrez faire le point avec les services de la DRH et étudier, en interne comme en externe, les opportunités. »

Par ce récit véridique, nous ne voulons pas tant souligner le stress lié au fait des restructurations qui affectent fréquemment les entreprises actuelles, que celui engendré par l'absence de considération humaine, aussi bien envers Pascal que de sa part, envers ses collaborateurs. Si, effectivement, la survie de l'entreprise exige des licenciements ou des révisions difficiles, ce premier facteur de stress ne peut être évité. En revanche, le déni pur et simple du vécu personnel des salariés concernés traduit une véritable violence, qui amplifie de manière ravageuse le stress initial.

Nos facultés d'adaptation, pour fonctionner au mieux, demandent un temps pour digérer une nouvelle désagréable, une transition pour se préparer à un changement et un minimum de possibilités d'anticipation. Dans le contexte présent, tout doit marcher comme une mécanique huilée, en temps réel, comme si l'être humain disposait de ses motivations et de son vécu, à sa guise, pour s'adapter instantanément.

Nous avons reçu de multiples témoignages d'une telle **déshumanisation** où les décisionnaires évitent le contact avec les intéressés pour ne pas être pris à partie, les mettent devant des faits accomplis sans aucun ménagement ; où l'autorité n'est plus assumée par les hommes qui l'incarnent mais par des entités, des comités, qui sont protégés d'un contact direct par des intermédiaires. Quand un collaborateur cherche qui est vraiment responsable, il trouve souvent en face de lui le flou ou une invitation polie à aller voir ailleurs.

Cette évolution, touchant la clarté des échelons de décision et l'exercice de l'autorité, s'est effectuée durant les vingt dernières années. Voici maintenant trois anecdotes vécues par Isabelle Sauvegrain dans son exercice de médecin du travail, qui en montrent les étapes :

Dans les années 1980, l'organisation hiérarchique pyramidale prédomine encore, avec des responsables bien identifiés, dont on apprécie ou non l'autorité, et qui donnent clairement des directives. Dans ce contexte, un subordonné sait ce qu'il doit faire mais n'a guère de latitude pour contester des décisions qu'il désapprouve.

Un mécanicien qualifié demande une consultation d'urgence ; il souffre violemment de brûlures d'estomac. L'entretien fait ressortir le problème qui le préoccupe. Son nouveau chef, jeune ingénieur diplômé, débutant dans l'atelier, lui donne des instructions inadaptées pour le réglage d'une machine de conditionnement. Pris entre le respect de l'autorité et son avis sur la question, il en a l'estomac noué et l'envie de vomir ces consignes jugées stupides – et le chef avec ! Il faudra mon soutien pour qu'il ose aborder son chef et trouve la manière de lui faire entendre son point de vue.

Avec l'évolution des organisations, à un chef unique et clairement identifié se sont substituées les fonctions séparées de responsable opérationnel et de responsable fonctionnel, générant des points de vue très différents, voire contradictoires. Vers qui se tourner quand les intérêts apparents divergent ?

À la fin des années 1990, une laborantine en larmes fait irruption dans ma salle d'attente et s'effondre en crise de tétanie. Il faut un long moment de réconfort et d'écoute avant qu'elle ne retrouve l'usage de la parole pour dire ce qui la paralyse. Selon les règles de qualité établies, le résultat de ses analyses entraîne l'arrêt de la production pour analyses complémentaires et mesures de correction. À l'inverse, les impératifs de production poussent à minimiser ce résultat et l'amènent à nier son travail. Elle se retrouve donc écartelée entre ses deux autorités de tutelle, l'opérationnelle (production) et la fonctionnelle (qualité), faisant les frais de leur opposition. À qui appartient la décision dans ce conflit d'intérêts dont elle pâtit ? Une réunion rassemblant, à mon initiative, le directeur du site, les deux responsables et l'intéressée, dénoue la situation.

Les facteurs de stress professionnels ont été identifiés et les mesures adaptées prises. La dichotomie d'appartenance et d'intérêt existant déjà entre les opérationnels et les fonctionnels n'a fait, depuis, que s'accentuer et se complexifier. Actuellement, le contact entre ces différents interlocuteurs s'espace et se distend, aggravé encore par un éventuel éloignement géographique. Les rencontres se limitent à des réunions mensuelles ou à des échanges de courriers électroniques.

Récemment, une chimiste, d'abord responsable de production, se retrouve ensuite responsable qualité. Passionnée par l'opportunité de tirer la qualité vers le haut, elle s'investit à fond dans ses nouvelles fonctions. C'est à peine si elle trouve le temps de venir passer sa visite médicale. Néanmoins, je reste vigilante en raison des pressions qui pèsent sur elle, la sachant au carrefour d'intérêts contradictoires. Lorsqu'un jour, je la vois arriver blême dans mon bureau, je ne suis qu'à moitié étonnée. Que se passe-t-il ? Le strict respect des normes de qualité l'amène à refuser certains lots et, simultanément, la production s'impatiente, les cartons s'accumulent et les clients attendent.

Tiraillée entre les exigences de ses résultats et les impératifs opérationnels, elle est obnubilée par ce problème insoluble qui lui tourne dans la tête le jour puis la nuit. En lien électronique successif avec les responsables qualité basés sur un autre site et les responsables industriels, eux-mêmes encore ailleurs, elle ne sait plus vers qui se tourner. Au fil de l'entretien, elle réalise qu'en elle se joue le scénario : « Plus vite et sans faute », et qu'elle en fait les frais. Ses hiérarchies opérationnelle et fonctionnelle observent un recul prudent, teinté de cynisme : « Toi seule connais les particularités du site et la marge d'interprétation que tu peux prendre avec les normes... » Prétextant des emplois du temps surchargés, les responsables contactés s'esquivent, la laissant seule et insomniaque.

Que faire, sinon l'aider à prendre conscience, à formuler, à poser ses limites, à exprimer ses demandes ? Dans le même temps l'initier à la relaxation, lui faire découvrir les possibilités de ressourcement personnel ; et suivre de près cette candidate à la dépression ! Ces trois exemples rendent une image fidèle de la complexification croissante des organisations. Le dernier témoigne typiquement du retentissement délétère sur la santé mentale de la dilution des responsabilités qui s'observe actuellement.

Assistant à ces changements qui affectent le monde du travail, il nous est apparu qu'ils accompagnaient en fait une évolution globale de notre société, le stress des personnes n'en représentant qu'un symptôme. À travers des problématiques différentes, nous retrouvions l'écho de nos propres questionnements face à la vie. C'est en puisant à la fois dans notre formation médicale, avec les compétences particulières de la médecine du travail et de la psychopathologie, mais aussi dans nos formations extra-universitaires et nos recherches personnelles que nous avons trouvé et élaboré des réponses.

Pour Isabelle Sauvegrain, ce furent en particulier le développement d'une expertise sur les aptitudes psycho-corporelles et la prévention, grâce à plusieurs formations universitaires et une recherche sur la proprioception sous-tendue par la pratique du yoga ; la confrontation à des médecines traditionnelles durant de longs séjours à l'étranger et la formation à l'énergétique chinoise et l'acupuncture qui apportent une vision globale de l'être humain ; l'expérience de trois maternités parallèlement à une vie professionnelle très remplie. L'un des grands changements de ces dernières décennies concerne effectivement la féminisation de la vie professionnelle, avec une spécificité du stress des femmes que nous aborderons plus loin.

Pour Christophe Massin, ce furent la pratique clinique de l'accompagnement psychothérapeutique dans une perspective de développement personnel, des recherches en psychologie périnatale sur l'impact de cette période initiale de la vie ; une ouverture aux autres cultures et l'étude de la pensée orientale, très complémentaire de la nôtre pour appréhender la personne humaine et son fonctionnement psychique.

De là, nous avons développé des concepts et outils de formation dont nous avons pu apprécier la validité par des actions menées, depuis vingt ans, aussi bien dans l'entreprise que dans le secteur public (Éducation, hôpitaux, notamment).

Comment concilier intérêt de la structure (entreprise ou administration) et respect des personnes ? Nous avons voulu aborder la question du stress d'une manière globale, en l'envisageant sous ses trois dimensions :

– la dimension individuelle : la relation de la personne avec elle-même face aux péripéties de l'existence ;

– la dimension relationnelle : la relation entre les personnes au sein d'une même structure ;

– la dimension institutionnelle et collective : l'interaction entre les personnes, l'entreprise et l'environnement.

Dans nos actions auprès des entreprises, et grâce aux confidences recueillies dans nos cabinets médicaux, nous avons pu mesurer la complexité des facteurs qui concourent à cette recrudescence du stress. Des recettes de management, de bons conseils d'hygiène au niveau individuel, ou une amélioration des conditions de travail ne peuvent suffire à traiter un problème qui renvoie à des questions plus fondamentales. Comment menons-nous nos existences, vers quel(s) but(s) ? Quel sens a la vie pour nous, au niveau individuel et à un niveau collectif ? Quels sont les ingrédients nécessaires pour que la communauté d'individus qui constitue une entreprise assure sa mission et s'en ressente également bénéficiaire ? En effet, l'augmentation du stress, sur son versant négatif, nous signale une inadéquation dans nos vies qui traduit soit une fragilisation personnelle et des difficultés d'adaptation, du fait d'exigences inadaptées ; soit/et des conditions de vie et de travail inappropriées pour un être humain, parce qu'elles négligent son besoin de considération et de lien social.

Ce livre a donc pour but d'alimenter une réflexion sur ces questions fondamentales. Notre formation et nos activités de praticien-conseil nous ont montré combien le temps du diagnostic était primordial. Bien sûr, une fois établi, il appelle des réponses concrètes. Nous en avons cherché, pour les individus et pour les organisations, et nous les avons testées, au fil du temps, dans nos interventions. Nous les partagerons également ici.

LES REPÈRES
INDISPENSABLES

La notion de stress a connu une fortune récente dans notre vocabulaire quotidien depuis son importation en langue française, durant la seconde moitié du XXe siècle. Sous ce terme si largement utilisé, nous exprimons une gamme d'expériences humaines très disparates et qui semblent, à première vue, contraires : quel lien logique trouver entre un état de stimulation qui redouble notre efficacité et celui qui paralyse nos moyens ? Chacun sait pourtant de quoi il retourne pour lui-même quand il parle de stress, mais reste généralement en difficulté pour fournir une définition plus précise et de portée générale.

Dans cette première partie, nous passerons en revue différents courants de pensée qui nous apporteront déjà une vision plus complète du stress. En même temps nous mesurerons mieux ses implications multiples et l'importance centrale qu'il détient dans nos vies, largement au-delà de ce que nous pouvons imaginer. Non seulement il se manifeste dans les périodes de crise quand il nous faut choisir et faire face, mais dans maints petits moments du quotidien qui nous demandent des adaptations plus modestes. Il touche autant la vie professionnelle que privée et ne connaît pas de frontières. Il se communique si aisément d'une personne à une autre que sa contagion semble quasi irrésistible.

Nous envisagerons ensuite ses éléments constitutifs – les différentes catégories de facteurs stressants qui peuvent affecter un individu et le faire réagir avec ses facultés particulières. Nous détaillerons les facteurs de stress tels qu'ils se présentent actuellement dans l'univers professionnel, en accordant une place distincte aux spécificités de l'expérience féminine.

Enfin, connaissant les forces en présence, nous aborderons l'étape du diagnostic : quels signes nous permettront de reconnaître le stress dès son apparition ? Quels indicateurs et repères internes nous aideront à saisir le moment où cette réaction commence à nous causer du tort, afin que nous puissions retrouver au plus vite notre équilibre ?

1

Quelques idées à retenir...

Différentes approches vont ici nous aider à cerner ce qu'est le stress. Chacune d'entre elles nous apportera des éclairages qui se croisent et se complètent, et font ressortir des notions essentielles à la fois pour le comprendre et l'aborder d'un point de vue pratique.

Si nous nous basons sur notre expérience quotidienne du stress, nous le définissons habituellement comme un état d'activation perceptible par une certaine effervescence intérieure.

Dans sa signification anglaise, *stress* exprime la contrainte exercée sur un matériau ainsi qu'une notion d'insistance. L'étymologie remonte au verbe latin *stringere :* serrer. Nous retrouvons des idées évocatrices de cet état.

Dans l'acception populaire du mot, il équivaut à un état de tension plutôt négatif, voire d'angoisse, dont on préférerait faire l'économie. De fait, lorsque, au cours de conférences ou de formations, nous effectuons un sondage auprès des participants, seule une minorité associe spontanément le terme à une réaction agréable qui stimule et permet plus d'efficacité. Nous recueillons surtout une liste de sensations pénibles où l'irritation, la tension le disputent à l'anxiété. Dans l'entreprise, à entendre certains managers, le stress s'impose pour animer une équipe et bien fonctionner, tandis que d'autres se plaignent qu'ils en perdent leur efficacité. Lorsque les médias titrent sur le sujet, ils ne vantent certes pas ses bienfaits mais soulignent ses conséquences destructrices. Quelle représentation pouvons-nous nous forger avec des points de vue aussi contradictoires ?

STRESS ET PHYSIOLOGIE

La physiologie nous a heureusement fourni une définition du stress très éclairante quant à sa signification, et positive. Hans Selye, le chercheur qui a donné son essor au concept de stress (1936), nous a appris qu'il s'agissait en effet de la réaction d'adaptation de l'organisme face à un changement survenant dans son environnement. Ladite réaction permet ainsi à un animal de mobiliser le maximum de son potentiel pour répondre à l'attaque d'un prédateur : la gazelle perçoit un léger mouvement dans les hautes herbes de la savane ; elle cesse de brouter, les oreilles dressées, et s'immobilise pour observer. Elle reconnaît l'approche du lion et s'enfuit à toute allure... Avec des mécanismes physiologiques identiques chez l'homme, cette réaction intervient donc au service de la vie.

*Voici donc la clé fondamentale : la vocation du stress, c'est l'**adaptation au changement**.* Pour analyser et comprendre nos réactions de stress, il faut en priorité rechercher à quel changement nous réagissons, afin de contrôler si le processus d'adaptation en cours est efficace.

Dans l'univers professionnel contemporain en révolution permanente, ce thème de l'adaptation occupe une place centrale. C'est ce qui est demandé aux entreprises, avec une exigence impitoyable, et aux hommes qui les composent. Nombre de dirigeants conçoivent le stress comme un épiphénomène dont on ne s'occupera qu'avec une certaine condescendance. En clair, il faut avoir du temps et de l'argent pour se consacrer à le prévenir. Pourtant, la biologie nous montre que tout organisme vivant ne peut s'adapter sans limites. Au-delà, il se dérègle et se détruit.

La réaction physiologique, aujourd'hui bien connue dans ses grandes lignes, va nous permettre, face à l'imprévu ou au danger, d'activer à la fois notre système nerveux pour nous rendre attentif, intelligent, créatif dans nos décisions, et notre système locomoteur, pour obtenir des performances physiques. Nos facultés de perception s'aiguisent et notre mémoire met à notre disposition le souvenir d'expériences apparentées, ces références passées nous aidant à trouver une réponse adaptée plus rapidement. Pour soutenir la montée en puissance énergétique, les ressources de l'organisme sont sollicitées. Le métabolisme se modifie pour fournir aux cellules nerveuses et musculaires leur combustible – le glucose – et le système cardio-respiratoire pour leur apporter le comburant – l'oxygène. Simultanément, dans les organes dont le fonctionnement immédiat ne participe pas à la réponse, la circulation sanguine se restreint par mesure d'économie. Les viscères abdominaux et la peau reçoivent donc moins d'irrigation.

Sous l'influence de l'ACTH[1] hypophysaire, les hormones du stress, adrénaline, noradrénaline et cortisol, bouleversent tout le fonctionnement de l'organisme : elles modifient entre autres le rythme cardiaque et la tension artérielle, la respiration, la digestion, le métabolisme, les sécrétions endocrines, le sommeil, les fonctions intellectuelles, l'immunité, la tonicité

---

1. ACTH : hormone adrénocorticotrophique libérée par l'hypophyse dans la réaction de stress.

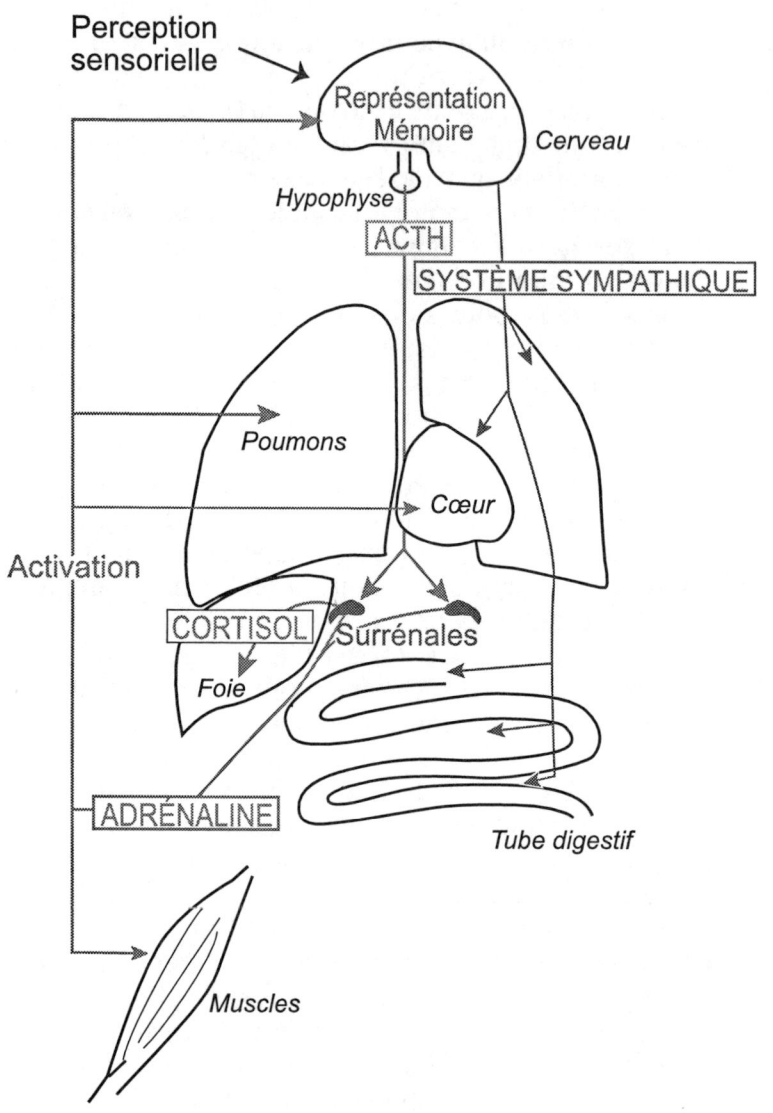

Perception sensorielle

Représentation Mémoire

Cerveau

Hypophyse

ACTH

SYSTÈME SYMPATHIQUE

Poumons

Cœur

Activation

CORTISOL

Surrénales

Foie

ADRÉNALINE

Tube digestif

Muscles

Physiologie du stress 1

Afférences sensorielles et sensitives

Cortex

Centres sous-corticaux (hypothalamus, hypophyse)

Libération d'ACTH   Activation du système sympathique

Action sur les glandes médullo- et *cortico*-surrénales

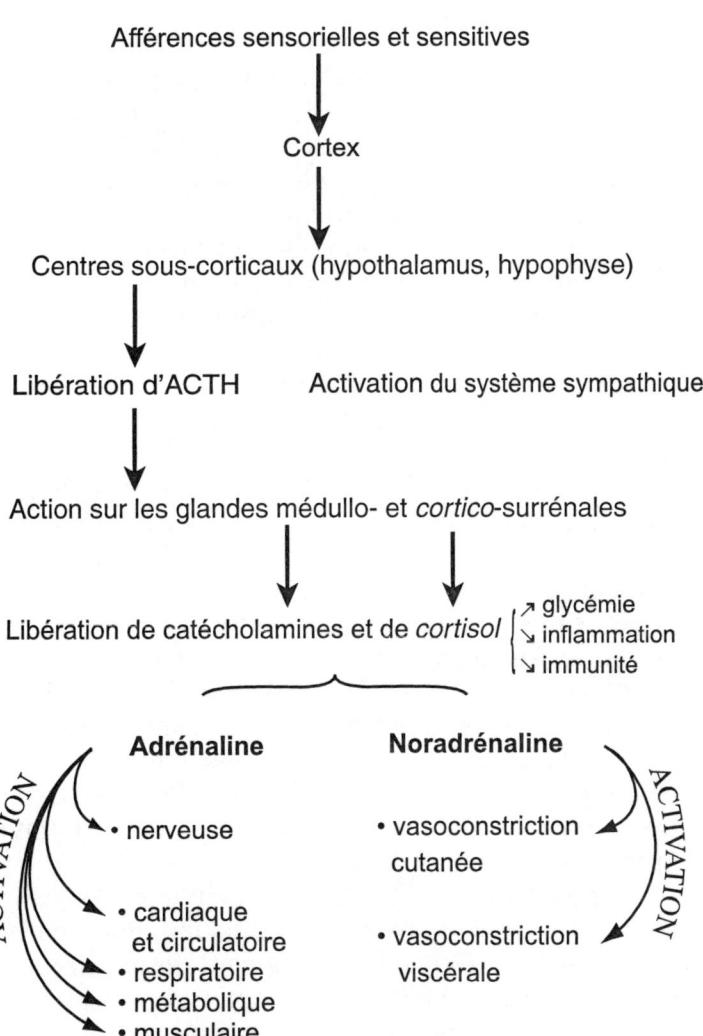

Libération de catécholamines et de *cortisol* $\nearrow$ glycémie
                                                 $\searrow$ inflammation
                                                 $\searrow$ immunité

Adrénaline   **Noradrénaline**

ACTIVATION

• nerveuse   • vasoconstriction   ACTIVATION
                              cutanée

• cardiaque
  et circulatoire   • vasoconstriction
• respiratoire   viscérale
• métabolique
• musculaire

Physiologie du stress 2

musculaire, la circulation cutanée, etc. Cela nous explique comment un stress chronique ou trop intense parvient à créer des troubles psychosomatiques aussi hétéroclites que l'hypertension artérielle, des dermatoses, l'ulcère gastrique, des infections rhinopharyngées, des insomnies et des maux de dos.

Si l'attaque d'une tribu voisine ou d'un fauve justifiait pour notre survie une telle révolution dans notre organisme, ce n'est plus le cas aujourd'hui où les facteurs déclenchants de notre quotidien se compareraient plutôt à l'agression d'une nuée de moustiques : pression du temps, trajets pénibles, bruits et éclairages éprouvants, agacements relationnels, excès d'information, etc. Nous les qualifierons de stress d'inconfort et de contrariété, pour la plupart. Certes, une intelligence plus vive nous est nécessaire afin de les résoudre mais pas une telle stimulation physique. Celle-ci restera donc inemployée sous forme de tensions.

Nous devons apprendre à préserver notre corps de ces montées d'adrénaline, si coûteuses pour notre équilibre interne : réaction adaptée à l'animal ou à l'homme des sociétés primitives, confrontés à des stress vitaux, mais disproportionnée par son intensité somatique pour l'homme moderne. Elle peut apparaître comme un anachronisme, compte tenu de l'univers protégé dans lequel nous vivons.

La physiologie nous dit encore qu'une fois les hormones de stress libérées dans le sang, nous ne pouvons empêcher qu'elles atteignent leurs cibles. La seule possibilité d'intervenir, à notre portée, se trouve en amont, dans notre cortex, au moment où celui-ci identifie la perception d'un changement dans notre environnement. Suivant la représentation mentale que nous nous faisons de la situation, la réaction de stress se déclenchera ou non. En haut de la piste noire, le bon skieur et le débutant ne se représentent pas la pente de la même manière ! Le premier vit un stress positif à l'idée de la performance excitante qu'il va fournir, le second visualise plutôt une chute spectaculaire dont la perspective le tétanise sur ses skis. Un enfant en bas âge, n'ayant pas encore construit de représentation, ne projettera rien de particulier et s'aventurera dans la descente sans aucune conscience des risques encourus, alors qu'un autre, plus craintif, sera peut-être rigidifié par le stress du simple fait de chausser ses skis, parce que ses pieds sont prisonniers.

Cette possibilité de saisir le stress à sa source cérébrale, en comprenant le **rôle clé de la représentation**, demande que nous ayons pris conscience de notre processus de pensée et de nos images mentales, dès le départ. C'est un élément capital de la prévention du stress puisque ses effets hormonaux échappent entièrement à notre contrôle. Les approches cognitivo-comportementalistes travaillent à modifier les représentations inquiétantes qui nous font basculer dans le stress négatif.

Dans sa définition, Hans Selye a précisé qu'il s'agissait d'une **réaction non spécifique**. Cela signifie que la réaction de l'organisme ne dépend pas de la nature du stimulus. Je suis bloqué dans un embouteillage et en retard – *stimulus psychologique* –, il fait très chaud – *stimulus physique* –, j'inspire les gaz d'échappement irrespirables du gros camion qui me précède – *stimulus chimique* –, mon téléphone portable sonne et je me dispute avec ma compagne – *stimulus relationnel*. Lorsque finalement j'ouvre la porte de mon bureau, je m'aperçois qu'on a emprunté un matériel dont j'ai justement besoin – *stimulus psychologique*. Chacune de ces péripéties a sollicité ma faculté d'adaptation qui parvient à saturation et j'explose sur la première personne qui passe, de façon inconsidérée.

*Ce caractère non spécifique entraîne un **effet cumulatif***, parce que le même système se déclenche à chaque fois. Notre organisme arrive à cran sur des périodes qui s'allongent et ne parvient plus à redescendre à son régime de croisière. Voilà le stress chronique vécu par tant d'entre nous.

STRESS ET NEUROPHYSIOLOGIE

Discipline plus récente, la neurophysiologie a permis de découvrir le rôle des neuromédiateurs [1] participant à la réaction de stress et leurs relations avec nos comportements.

Parmi les nombreuses substances modulant l'activité de nos neurones, plusieurs sont impliquées. Nous citerons les endorphines, parentes chimiques de la morphine, dont certaines (endorphine γ) réveillent notre agressivité et d'autres (endorphine α) nous procurent un sentiment d'euphorie ainsi qu'une anesthésie à la douleur profonde. Le soldat partant au combat illustre leurs effets. L'euphorie entretenue par la musique militaire précède l'agressivité et l'irritabilité du combat ; une blessure grave survient, et le soldat continue de se battre dans le feu de l'action, grâce à l'effet anesthésiant.

Adrénaline et noradrénaline agissent en même temps comme hormones et comme neuromédiateurs, intervenant aussi dans l'activation du système nerveux sympathique qui participe à la réaction de stress comme activateur.

L'action des neuromédiateurs éclaire les mécanismes qui sous-tendent des comportements observés en situation de stress, comme les manifestations d'agressivité, et aussi la dimension euphorisante qui pourrait expliquer l'addiction au stress de certaines personnes.

---

1. Substances produites par les cellules nerveuses, les neurones, ici dans l'hypothalamus, à la base du cerveau.

La recherche découvre chaque année de nouvelles molécules qui agissent sur les neuromédiateurs en potentialisant ou en inhibant leurs effets, au niveau cérébral central, ou au niveau du système nerveux périphérique et des organes cibles. Des médicaments limitent ainsi les effets secondaires handicapants. On sait maintenant agir sur le tonus musculaire, l'hypervigilance, la sphère cardio-vasculaire. C'est un recours pour des stress aigus ou d'épuisement chronique.

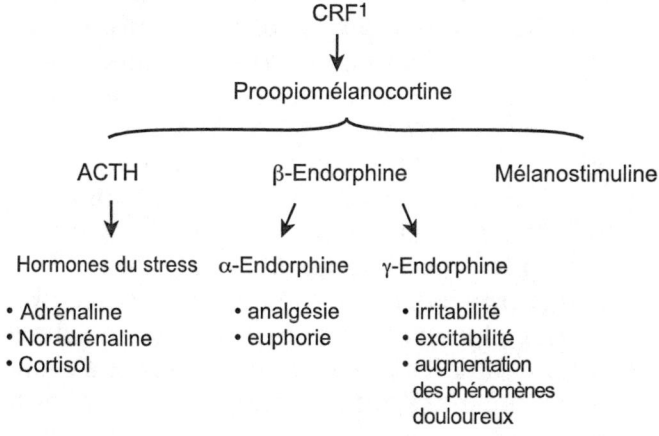

Neurophysiologie

Des études scientifiques ont découvert que le développement du système nerveux fœtal était sensible au stress de la mère pendant la grossesse. Chez l'animal, une femelle stressée durant sa gestation aura des petits eux-mêmes beaucoup plus vulnérables au stress. Chez l'être humain, on ne peut l'affirmer aussi nettement : si le développement cérébral du fœtus obéit à des facteurs beaucoup plus complexes, un

---

1. Corticotrophic Releasing Factor : substance qui permet la production dans l'hypothalamus de l'ACTH, d'endorphines et de mélanostimuline.

stress maternel notable représente néanmoins un risque. D'une part, il favorise les contractions utérines durant la grossesse et peut provoquer un accouchement prématuré avec ses conséquences propres. De l'autre, il peut toucher le fœtus dans ses structures cérébrales les plus fragiles comme l'hippocampe (région du cerveau qui participe à la régulation émotionnelle).

La naissance elle-même représente un stress physique et émotionnel pour la mère comme pour l'enfant, compte tenu de l'effort à fournir et de l'adaptation demandée. Positif lorsque tout se déroule en douceur, le stress vire aisément au négatif quand la naissance devient difficile. Même si l'obstétrique moderne prévient maintenant des drames si fréquents dans le passé, un stress profond peut marquer le bébé. Il s'agit précisément pour lui d'affronter un changement d'état considérable. La manière dont il l'aura vécu et traversé constitue une expérience première et inscrit en lui un prototype de réaction au changement.

Apprécier les traces exactes dans son système nerveux d'un stress natal reste délicat ; on peut toutefois en observer les répercussions émotionnelles sous forme d'angoisses, de peurs irrationnelles face au changement [1]. On ne saurait trop recommander d'épargner aux femmes enceintes toute forme d'agression ; et d'entourer la naissance d'un climat aussi serein que possible : on œuvre ainsi pour le long terme dans une optique de prévention. Si cette recommandation vaut pour le milieu professionnel où l'on ne traite pas toujours les femmes enceintes avec égards, elle s'adresse d'abord à elles – savoir se préserver, être attentives à leurs limites, sans attendre une menace d'accouchement prématuré ou un état de tension excessive.

---

1. *Le Bébé et l'Amour*, Christophe Massin, Aubier-Flammarion, Paris, 1997.

Stress et comportement

L'étude des comportements humains et animaux, l'éthologie, a mis en évidence trois principaux modes d'expression pour la réaction de stress, qui correspondraient à des modulations des différentes hormones :
– deux modes actifs : la fuite et l'agression ;
– un mode passif : l'inhibition.

Ainsi, le cerf poursuivi par la meute de chiens cherche d'abord à fuir jusqu'à leur faire perdre sa trace. S'il est finalement retrouvé, les chiens l'entourent. Le cerf fait face et tente de les repousser avec ses cornes. Finalement submergé par les attaques, il se fige avant de recevoir le coup de grâce.

Il s'y ajoute encore trois stratégies, variantes de la fuite : la ruse, la retraite et la déviation d'une attaque (quand une mère attire sur elle l'attaque d'un prédateur pour sauvegarder sa progéniture).

Dans la nature, chacune de ces réponses présente une utilité pour s'adapter et se protéger d'un danger, y compris l'inhibition (faire le mort peut permettre d'être ignoré par un prédateur ou de décourager son attaque). L'homme moderne, lui, ne peut à son gré attaquer physiquement la source de son stress ni s'enfuir en courant. Ces trois comportements s'expriment donc sous une forme plus métaphorique. Ainsi, en situation de conflit, la fuite pourra s'exprimer par l'évitement du sujet qui fâche, l'agression par de la colère ou un flot de jugements critiques, et l'inhibition en bégayant et en rougissant. Perdre ses moyens et rester pétrifié ne suscite guère l'envie et représente généralement la forme de stress la plus mal vécue.

Chacun de nous peut prendre conscience de son mode de réponse (fuite, agression, inhibition) dans la sphère professionnelle et dans la sphère privée (cela diffère souvent) et vérifier que ce mode, s'il est devenu systématique, ne produit plus une adaptation de bonne qualité. Il s'agit au contraire de développer la liberté de choisir le registre le plus adéquat pour la situation.

Dans la vie professionnelle, savoir confronter (a-gresser = aller vers) présente une qualité indéniable pour certaines situations, mais savoir reculer, également, quand on ne dispose pas des ressources ou des atouts pour soutenir sa position. Faire le mort, en attendant que l'orage passe, se révèle bénéfique quand nous risquons pire encore, si nous nous manifestons. Le tout est que nous choisissions ces réponses et non qu'elles s'imposent aveuglément, en dehors de notre volonté. Nous verrons que l'impulsion qui nous conditionne à réagir systématiquement d'une certaine manière ne se modifie pas aisément, car elle prend sa source loin dans l'enfance. L'éthologie a montré qu'effectivement certains comportements, chez l'animal, n'étaient pas transmis génétiquement mais intégrés, au tout début de la vie, par imprégnation au contact avec les parents. Nous allons voir comment ce phénomène interfère, pour nous humains, avec nos réactions de stress, à travers nos relations affectives précoces.

Konrad Lorenz a montré chez des oiseaux l'existence d'une période sensible juste après l'éclosion où se réalise l'**empreinte** d'un comportement à moyen ou à long terme. Ainsi, l'oison qui sort de l'œuf sera sensible au premier objet en mouvement qu'il verra. Habituellement, c'est sa mère oie dont il prend l'empreinte, et de fait il la suivra partout. Si, dès le départ, on lui présente un autre objet mobile, il s'attachera à cette figure de substitution, fût-ce une botte ou un être humain. De plus, l'attraction pour cette première empreinte se retrouvera encore, à l'âge adulte, lors de la recherche d'un partenaire sexuel qui lui ressemblera.

Dans le monde animal, l'attachement à la mère est vital pour le petit puisqu'elle le nourrit et le protège. Pour lui, totalement démuni, cette relation conditionne sa sécurité à la fois sur le plan concret et sur le plan de son sentiment intérieur. Il n'est qu'à entendre ses appels de détresse dès qu'elle s'éloigne. Nous touchons là le lien fondamental entre la relation affective et le sentiment de sécurité.

La mère doit veiller sur ses petits, proies idéales pour les prédateurs. Ceux-ci ne se méfiant de rien, elle doit constamment demeurer en alerte pour eux. Mais, surtout, elle prépare leur autonomie en leur transmettant les schémas de comportement liés au stress, afin qu'ils apprennent à échapper aux dangers potentiels. Elle leur apprend la peur et les stratégies de combat et de fuite.

Chez l'homme, la **transmission de réactions de stress** et de peur existe, mais de manière beaucoup moins structurée. Qui n'a rencontré ces mères anxieuses qui s'inquiètent au moindre mouvement de leur enfant ? Parmi leur progéniture, on peut repérer ceux que la peur maternelle emprisonne d'un invisible corset et qui appréhendent eux-mêmes de se faire mal ; et ceux, au contraire, qui vont manifester une témérité constante – témoignant ainsi que les ondes de crainte ne les ont pas davantage laissés indifférents. Si on ne peut parler d'imprégnation, au sens strict, d'une manière aussi caractérisée, on observe des transmissions familiales de schémas de comportement face à des situations perçues comme dangereuses (elles diffèrent beaucoup d'une famille à l'autre), vis-à-vis du conflit.

Nous avons donc intérêt à réfléchir aux modèles de réaction au stress que nous avons reçus de nos parents et à leur qualité adaptative pour notre vie d'adulte.

Pour revenir à la notion d'empreinte, bien qu'on ne puisse l'appliquer *stricto sensu* à l'être humain, les théoriciens de l'attachement comme John Bowlby, proches de l'éthologie, ont étudié comment s'établissait le sentiment intérieur de **sécurité de base** d'un enfant. Ils ont montré combien la qualité de contact affectif avec ses parents et leur ajustement à ses besoins, dans sa prime enfance, conditionnaient ce sentiment sur un mode sécure ou insécure. En outre, l'observation sur de longues périodes de vie a souligné la stabilité de ces modes d'attachement, depuis l'enfance jusqu'à la vie adulte, ainsi que leur transmission d'une génération à l'autre, notamment dans la relation mère-bébé : une mère insécure tend à transmettre ce mode insécure à son bébé.

Cette insécurité concerne la relation elle-même et se manifeste notamment lors d'une séparation d'avec le parent concerné. Elle se retrouve quand un lien affectif ultérieur prête à ressemblance avec la relation initiale, par exemple dans une histoire amoureuse. Néanmoins, la sécurité de base affective rejaillit aussi sur les autres domaines de la vie. On le voit clairement chez les enfants qui bénéficient de cette solidité affective avec leurs parents. Elle sous-tend leur attitude face à l'inconnu et au changement qu'ils peuvent affronter plus aisément grâce à cette confiance primaire. Ils savent au fond d'eux qu'en cas de difficulté ils trouveront sécurité, compréhension et réconfort auprès de leurs parents. En outre, des parents sécures ont plus de probabilité de transmettre des schémas de comportement adaptés à la réalité de la vie.

En période de crise dans l'entreprise, comme une restructuration, des personnes gardant une insécurité affective inscrite en elles vont généralement manifester davantage d'anxiété et de vulnérabilité devant l'incertitude et se comporter plus souvent de manière inadéquate.

Nos modes de réaction au stress prennent donc leur source dans notre prime enfance. Ils sont intimement liés à nos relations affectives. Une connaissance des grands traits de celles-ci est souvent nécessaire pour mieux comprendre nos réactions.

STRESS ET PSYCHANALYSE

Le stress n'avait pas encore été individualisé et défini en tant que tel du temps de Sigmund Freud. Celui-ci, là aussi précurseur, en donne une description précise dès 1915 dans le chapitre sur l'angoisse de *L'Introduction à la psychanalyse*. Il appelle cette réaction face au danger « l'angoisse réelle », par opposition à l'angoisse névrotique qui peut surgir sans aucun élément déclencheur externe. La psychanalyse nous apporte plusieurs éléments de compréhension déterminants qui interviennent dans cette réaction.

La vie psychique de l'être humain est animée par un flux d'énergie. Le rôle de notre psychisme est de maintenir cette énergie à un niveau « confortable », ni trop élevé ni trop bas, pour que nous nous sentions bien. Or, précisément, la réaction de stress suscite une effervescence qui peut rapidement nous agiter et nous priver de repos. On le constate lorsqu'une question nous préoccupe : nous ne pouvons plus cesser d'y penser et elle nous tient éveillés la nuit. Quand notre énergie interne dépasse le seuil supérieur tolérable, nous perdons la maîtrise relative des processus psychiques, et des troubles psychiatriques témoignant de cette impuissance apparaissent : un délire, un état d'excitation maniaque (l'opposé de la dépression), une crise de panique. Si notre énergie s'abaisse en deçà du seuil inférieur, c'est la dépression. La personne « mise au placard », privée des stimulations qui maintiennent son énergie à un régime suffisant, risque fort de se déprimer, à moins de se tenir par elle-même en activité.

La gestion du stress est celle de l'énergie, physique et psychique. Il nous faut donc apprendre à mieux maîtriser et canaliser l'énergie psychique afin qu'elle ne nous déborde pas.

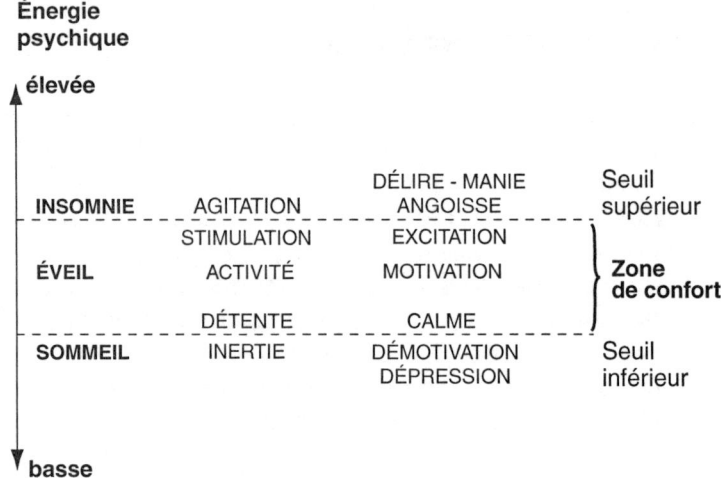

Stress et psychanalyse

La psychanalyse a précédé l'éthologie pour reconnaître l'importance du passé infantile dans la vie affective. Elle a pu montrer que nombre de nos réactions s'enracinaient dans ce passé lointain mais avec un élément de complexité supplémentaire. Les traces les plus chargées émotionnellement de ce passé se trouvent dans la part inconsciente de notre psychisme et dictent, à notre insu, notre comportement.

Chaque fois que Gérard, un cadre informatique, est convoqué par son patron, il a l'estomac noué, il transpire et, en face de lui, il se sent facilement en faute, à devoir se justifier. La moindre critique est reçue comme une attaque personnelle. Il se débat maladroitement et ressort humilié de son impuissance, à la fois furieux et inquiet. Même si, dans la réalité, le directeur a le pouvoir de le licencier, il ne se trouve pas dans un tel état par peur de perdre son emploi. L'exploration de ce malaise ramène à la conscience l'image de son père, un homme caractériel, qui ne perdait jamais une occasion de le rabaisser et laissait éclater sa colère d'une façon imprévisible. Il l'accablait de reproches : « Tu n'es qu'un bon à rien, un minable. Tu finiras clochard ! »

Notre éducation laisse en nous des marques profondes qui conditionnent nos réactions, celles de stress comme les autres. Cela pourra expliquer des réactions qui semblent manifestement disproportionnées en intensité, au regard du facteur déclenchant. Nous aurons à travailler sur ces conditionnements anciens en sachant que leur origine le plus souvent inconsciente ne nous est pas accessible au départ.

Outre ces marques émotionnelles, l'environnement éducatif nous influence considérablement par simple effet de **mimétisme** et d'imitation. Nous voyons nos parents traiter les problèmes du quotidien : comment commençaient les journées, tranquillement, dans la précipitation ? Les devoirs, les repas, les départs en vacances, les rangements et le nettoyage de la maison ? Nous en conservons certains moules de comportement, en imitation ou en opposition. Avec une mère toujours en retard et donc stressée à chaque départ, j'ai le choix de reprendre le flambeau ou d'être la ponctualité incarnée pour ne surtout pas lui ressembler. Avec un père très pointilleux, qui épluche chaque virgule de mes devoirs et fait une crise si le tournevis est rangé de travers, ou génère un climat oppressant de tension chaque fois qu'il bricole, vais-je suivre l'exemple, ou me rebeller et faire tout l'inverse ?

Devant certains de nos comportements quotidiens, créateurs de stress pour nous-mêmes ou notre entourage, nous pouvons nous interroger sur ce que nous perpétuons ainsi...

Freud a mis en lumière encore un fait important de la vie mentale, la notion de **conflit intrapsychique** qui se traduit généralement par de l'angoisse. Pour beaucoup de personnes, stress est synonyme d'angoisse. Mais ce que nous appelons angoisse, dans le langage courant, correspond, dans la terminologie freudienne, à l'angoisse dite « névrotique ». Cette sensation d'oppression, si pénible, diffère du stress, parce qu'elle ne tient pas tant à une difficulté avec l'extérieur qu'à des facteurs internes à nous-mêmes. Elle peut ainsi survenir en dehors de toute stimulation externe, du simple fait qu'une pulsion refoulée affleure à la conscience. Néanmoins elle viendra fréquemment s'imbriquer au vécu du stress et le colorer négativement. Le stimulus ne cause pas l'angoisse mais agit comme un révélateur d'un conflit interne. En effet, le psychisme comporte, selon la psychanalyse, trois instances, le moi, le ça, le surmoi, qui s'opposent dans bien des situations : une part de nous recherche la satisfaction de nos pulsions sans se soucier de l'extérieur (le ça), une autre incarne les jugements de valeur et la censure avec tous ses interdits (le surmoi) et, enfin, le moi recherche un compromis compatible avec la réalité extérieure, entre ces exigences souvent contradictoires. Opposition et conflit internes se déclarent fréquemment lorsqu'il s'agit de prendre la décision réclamée par une situation de stress.

L'adaptation demandée par le stress ne s'effectue pas toujours sans heurts et réveille fréquemment des conflits latents entre des motivations contradictoires.

La charge négative du stress ne disparaîtra que par la prise de conscience des termes du conflit et par sa résolution.

STRESS ET APPROCHE PSYCHO-CORPORELLE

Si la physiologie et la neurophysiologie démontrent les répercussions évidentes des processus mentaux sur le corps dans la réaction de stress, la sagesse populaire le sait depuis des temps immémoriaux. Le langage courant est empli de locutions qui témoignent de l'indissociable **unité psychosomatique**. L'ensemble des bouleversements amenés par la réaction de stress nous est perceptible par certaines manifestations physiques : nous sentons ainsi notre estomac se nouer, notre cœur palpiter, nos jambes se dérober, alors que la situation ne nous demande aucune réponse physique. Ce vécu corporel rend tangible la fluctuation de nos états psychiques et émotionnels et, par les messages qu'il nous délivre, constitue une forme de langage que nous pouvons apprendre à entendre. Une diarrhée subite, des jambes en coton et les mains moites m'informent clairement que cette réunion à laquelle je vais participer me stresse.

C'est fréquemment le corps qui va nous signaler l'existence d'une réaction de stress alors que mentalement nous n'en étions pas conscients. Il va donc nous mettre sur la piste de ce qui a pu déclencher ces signaux.

Le **langage du corps** comporte encore bien des aspects, notamment le vécu des états affectifs et des émotions.

Nous avons vu que notre vie affective entretenait des liens historiques étroits avec notre sentiment de sécurité et donc nos réactions de stress. Lorsque nous devons nous adapter au changement ou faire face à l'inconnu, nos émotions interfèrent fréquemment. Elles nous rendent la tâche d'autant plus délicate que nous les contrôlons mal, dans le sens d'un débordement, ou de la répression. Elles suscitent alors des symptômes corporels qui leur sont à chacune spécifiques et qui nous permettront de les reconnaître (nous les détaillerons au chapitre 6). Les rapports conflictuels que nous entretenons avec nos émotions les repoussent dans le champ inconscient, nous rendant leur perception malaisée. De même que le corps nous avertit d'une réaction de stress, la symbolique du langage corporel nous met sur la voie de l'émotion qui lui serait associée.

Enfin, le langage du corps intervient largement dans la communication avec les autres, sur un plan non verbal. Lors des situations de stress relationnel, il nous fournit des indications précieuses sur la dynamique en cours – quel est mon état intérieur, que dégage l'autre, au-delà de son discours ? Je constate au cours d'une discussion que j'ai les mains et les mâchoires crispées et que mon débit verbal s'accélère. J'ai le souffle plus court. Serais-je en train de m'énerver ? J'observe que l'autre croise les jambes et les bras, que son regard se détourne du mien. Je peux faire l'hypothèse qu'il n'est pas très réceptif à ce que je lui dis...

Nous évoquions plus haut les expériences originaires de stress, lors de vicissitudes de la vie fœtale ou au moment de la naissance. Dans des psychothérapies à médiation corporelle, on voit effectivement émerger une **mémoire du corps**, préverbale, qui conserve l'empreinte active de ces événements précoces, comme celle de la naissance. Dans mon travail de recherche clinique[1], j'ai constaté l'influence durable que ces

---

1. *Le Bébé et l'Amour, op. cit.*

expériences périnatales pouvaient exercer dans la vie adulte, éclairant certaines réactions de stress manifestement excessives.

Des événements moins anciens restent aussi imprimés dans la mémoire corporelle, accidents, interventions chirurgicales par exemple. Durant une relaxation, un homme ressent soudainement une douleur aiguë dans la tête. Quelques instants plus tard, il lui revient le souvenir d'une chute dans un escalier, enfant, où sa tête avait violemment heurté une marche. La douleur disparaît alors spontanément.

Quand une situation actuelle apporte une information sensorielle évoquant l'expérience traumatisante, une réaction de stress puissante se déclenche. Le corps se souvient par exemple de l'étouffement ressenti lors d'une anesthésie par masque pour retirer les amygdales et, des années après, réagira violemment au simple contact d'un objet plaqué sur la figure.

La mémoire du corps peut nous aider à décrypter des réactions de stress qui resteraient autrement incompréhensibles.

STRESS ET SOCIÉTÉ

La vie en société implique un certain nombre de conditionnements communs qui facilitent les rapports entre les individus et contribuent à l'intérêt du groupe. Si, dans un certain nombre de cas, l'expression spontanée d'une réaction de stress entraîne un geste agressif, notre vie sociale demande de le réprimer sous peine de sanction ou d'exclusion. Nous retrouvons là le nœud d'un conflit potentiel. Face à une décision liée au stress, nous nous sentons fréquemment tiraillés entre deux tendances contradictoires : d'un côté, être socialement corrects – le besoin d'être accepté par les autres, l'**appartenance au groupe** avec la sécurité que cela confère ; de l'autre, **affirmer notre identité**, notre différence, quitte à déplaire. Deux exemples :

> Un commercial chevronné, dans une réunion qui rassemble son équipe, entend son responsable, récemment promu, expliquer qu'il faut changer la stratégie de vente, d'une manière qui va totalement à l'encontre de sa pratique. Les autres opinent : et lui, va-t-il s'opposer et batailler ou s'adapter au nouveau moule en serrant les dents ?

> Un syndicat cherche à améliorer son implantation et fait campagne. Un représentant vient voir Mme Z. pour qu'elle rejoigne le mouvement. Elle ne ressent pas d'insatisfaction particulière mais son interlocuteur fait pression : « Tu n'es pas solidaire, tu soutiens le patronat... » Comment va-t-elle se situer ?

Chaque situation de stress de quelque importance demande un équilibre qui intègre intelligemment la dialectique entre ces deux tendances dont le rapport de forces fluctue sans cesse, excluant les réponses toutes faites ou définitives. Ce conflit intérieur entre affirmation de l'identité individuelle et besoin d'appartenance intensifie fréquemment le vécu du stress sans que nous en soyons pleinement conscients. Avoir à l'esprit cette grille de lecture clarifie déjà les choses et permet de dépasser une dynamique où les deux tendances s'opposent douloureusement.

Dans l'évolution de la société occidentale, les facteurs de stress se sont transformés considérablement. Un fait central est l'accélération des changements dans tous les domaines, couplée à l'allongement de la vie des individus. Autrefois, les structures de la société, famille élargie, terroirs, corporations, religion, partis politiques et syndicats perduraient sur de longues périodes et offraient des points d'appui extérieurs stables. L'individu, au prix d'une contrainte importante sur ses préférences personnelles, jouissait dans ce cadre d'une solidarité, d'une sécurité et de repères qui le protégeaient d'un certain nombre de stress. Au cours d'une vie qui dépasse souvent quatre-vingts ans, l'homme moderne est amené à s'adapter à des changements majeurs dans son environnement social et familial. Il voit disparaître l'entreprise où il travaille, déménage, divorce et se trouve éloigné de ses enfants, change de métier, etc. Le site idyllique qui a bercé son enfance devient une zone industrielle traversée par une autoroute. Il ne croit guère au discours des politiques ni à celui des prêtres ou des syndicats. À quoi se raccrocher ?

La situation s'est donc inversée avec l'affirmation des droits d'un individu qui vit longtemps, et la fragilisation à tous les niveaux des structures sociales. La montée de l'individualisme a levé nombre de contraintes d'appartenance mais elle laisse l'homme plus solitaire face à ses choix, devant trouver ses réponses en lui-même, avec l'insécurité que cela représente.

L'effritement des repères et des structures extérieures, conjugué à l'affirmation des exigences individuelles a fait apparaître de nouveaux facteurs de stress en effaçant les anciens. La sécurité doit maintenant se trouver au-dedans de nous plutôt qu'au-dehors, les appuis externes risquant fort de se dérober. La carence de solidarités naturelles, essentielles pour protéger l'individu des stress importants de la vie, réclame aussi de construire soi-même un réseau de liens sociaux.

Le poids de la conformité sociale et du devoir sur l'individu, rejeté à la fin des années soixante, revient sur un autre plan, avec la pression de l'**image** véhiculée notamment par les médias. Pour en donner des exemples très banals, un cadre masculin très stressé par son travail arrivera à nier son stress pour éviter de renvoyer une image dévalorisante de lui-même (il n'est pas à la hauteur). Une femme, mère de famille, vit souvent un stress important, écartelée entre la pression sociale qui considère peu l'image de la femme au foyer mais juge aussi la mère qui délaisse ses enfants pour sa carrière professionnelle.

La contrainte de l'appartenance au groupe, tant contestée, est revenue d'une manière plus insidieuse en s'exerçant par le truchement d'images auxquelles nous cherchons à nous identifier, sans toujours en être conscients. La pression s'exerçant du dedans puisque nous intériorisons ces images auxquelles nous voulons ressembler, il est d'autant plus difficile de s'en affranchir. Si la concordance avec ce cliché social nous rassure, elle ne nous assure pas pour autant la solidarité et la proximité associées aux structures traditionnelles (famille élargie, corporation, terroirs, etc.). Assimilés au groupe dans notre imaginaire, nous demeurons seuls dans la réalité.

S'affranchir du joug de ces images très coûteuses en termes de contrainte et donc de stress représente un enjeu très actuel. Une telle démarche participe à notre processus de maturation et contribue à la création de liens plus authentiques entre les personnes.

De la physiologie à l'évolution des contraintes sociales, ce panorama d'idées illustre la richesse et la variété d'approches qui permettent de mieux saisir la réalité du stress et ses implications. Dans les chapitres qui suivent, nous présenterons une approche plus méthodique de ces notions, en les approfondissant, afin de pouvoir les rapporter à notre expérience personnelle.

2

Les ingrédients de base

Le stress étant défini comme une réaction d'adaptation au changement, il implique donc l'interaction entre un être humain et son environnement. La situation de stress comporte un stimulus externe – l'élément qui s'est modifié dans le milieu environnant – et la réactivité propre d'un individu. Cette réactivité inclut à la fois sa capacité à percevoir le stimulus, à l'interpréter correctement et à trouver une réponse adéquate pour retrouver l'équilibre. Le déséquilibre stressant se produit chaque fois que l'environnement ne nous apporte pas ce que nous attendons, ou quand, inversement, nous ne répondons pas aux attentes de l'environnement, deux cas de figure que nous rencontrons évidemment dans notre vie professionnelle, comme ailleurs. Il s'agit de gérer le plus intelligemment possible les contraintes inhérentes à la situation et à ce que nous sommes. La vie professionnelle nous soumet constamment à des exigences variées et nous oblige à une inventivité renouvelée pour les transformer en opportunités de croissance personnelle et pour éviter qu'elles ne compromettent notre équilibre.

L'analyse d'une situation de stress demande donc de distinguer le ou les **facteurs de stress** d'un côté et

notre réactivité personnelle ou **capacité à faire face**
(le *coping* des Anglo-Saxons) de l'autre.

Lorsque, dans nos stages de formation, nous interrogeons les participants sur l'origine de leur stress,
cette distinction se révèle rarement claire. La tendance habituelle attribue le stress à l'extérieur : le
stress tient aux circonstances de la vie professionnelle
ou privée, aux relations avec les autres. Elle omet la
part revenant à notre réactivité pourtant clairement
démontrée lorsque, sur deux personnes confrontées
au même stimulus, une seule connaîtra une réaction
de stress ; ou bien la même personne rencontrant
deux fois une situation identique sera stressée ou
détendue en fonction d'un état intérieur différent. Certains stagiaires reconnaissent cependant, à l'inverse,
être à l'origine de leur propre stress par leurs dysfonctionnements ou excès d'exigence. Ils témoignent,
quant à eux, que l'on peut soi-même générer le stimulus déclencheur du stress en surinvestissant des événements minimes de la vie.

Si l'on omettait la part jouée par notre capacité à
faire face au stress, ce dernier fonctionnerait de
manière très mécanique et prédictive. Une stimulation
équivaudrait inéluctablement à une réaction de stress.
Pour faire disparaître le stress, il faudrait éliminer tout
facteur extérieur perturbateur, ce qui relèverait de
l'utopie, en dehors de moments de grâce. La reconnaissance du rôle essentiel de notre subjectivité, certes, nous retire la possibilité de reporter toute la responsabilité de notre stress sur l'extérieur – les autres,
la vie – mais nous ouvre la porte d'une liberté poten-
tielle. Nous pouvons toujours œuvrer très utilement à
réduire les facteurs externes de stress dans nos vies
mais, lorsque nous envisageons le domaine de notre
réactivité personnelle, un champ très prometteur
d'évolution se déploie. En faisant évoluer notre capacité à faire face, nous devenons moins dépendants des

aléas extérieurs et moins vulnérables à la dimension négative du stress. En reprenant notre responsabilité, nous conquérons une liberté authentique.

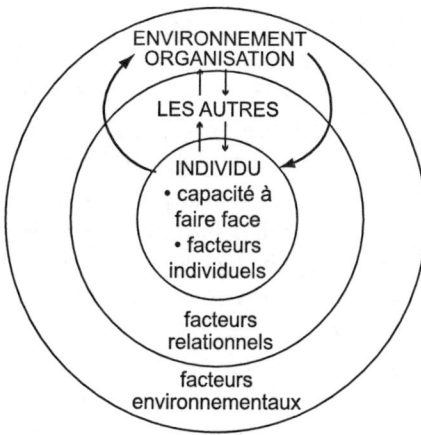

Facteurs de stress et capacité à faire face

LA CAPACITÉ À FAIRE FACE

Il existe des différences marquées d'un individu à l'autre dans la capacité à faire face aux changements. Chez une même personne, elle évolue au long de la vie. En théorie, on pourrait imaginer qu'elle augmente avec l'âge et l'expérience, ce qui est le cas chez certaines personnes. On assiste souvent à une évolution en secteur, certains facteurs de stress perdant leur pouvoir perturbateur tandis que d'autres jusque-là inoffensifs acquièrent un nouvel impact.

Comment expliquer ces différences individuelles ? Le chapitre précédent nous a montré que l'exposition au stress maternel pendant la grossesse, un stress important à la naissance, une relation d'attachement parental insécure constituent des facteurs de risques pour une vulnérabilité au stress. L'absence de ces facteurs négatifs participe, inversement, au renforcement de la résistance au stress. De même, pendant la croissance de l'enfant, l'insécurité affective, les événements traumatiques (abus, violences, deuils), les contraintes éducatives inappropriées fragilisent encore sa résistance au stress. Un environnement affectif chaleureux et confirmant, ainsi que la possibilité pour l'enfant d'exprimer librement ses émotions dans un climat de compréhension le rendent moins dépendant de l'extérieur et plus solide face au stress. Les débuts de la vie jouent donc un rôle essentiel dans la constitution de notre capacité à nous adapter au stress de la vie.

En résumé, des expériences précoces de stress rendent habituellement plus vulnérable. Cette vérité générale est néanmoins pondérée par l'étude des cas de résilience : on observe que certains individus, dont l'enfance a été marquée de circonstances difficiles, manifestent pourtant une adaptation de bonne qualité. On retrouve souvent, dans leur histoire, la présence d'une relation d'attachement sécure avec une personne qui n'est pas nécessairement un des parents.

Comme nous l'avons vu précédemment, cette capacité à résister varie et évolue au cours de notre vie. C'est déjà le fait de notre physiologie ; en bonne santé, ayant bien dormi, nous sommes spontanément plus adaptatifs que dans les conditions inverses. Mais notre fonctionnement psychologique ou affectif joue aussi un rôle très important dans cette évolution.

Pouvons-nous contribuer à son évolution positive ? Oui, heureusement, déjà par l'apprentissage spontané de la vie : chaque fois que nous surmontons une situation de stress, notre acquis d'expérience s'accroît et avec lui nos possibilités d'adaptation. Mais il est possible d'accélérer ce processus positif et de le rendre encore plus performant par des méthodes de développement personnel, autrement dit par la connaissance de soi, par un « pilotage » conscient de nos réactions en situation, et par la reconnaissance et la prise en compte de nos priorités véritables. Ce sera le propos des deuxième et troisième parties du livre.

LES FACTEURS DE STRESS

On peut classer les facteurs de stress en trois groupes :
– les facteurs environnementaux ;
– les facteurs humains relationnels ;
– les facteurs internes personnels.

Les facteurs environnementaux

Les facteurs environnementaux de stress rassemblent toutes les stimulations élémentaires que nous recevons de notre environnement par nos sens : bruits, éclairages, vibrations, odeurs, pollutions, etc. Mais ce sont aussi nombre d'aspects liés à nos conditions de vie au quotidien, qu'il s'agisse des trajets, des astreintes d'horaires, des conditions de travail, de la nature des tâches à effectuer, de l'articulation entre vie professionnelle et vie privée ; et de tout le flot de stimulations qui provient d'un environnement urbain, et de celles qui nous sont transmises par les médias. Il suffit de se retrouver dans un village un peu reculé pour mesurer, par contraste, la masse de stimulations à laquelle la vie moderne nous expose.

Plus spécifiquement, dans la vie professionnelle, l'accélération exponentielle des changements, la masse croissante d'informations à traiter, le raccourcissement des délais, les nouvelles technologies, les effets de la mondialisation, l'instabilité et l'incertitude sont autant de facteurs qui nous demandent d'incessantes adaptations. L'époque où l'on entrait à vingt ans dans une entreprise pour y poursuivre toute sa carrière avec des techniques, une culture assez stables, est bien révolue. À un niveau d'intensité plus élevée, restructurations, délocalisations, mutations, licenciements, chômage prolongé touchant des catégories professionnelles naguère protégées ne cultivent pas le sentiment de sécurité !

Au-delà de ces grandes tendances contemporaines, nous avons relevé certains facteurs moins connus du grand public.

Sur le plan de l'organisation

Les entreprises d'une certaine taille connaissent souvent une « valse » de réorganisations. À peine les salariés ont-ils compris en quoi consistait une nouvelle organisation qu'elle va être remise en question. L'organigramme, enfin accessible, devient rapidement obsolète, des têtes changent, un service est déplacé, une filiale cédée. L'entreprise se transforme plus vite que la représentation que ses membres peuvent s'en faire. Cette versatilité fragilise le lien d'appartenance : « Puisque j'ai du mal à m'y reconnaître, puisque j'ai le sentiment d'une structure qui se dérobe, j'évite de m'y attacher et de m'identifier à elle. »

Le flou des priorités confronte, par exemple, des assistantes à plusieurs priorités simultanées. Elles ne savent plus quoi privilégier ou écoutent celui qui crie à l'urgence le plus fort. En outre, il est difficile de dire non quand les effectifs sont réduits et quand un refus paralyserait la marche du service.

Les directives internes insistant lourdement sur la réduction des coûts semblent prendre le pas sur une dynamique constructive de conquête des marchés, déroutant les salariés dans leur motivation.

La réduction des coûts a conduit à l'externalisation

de services généraux. Les prestataires extérieurs qui assurent ces fonctions sont mis en concurrence de façon très dure – on leur demande le maximum pour le tarif minimum. Il arrive qu'on les traite comme on n'oserait pas traiter quelqu'un du « dedans », en défouloirs ou en boucs émissaires.

Cohabitent, jusque dans le même bureau, des personnes en surcharge et d'autres en sous-charge de travail, la répartition des tâches apparaissant très inégale. Des revirements dans un sens comme dans l'autre se produisent aussi sur des temps rapides, générant bien des tensions.

L'opacité entoure certaines embauches. Officiellement, on ne recrute pas : on jongle avec stagiaires, intérimaires et CDD ; il n'y a pas de poste à pourvoir en interne et soudain un CDI rentre là où le besoin ne semble pas le plus criant.

La rétention d'information sur l'évolution de l'entreprise suscite l'incompréhension ou une franche désapprobation devant les décisions prises en haut lieu. Une stratégie financière internationale a remplacé la logique industrielle beaucoup plus aisément compréhensible. Pourquoi cette unité de production qui fonctionne bien, qui est rentable, doit-elle être démantelée ?

L'un des critères de compétitivité est la rapidité de réponse au client. Une pression considérable s'exerce donc en interne, entre les services, pour raccourcir les délais. En outre, dans les nouvelles formes d'organisation, des services deviennent clients les uns des autres et doivent faire preuve de leur rentabilité.

La gestion en flux tendu, sollicitant au maximum l'adaptabilité de l'entreprise, rend le système plus vulnérable à tout imprévu. Les personnes concernées disposent donc d'une faible marge de manœuvre et se retrouvent facilement sous pression.

La place des seniors dans l'entreprise s'amenuise.

L'expérience n'est plus transmise d'homme à homme. Soit elle est perdue, à la grande frustration de ceux qui ont investi tant d'efforts pour la capitaliser, parce qu'on se débarrasse des quinquagénaires ; soit elle est conservée sous forme de « procédures » engendrant pour ces derniers le désagréable sentiment d'être dépossédés.

Sur le plan des conditions de travail

Pour tenir les objectifs avec la réduction du temps de travail, nombre de salariés doivent densifier la charge des journées, en supprimant des pauses nécessaires ou les contacts avec les autres. L'encadrement, lui, est soumis au casse-tête d'effectifs déjà minimaux et encore déstabilisés par le fractionnement des congés et par les jours de récupération.

La multiplication des déplacements engendre déjà du stress pour celui qui part, les trajets prenant sur son temps personnel et l'éloignement sollicitant ses capacités d'adaptation sur bien des registres ; mais aussi pour ceux qui restent, avec les répercussions sur la vie de couple et les enfants, comme pour les collaborateurs qui, privés d'encadrement, doivent se débrouiller avec les moyens du bord.

Dans le secteur public

Dans certains de ses services, le secteur public se voit soumis à des impératifs de rentabilité jusque-là inconnus qui génèrent des facteurs de stress se rapprochant de ceux du privé. Par ailleurs, l'organisation des administrations françaises suscite des facteurs plus spécifiques. Nous en citerons quelques aspects :
– les inégalités flagrantes de répartition du travail : certains, confortés par la sécurité inamovible de leur statut, se contentent de faire acte de présence, laissant leurs collègues crouler sous la charge de travail. Les cadres se trouvant confrontés à de telles dispari-

tés dans leurs équipes vivent alors des situations de management et de stress relationnel très difficiles ;

– le non-remplacement des absents, parfois sur de très longues périodes, sans autre recours pour les autres qu'effectuer ce travail à leur place ;

– la nécessité, lorsque les services au contact direct avec les usagers cherchent à apporter une amélioration ou une simplification évidente de leur fonctionnement et de leur organisation, de batailler et d'attendre des années qu'un texte répondant à leur demande les y autorise ;

– le manque de logique dans l'organisation des tâches, niant des priorités urgentes pour mettre en avant des aspects qui semblent absurdes et inutiles. Les administrations en interface directe avec le pouvoir politique ont à s'adapter aux revirements soudains de celui-ci, lorsque les têtes changent. Il faut répondre de toute urgence à ce qui devient une priorité de premier ordre, sans qu'il soit tenu compte des pesanteurs inhérentes à l'appareil administratif.

Les facteurs humains relationnels

L'accélération de la cadence générale, comme les multiples stimulations auxquelles nous sommes soumis, nous rendent globalement moins disponibles pour nous écouter mutuellement. La montée de l'individualisme affaiblit les liens de solidarité et renvoie chacun à plus de solitude.

Dans la vie professionnelle, l'évolution du capitalisme industriel vers le capitalisme financier a considérablement éloigné les décisionnaires véritables de la réalité quotidienne de l'entreprise. La Direction des ressources humaines, qui a remplacé les services du personnel assez au contact des hommes, se voit davantage confrontée à l'épineuse question de la gestion des effectifs. Lorsque le point de vue financier règne en maître absolu, la dimension humaine en devient abstraite au point qu'on puisse couper, rejeter des éléments et recomposer l'entreprise en faisant fi du vécu des hommes. Ceux-ci perdent confiance dans les **valeurs** de l'entreprise et soit rentrent dans une logique cynique de prédation en réciprocité, soit se laissent gagner par la démotivation et ne croient ni en l'institution ni en ses dirigeants. La gestion des grèves dans des sites industriels, autrefois assumée par la direction locale, est souvent pilotée, à distance, par le siège social.

La compétitivité est arrivée à un niveau tel qu'elle exige toujours plus de la part des hommes et entretient entre eux une rivalité très destructrice pour les rapports humains. On voit apparaître dans les entreprises des comportements durs, agressifs, ou témoignant de fort peu de considération humaine. L'éloignement des décideurs favorise les rumeurs, les non-dits, la rétention d'information et donc les jeux de pouvoir. Les cadres, débordés, n'ont plus le temps d'écouter leurs subordonnés. C'est le règne du chacun pour soi !

Le monde du travail a vu se raréfier un certain protocole dans les relations et l'usage du vouvoiement. D'un côté, l'atmosphère s'en est détendue, facilitant des contacts plus spontanés. D'un autre, cette familiarité peut nourrir l'illusion d'une proximité et d'une solidarité en fait inexistantes et qui volera en éclats à la première divergence d'intérêts. Si la convivialité est réelle, elle rend plus difficile à certains de poser leurs limites et de dire non.

L'internationalisation des grandes sociétés fait travailler ensemble des personnes de cultures très différentes à la fois sur le plan des coutumes relationnelles et sur les styles de management, source fréquente de frictions et d'incompréhension mutuelle. Les Anglo-Saxons sont agacés par les pesanteurs des réglementations françaises, les Français critiquent les structures hiérarchiques allemandes et le manque de latitude de décision, les Allemands sont choqués de voir des Françaises mères de jeunes enfants travailler et dérangés par l'insubordination chronique de nos compatriotes. Et que dire quand ce sont des Asiatiques et des Occidentaux ou des Africains qui doivent collaborer ?...

Dans l'ère de la communication électronique, on ne prend plus le temps d'entrer en relation avec ses collègues, même s'ils travaillent dans le bureau voisin. L'anecdote qui suit en est une illustration typique :

Les membres d'un service de communication externe et interne viennent se plaindre au service médical de la non-communication dans leur service. Cette petite équipe de travail se montre particulièrement stressée : l'une a une boule dans la gorge et reste souvent sans voix, l'autre a doublé sa consommation de cigarettes, la troisième a des poussées d'eczéma sans aucun facteur allergisant identifié. En me faisant décrire la situation, je perçois à travers ces trois récits concordants une même attente déçue : travaillant dans la communication, elles vivent difficilement l'absence de relations dans l'équipe et la distance jugée méprisante de leur directrice. Elle arrive le matin, déjà affairée, et passe à vive allure dans le couloir sans s'arrêter, elle les inonde de courriers électroniques, vient faire quelques remarques à l'une ou l'autre et repart sans jamais exprimer sa satisfaction devant les tâches menées à bien.

Enfin, point essentiel à rappeler, le stress généré par des difficultés relationnelles détient un pouvoir beaucoup plus déstabilisant qu'une simple surcharge de travail. La majorité des personnes que nous interrogeons préfèrent travailler dans un service où l'on impose un rythme de travail très tendu mais dans une bonne ambiance relationnelle que dans la situation inverse.

Effectivement, dans la pratique psychothérapeutique, on mesure la différence évidente entre des personnes surmenées, fatiguées par un excès de travail et celles qui sont minées par un stress relationnel. Ces dernières sont atteintes en profondeur, y pensent la nuit et, rien qu'à l'idée de retrouver leurs collègues le lundi, elles se sentent déjà mal le week-end...

> Une assistante, très blessée de voir sa responsable si peu enthousiaste de ses efforts et de ses réalisations, en était arrivée à la haïr à un point obsessionnel. Elle s'acharnait à découvrir toutes ses failles et cherchait à rendre ses erreurs évidentes, espérant que le DRH la disqualifierait. Une guerre sans merci s'est évidemment développée entre les deux femmes jusqu'à ce que l'assistante arrive au bord de la dépression.

Nous avons vu que notre sécurité de base s'établissait dans nos premières relations affectives. Dès que le plan affectif est touché, et il l'est souvent, même dans les relations professionnelles, nos fondations en sont ébranlées, avec un stress beaucoup plus déstabilisant.

Avec le **harcèlement moral**, le phénomène atteint son paroxysme et conduit la personne au bord d'une décompensation psychologique sous la forme d'une dépression, de crises d'angoisse. Le harcèlement survient dans les contextes les plus variés de la vie professionnelle. Nous en avons observé aussi bien dans des PME et des grandes entreprises que dans la fonction publique. L'acharnement le plus grand se produit quand la personne concernée sait quelque chose qu'elle ne devrait pas savoir aux yeux de ses supérieurs (malversation, injustice, incompétence du hiérarchique, copinage, passage à l'acte ou harcèlement sexuel, etc.). Sa présence représente un danger potentiel et il faut absolument la faire craquer pour qu'elle parte, et dans un état tel de déstabilisation qu'elle ne puisse avoir l'énergie de se défendre ni ne puisse être crédible pour les autres.

Les facteurs internes personnels

Comme nous l'avons évoqué au chapitre 1, des marques du passé, sur le plan émotionnel, peuvent déclencher des réactions disproportionnées à partir d'un stimulus anodin ; la vraie cause se trouve au-dedans et ne provient pas de l'extérieur. L'impact douloureux d'une situation de brimade au collège peut se réveiller vingt ans après, dans un contexte professionnel, au cours d'une réunion où nous aurons le sentiment que tous se liguent contre nous. La mémoire du corps, aussi, participe parfois à provoquer des réactions inattendues.

Des pensées négatives et des jugements ont également un grand pouvoir stressant : « Je n'y arriverai pas ; je ne suis pas capable, je suis nul(le) ; je ne dois rien laisser transparaître même si je suis affecté(e) ; on ne peut faire aucune confiance aux autres », etc.

Un chercheur, devant faire des présentations devant des pairs, nous dit combien il est malade à chaque fois, dans les jours qui précèdent. En le questionnant, il ressort peu à peu qu'il se juge sévèrement, persuadé que ses collègues vont le trouver nul, indigne de sa fonction. Avec une telle représentation de lui-même, parler devant les autres équivaut à se faire mettre au pilori !

Par la force des choses, nous connaissons plus de difficultés à nous distancier des facteurs de stress personnels et surtout à les reconnaître comme tels. Ils font tellement partie de notre paysage intérieur qu'ils apparaissent comme des normes de notre fonctionnement. Il peut s'agir de schémas de comportement, comme d'attendre la dernière minute pour débuter

une action, de vouloir tout contrôler, de chercher à
faire le maximum de choses dans le minimum de
temps. Nous rencontrons dans nos séminaires nombre
de supermen et superwomen qui ont des journées
minutées du lever au coucher et ne veulent céder sur
rien. Le carnet est tellement rempli qu'un imprévu
déclenche une surpression immédiate.

> Ainsi, cette femme cadre brillante, élégante, qui menait ses col-
> laborateurs et ses enfants au pas de charge et voulait en outre
> que son travail soit irréprochable, ne s'accordait jamais un
> moment pour se détendre, ce qui a fini par ruiner son couple.

Prendre conscience que, pour nous-mêmes, nous
sommes les auteurs de tensions parfaitement évitables
défie notre manière de penser. Découvrir que nous nous
y prenons maladroitement par notre désordre et notre
précipitation à entreprendre sans jamais terminer ; que
nous nous comportons en tyrans avec notre perfectionnisme qui n'admet pas de finir sans avoir tout contrôlé
et re-contrôlé, sans avoir vérifié avec suspicion le travail des autres (on ne peut leur faire confiance, n'est-ce
pas...) ; en bourreaux pour nous-mêmes, en méprisant
nos émotions et nos besoins, pour rester apparemment
forts ou par excès d'ambition ; ou en nous faisant courir
du matin au soir pour venir à bout des listes interminables que nous nous sommes imposées ; en victimes
potentielles, en recherchant à tout prix l'approbation
ou la reconnaissance des autres qui vont nous utiliser
à bon prix. Reconnaître la nocivité de ces comportements nous remet en question d'une manière telle que
nous refusons bien souvent de l'admettre.

La découverte de ces facteurs personnels représente un temps majeur de toute démarche de prévention. Elle va exiger de nous des efforts durables pour
lutter contre l'inertie et la résistance de comportements installés depuis longtemps, qui nous semblent

tout à fait « normaux » même si notre entourage, à l'unisson, clame le contraire.

Alors que les facteurs environnementaux et relationnels évoluent et se transforment suivant les lieux et les périodes, les facteurs individuels nous apparaissent beaucoup plus stables, plutôt comme des invariants de la nature humaine. Nous rencontrons des jeunes diplômés tout autant perfectionnistes que les anciens, ce qui bouscule au passage l'idée que la jeunesse de maintenant ne vaut pas celle d'autrefois !

COMMENT RÉDUIRE LES FACTEURS DE STRESS ?

La réduction des **stress environnementaux** dans le domaine professionnel ressortit à l'aménagement du temps de travail et à son organisation, à une bonne définition des postes et des responsabilités ; à l'amélioration des conditions de travail, à une gestion des effectifs compatible avec celle des délais et des variations de la charge de travail. La prise en compte de ces facteurs ne relève pas tant de l'individu que des instances de l'entreprise ou de la société. Beaucoup a été accompli dans ce domaine mais l'arrivée incessante de nouveaux facteurs, aussi bien sur le plan global de la vie professionnelle que dans les spécificités internes propres à chaque entreprise, interdit de se reposer sur ses lauriers. La mouvance extrêmement rapide de la réalité professionnelle demande des ajustements continuels. Le décret du 5 novembre 2001 renforce l'application de la loi du 31 décembre 1991 qui fait obligation aux entreprises d'évaluer et de prévenir les différentes catégories de risques, incluant le risque psychosocial, auxquels sont exposés leurs salariés. En effet, le décret impose maintenant la rédaction annuelle d'un *Document unique* qui transcrit l'évaluation des risques et qui comprend l'identification de ceux-ci, l'appréciation de leur niveau de gravité et les démarches visant à les prévenir. La non-production de ce document expose l'employeur à des sanctions pénales. L'application[1] concrète de ce décret n'en est qu'à ses débuts mais il va probablement entraîner des remises en cause importantes, en particulier dans le domaine précis du risque psychosocial – détecter et réduire les facteurs générant un stress destructeur pour les salariés.

**Article L. 230-2 du Code du travail
introduit par la loi n⁰ 91-1414 du 31 décembre 1991**

I. Le chef d'établissement prend les mesures nécessaires pour assurer la sécurité et protéger la santé physique et mentale des travailleurs de l'établissement, y compris les travailleurs temporaires. Ces mesures comprennent des actions de prévention des risques professionnels, d'information et de formation ainsi que la mise en place d'une organisation et de moyens adaptés. Il veille à l'adaptation de ces mesures pour tenir compte du changement des circonstances et tendre à l'amélioration des situations existantes.

Sans préjudice des autres dispositions du présent code, lorsque dans un même lieu de travail les travailleurs de plusieurs entreprises sont présents, les employeurs doivent coopérer à la mise en œuvre des dispositions relatives à la sécurité, à l'hygiène et à la santé selon des conditions et des modalités définies par décret en Conseil d'État.

II. Le chef d'établissement met en œuvre les mesures prévues au I ci-dessus sur la base des principes généraux de prévention suivants :
a) Éviter les risques ;
b) Évaluer les risques qui ne peuvent pas être évités ;
c) Combattre les risques à la source ;
d) Adapter le travail à l'homme, en particulier en ce qui concerne la conception des postes de travail ainsi que

---

1. Les modalités d'application ont été développées dans la circulaire du 18 avril 2002 du ministère de l'Emploi et de la Solidarité.

le choix des équipements de travail et des méthodes de travail et de production, en vue notamment de limiter le travail monotone et le travail cadencé, et de réduire les effets de ceux-ci sur la santé ;

e) Tenir compte de l'état d'évolution de la technique ;

f) Remplacer ce qui est dangereux par ce qui n'est pas dangereux ou par ce qui est moins dangereux ;

g) Planifier la prévention en y intégrant, dans un ensemble cohérent, la technique, l'organisation du travail, les conditions de travail, les relations sociales et l'influence des facteurs ambiants notamment en ce qui concerne les risques liés au harcèlement moral, tel qu'il est défini à l'article L. 122-49 ;

h) Prendre des mesures de protection collective en leur donnant la priorité sur les mesures de protection individuelle ;

i) Donner les instructions appropriées aux travailleurs.

III. Sans préjudice des autres dispositions du présent code, le chef d'établissement doit, compte tenu de la nature des activités de l'établissement :

a) Évaluer les risques pour la sécurité et la santé des travailleurs, y compris dans le choix des procédés de fabrication, des équipements de travail, des substances ou préparations chimiques, dans l'aménagement ou le réaménagement des lieux de travail ou des installations et dans la définition des postes de travail ; à la suite de cette évaluation et en tant que de besoin, les actions de prévention ainsi que les méthodes de travail et de production mises en œuvre par l'employeur doivent garantir un meilleur niveau de protection de la sécurité et de la santé des travailleurs et être intégrées dans l'ensemble des activités de l'établissement et à tous les niveaux de l'encadrement ;

b) Lorsqu'il confie des tâches à un travailleur, prendre en considération les capacités de l'intéressé à mettre en œuvre les précautions nécessaires pour la sécurité et la santé.

c) Consulter les travailleurs ou leurs représentants sur le projet d'introduction et l'introduction de nouvelles technologies mentionnées à l'article L. 432-2, en ce qui concerne leurs conséquences sur la sécurité et la santé des travailleurs.

Diminuer les facteurs de **stress relationnel** se révèle plus délicat. Il ne s'agit pas seulement de le décider mais de susciter des changements dans la manière d'être en relation d'une personne. Cela ne provient donc pas d'un simple apprentissage mais d'une démarche personnelle de transformation. Des formations à la gestion des hommes, pour les cadres, permettent de prendre conscience des attitudes relationnelles génératrices de stress et de conflits pour soi et pour les autres. Les participants apprennent à ne pas communiquer de stress aux autres, mais aussi à ne pas se laisser contaminer en sens inverse. La dimension humaine du management ne s'improvise pas et nécessite une formation véritable et approfondie – ce que les écoles et universités qui produisent les futurs cadres prennent progressivement en considération...

Des formations relationnelles existent aussi pour les professions au contact avec le public, pour les responsables ressources humaines, pour les commerciaux et d'autres encore.

Œuvrer sur ses **facteurs personnels de stress** rejoint ce qui touche à l'amélioration de notre faculté d'adaptation. Il s'agit donc également d'une démarche de connaissance de soi et de transformation intérieure : dépister les exigences mal placées, les pensées et représentations négatives et dénouer, mettre en lumière des conflits intérieurs, reconnaître besoins affectifs et émotions, apprendre à « faire avec », respecter le corps et ses besoins, apprendre à gérer son temps et son énergie, et à se détendre... Vaste programme qui dépasse de simples recettes et montre ce que recouvre la notion de développement personnel. Celui-ci, pendant longtemps, ne représentait rien de concret dans l'esprit du public, ou apparaissait comme une activité hédoniste pour privilégiés ou inactifs. Il a maintenant acquis droit de cité dans les catalogues de formation les plus sérieux et nombre de grandes entreprises l'inscrivent systématiquement au programme d'évolution de leur personnel, les cadres en particulier.

Le développement personnel comporte deux axes apparemment divergents, en réalité complémentaires :

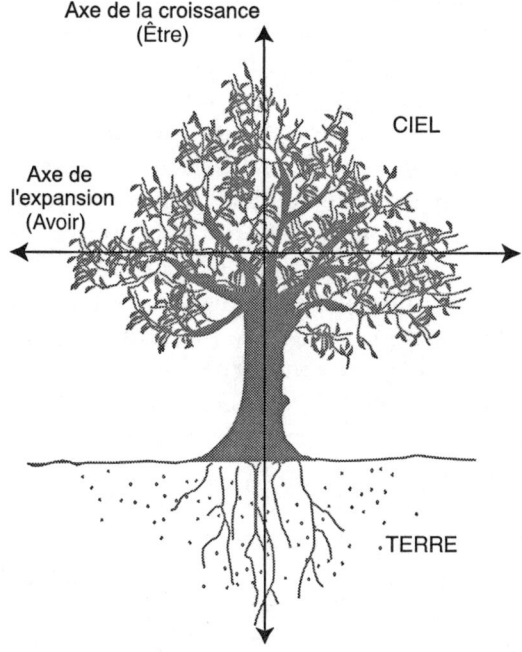

Développement personnel

Au sens *littéral*, une logique de développement, dans l'acception actuelle, renvoie à une augmentation des avoirs personnels, qu'il s'agisse d'acquérir des savoirs et techniques, d'augmenter son pouvoir d'action et d'influence ou d'agrandir son territoire, ou même d'avoir davantage de connaissances sur soi-même. C'est ce que nous faisons naturellement tout au long de notre vie. Comme cette logique nous pousse à agir pour notre intérêt personnel, elle favorise un sentiment de séparation entre moi et le reste du monde – ce qui est mon domaine (au propre ou au figuré), sous mon contrôle, et ce qui ne l'est pas. D'un côté, cet acquis nous rassure, car il inclut aussi une part de notre expérience ; de l'autre, il peut être perdu, notamment en termes de position professionnelle, donc être source de tension et de peur. De plus, cette perspective attise aussi la compétition, voire le conflit pour le pouvoir (c'est l'autre ou moi). Le sens littéral correspond donc à l'axe de l'**avoir** et de l'**expansion** : l'expansion horizontale de l'arbre fait, sous sa circonférence, de l'ombre aux plantes de petit développement et rentre en concurrence avec les arbres voisins.

Au sens *étymologique*, l'origine latine des deux mots pourrait se traduire par « se dépouiller de ses masques » (développement = libérer le grain de blé de son enveloppe, la balle, non nutritive ; personne = le masque utilisé par les acteurs du théâtre antique). Suivant cet axe, il s'agit plutôt de se défaire de nos conditionnements emprisonnants pour revenir à notre identité véritable et à notre unicité, à l'essentiel dans notre vie : pour plaire, pour être reconnus, pour nous conformer aux attentes environnantes, aux tendances de la société, nous nous sommes coupés de notre spontanéité, de notre vérité. Nous avons oblitéré des aspirations ou des valeurs qui nous tiennent à cœur, parce qu'elles ne nous garantissaient pas la sécurité. Il nous faut donc nous affranchir d'images dont nous sommes dépendants et revenir à notre vraie nature. En nous détachant d'une soif excessive de contrôle et de possession, nous gagnons en force intérieure. Nous pouvons alors nous dépouiller du superflu et développer le sens du service.

Cette seconde logique nous ramène au fait que, par-delà les différences individuelles irréductibles, nous pouvons percevoir ce qui, en tant qu'humains, nous rapproche des autres et notre interdépendance mutuelle. Elle nous rappelle que nous ne sommes qu'un élément de la totalité, c'est donc l'axe de l'**être**, de la croissance intérieure : la croissance verticale de l'arbre vers la profondeur du sol et vers le ciel ne nuit pas aux arbres voisins mais les stimule à en faire autant (ce que l'on observe dans les futaies où les arbres croissent ensemble).

Un développement harmonieux de la personne comporte une phase prioritaire selon l'axe de l'expansion, de l'enfance à la maturité – l'individu prend sa place dans le monde et y assoit son influence –, puis selon l'axe de l'être, de la maturité au vieillissement – il s'ouvre à un sens plus large de l'intérêt général et laisse une place croissante à l'autre. La vie professionnelle comme la vie familiale seront les champs où s'effectuera cette transition vers l'essentiel, dans une dialectique constante.

Une jeune mère le vit très concrètement à la fin de son congé légal de maternité. Si elle prend un congé parental pour se tourner vers des valeurs affectives qui lui semblent essentielles, comment vivra-t-elle la stagnation de sa carrière ? Et si, poussée par la nécessité financière ou par une ambition professionnelle, elle met son bébé de quelques mois en nourrice, comment le ressentira-t-elle à court et à long terme ? Un homme, tout aussi bien dans des choix entre vie professionnelle et familiale que dans son comportement à son travail, se trouvera confronté à cette dialectique.

Écrasera-t-il tout le monde pour arriver à la position qu'il envie, ou saura-t-il faire progresser son équipe, donner une chance à un collaborateur, agir suivant une éthique qui dépasse son seul intérêt personnel ?

Nous retrouvons là les réflexions de Pascal (cf. Introduction) après son éviction brutale : il ressentait une étrange compassion pour les collaborateurs qu'il avait traités de la même façon, en déroulant sa stratégie de développement pour l'entreprise, sans vraiment prendre le temps de rencontrer, de prévenir, d'écouter, de préparer les décisions chirurgicales qui s'imposaient vraisemblablement. Il ne regrettait pas ses décisions mais les modalités d'annonce et de mise en place.

La logique de l'entreprise, motivée par la recherche de profit, appartient clairement à l'axe de l'expansion. Elle se communique aux hommes, les stimulant dans la même direction à étendre leurs compétences et leur pouvoir, ce qui participe à un nécessaire épanouissement personnel mais comporte comme corollaire une accentuation de l'individualisme et de la rivalité et donc des facteurs de stress internes et relationnels. Un développement personnel suivant uniquement cet axe présente alors un danger pour l'intérêt général et pour celui de l'entreprise en particulier. En ce qui concerne l'individu, cela l'expose à un déséquilibre qui le rendra fragile dans le long terme. Qu'il perde position et avoirs, il ne lui restera plus grand-chose à quoi se raccrocher, et dépression ou maladie le guettent. L'entreprise elle-même, si elle veut perdurer et s'intégrer à son environnement humain et naturel, est conduite à reconnaître l'importance des valeurs de service qui transcendent son intérêt immédiat. Les concepts actuels de développement durable, de commerce équitable, de micro-crédit montrent l'émergence dans l'univers professionnel de ces valeurs. L'intérêt particulier comme l'intérêt du groupe convergent vers l'indispensable prise en compte de l'axe de l'être pour la réduction des facteurs de stress. L'expérience montre pourtant combien il demeure négligé, tant ce point de vue dérange et va à contre-courant de la tendance générale.

Après ce tour d'horizon, avec la richesse de possibilités qui s'offrent, autant pour réduire les facteurs de stress personnels, relationnels et environnementaux que pour améliorer notre faculté d'adaptation, nous ne pouvons plus nous croire impuissants. Des solutions existent aux trois niveaux et l'entreprise dispose, si elle en a la volonté, d'une véritable palette d'actions. Celles-ci n'aboliront pas définitivement le stress, pas plus que la médecine n'a fait disparaître la maladie. Mais cette recherche comporte de multiples effets positifs, elle permet l'évolution des personnes, favorise des relations de meilleure qualité, et incite à plus de créativité pour améliorer organisation et conditions de travail.

Enfin, savoir individuellement que la possibilité de renforcer notre résistance au stress subsiste même quand la vie nous contrarie nous encourage à davantage de confiance en nos propres ressources !

3

Le stress au féminin

Les femmes, exposées comme les hommes aux facteurs de stress provenant de l'évolution du mode de vie et des changements du monde professionnel, vivent en outre des situations de tension qui leur sont spécifiques. De manière schématique, celles-ci tiennent d'une part à la maternité et, d'autre part, à des conditionnements socioculturels bien ancrés qui gênent ou entravent certaines carrières féminines.

Dans notre société, l'accent est mis sur la nécessaire égalité des droits entre hommes et femmes, sur la possibilité, pour ces dernières, de jouir des mêmes opportunités de carrière que leurs partenaires masculins. Cette revendication légitime ne doit pas pour autant conduire à sous-estimer, voire nier, les différences irréductibles entre les deux scxcs. Ceux qui s'occupent de recrutement ont bien à l'esprit ces différences lorsqu'il s'agit d'embaucher une jeune femme. La maternité, par ses dimensions psychoaffectives et biologiques, représente dans la vie d'une femme un bouleversement majeur dont un homme ne saurait appréhender l'ampleur en l'identifiant à sa propre expérience de la paternité. Déjà le désir d'enfant, que les deux sexes peuvent ressentir avec intensité, comporte, dans sa version féminine, des motivations souterraines, viscérales, dont la puissance défie toute rationalité. Certains cas de dépression féminine en témoignent, lorsque ce désir est frustré. La période d'activité professionnelle, dans l'existence, se superpose en grande partie à celle de la parentalité. Devenir père ou mère représente une implication inégale, non du point de vue de l'amour porté à l'enfant, mais sur un plan psycho-organique. Nous voulons donc le souligner fortement ici car ces particularités touchant la maternité se trouvent au cœur même du stress de nombre de nos contemporaines.

En revanche, des femmes qui ne désirent pas créer une famille et veulent s'accomplir pleinement dans leur vie professionnelle pourront se trouver confrontées davantage aux préjugés socioculturels, si elles ont de l'ambition. Des attitudes et des comportements discriminatoires demeurent encore vivaces malgré les progrès effectués. Si 56 % des femmes travaillent, en France, et représentent 45 % des salariés, on n'en trouve que 35 % parmi les cadres et professions « intellectuelles », seulement 7 % dans les comités de direction et 0 % comme P-DG des entreprises du CAC 40. Leurs salaires, encore considérés comme un appoint dans certaines mentalités, demeurent inférieurs d'environ 20 % à ceux des hommes, et elles connaissent un taux de chômage plus élevé.

S'ACCOMPLIR OU DEVENIR MÈRE ?

Je suis appelée en urgence auprès de Martine, 35 ans, pour un malaise. Je trouve ses quelques collègues désemparés et inquiets. Le service s'est vidé de la plupart des femmes qui participent maintenant au goûter de la Fête des Mères, offert par le comité d'entreprise. Elle respire difficilement et se plaint de violentes douleurs du bas-ventre qui la clouent au sol. Paradoxalement, ni l'interrogatoire ni l'examen clinique soigneux ne trouvent d'anomalie ou de symptôme de gravité. Reprenant son dossier, j'observe que c'est le deuxième épisode similaire. Quand je la questionne de manière plus approfondie, rien ne semble poser problème. Sa vie personnelle et sociale comme son activité professionnelle la satisfont. Mariée, sans enfant, elle s'est investie dans des activités sportives et culturelles qui lui conviennent. Néanmoins, elle voit les années passer et commence à se poser des questions sur son choix de vie. Elle évoque une interruption de grossesse pratiquée des années auparavant. Jeunes mariés, son époux et elle ont décidé de ne pas garder l'enfant pour préserver leur liberté et profiter de la vie sans contrainte. Elle a fait le choix d'une vie professionnelle exigeante, avec succès, et de loisirs sans entrave. Le couple s'en trouvait heureux. Alors pourquoi cette douleur dans le bas du ventre, pourquoi ces larmes qui ruissellent ?

L'écoute de sa tristesse la conduit au cœur de sa souffrance : « Docteur, presque toutes mes collègues sont descendues pour la réunion de la Fête des Mères et, comme l'an dernier, un malaise profond m'a brutalement submergée. Je réalise, en vous parlant, l'intensité de mon désir de maternité. Il s'est réveillé en moi depuis quelque temps mais mon mari n'a pas voulu en entendre parler. J'arrive à l'étouffer et à m'en distraire, mais aujourd'hui comme l'an dernier il prend le dessus. Quand je sens maintenant sa force, il m'apparaît urgent de le prendre en considération et de réveiller mon mari qui ne voit pas les années passer. »

Martine apporte un témoignage qui manifeste la recherche prioritaire d'un épanouissement personnel, une tendance très actuelle. Pressentant bien les exigences de la maternité, la femme (le couple) se dit qu'il vaut mieux commencer par profiter de la vie au maximum. Cette optique participe au recul de l'âge moyen de la première maternité qui franchit le cap des trente ans. Ce choix permet, au moins pendant un temps, d'éviter la friction entre vie professionnelle et création d'une famille. Néanmoins la dimension viscérale du désir d'enfant travaille Martine en profondeur et entre en conflit avec son choix de vie. Nous observons aussi la différence de vécu, caractéristique à cet égard, entre elle et son mari. Lui n'est pas contraint par l'horloge biologique...

LA « DOUBLE VIE »

Brillante étudiante d'une école de commerce, Florence se destine à une carrière internationale. Ses premiers stages confirment ses choix et elle est embauchée dans un service d'audit interne avec la perspective de missions ultérieures dans les filiales étrangères. Les premières années se déroulent conformément à ses attentes. Après une formation au siège, elle commence des missions en province, puis dans les filiales étrangères où elle part comme junior dans une équipe. Chaque mission sollicite ses capacités d'adaptation et elle en ressent l'alchimie interne dans son organisme. Les choses se compliquent un peu lorsqu'elle rencontre son prince charmant qui mène le même style de vie professionnelle, avec de fréquents déplacements. L'envie de se poser plus au calme et de fonder une famille grandit et, avec elle, l'antinomie prévisible entre une carrière motivante et la maternité. Comment concilier disponibilité à la famille et performance au travail ? Son mari, attiré par la paternité, la convainc qu'il s'impliquera... Confiante, elle se met à rêver d'enfant et se retrouve rapidement enceinte. Elle vit un premier stress pour l'annoncer à son chef, comment va-t-il le prendre ? L'accueil se révèle frais mais courtois et le médecin du travail, consulté, aidera à prendre en compte la grossesse dans l'organisation des calendriers de mission. Inquiète de ne plus trouver la même énergie pour travailler, elle ressent un besoin croissant de repos, d'un rythme plus lent, difficile à concilier avec les fréquents déplacements professionnels. Au moment de partir en congé maternité et de transmettre ses dossiers aux collègues, elle appréhende déjà la situation qu'elle trouvera au retour, malgré les propos rassurants de l'équipe.

Les dernières semaines de grossesse et de préparatifs pour la venue de bébé passent vite. Le stress revient au moment de partir pour la maternité, face à l'inconnu de l'accouchement. S'y ajoute l'attente de son mari qui tarde à revenir de sa mission à l'étranger. Partir seule, sans lui ? Avec sa mère ou une amie ? Il la rejoint à la maternité où le bébé naît dans les meilleures conditions. Une tendre relation s'établit naturellement et le choix de l'allaitement maternel renforce cette complicité.

Après la bulle protectrice de la maternité, le stress refait son apparition quand le congé natal de son mari prend fin et qu'elle doit, seule à la maison, répondre aux multiples besoins du bébé. Elle apprend à construire un nouvel équilibre et savoure ses journées de pouponnage pendant le congé maternité. Le père, présent en pointillé, complète cet heureux trio. Se profile alors le choix difficile entre congé parental et reprise du travail. Son cœur se serre à la perspective d'interrompre l'allaitement et de distendre ces liens d'amour si charnellement établis. L'inquiétude monte à l'idée de confier bébé à des mains étrangères, sans parler de la difficulté à lui trouver une place en crèche ou chez une nourrice. D'un autre côté, l'appel de la réalisation professionnelle, le plaisir de retrouver l'équipe et la nécessité d'un deuxième salaire pour conserver le train de vie antérieur pèsent lourdement dans la balance.

Florence traverse un profond malaise dans cette période, malgré l'amour compréhensif du mari, perplexe devant l'ampleur dramatique que prend ce choix. Elle opte finalement pour la reprise professionnelle. Elle sèvre son bébé et entreprend les démarches nécessaires tout en se préparant moralement à cette nouvelle vie. Les jours précédant la séparation voient la tension monter entre ses aspirations contraires. Elle ressent la séparation dans sa chair et doit s'anesthésier pour faire bonne figure. Elle crâne et contient sa tristesse. Le bon accueil de l'équipe, la fierté de parler du bébé, l'intérêt des tâches confiées lui mettent du baume au cœur. Avec les aspects pratiques, en particulier les horaires précis de la crèche, la course contre la montre commence. Elle se cantonne à des missions parisiennes, ne se voyant pas repartir plusieurs jours à l'étranger ni même en province pour l'instant. Rapidement elle comprend que son évolution professionnelle va en pâtir. Une petite maladie de bébé qui interdit l'accès à la crèche lui fait découvrir un casse-tête insoupçonné. À qui faire appel ? Son mari n'envisage pas une seconde de modifier son emploi du temps à la dernière minute, pensant qu'elle s'en débrouillera plus facilement que lui ! Elle réalise la nécessité impérative de tisser un réseau de solidarités familiales et amicales et met en place progressivement une mécanique sophistiquée dont la vulnérabilité ne lui échappe pas. À l'affût des complications à prévenir, la joie du présent s'estompe et la fatigue s'accumule. D'un autre côté, Florence ressent la satisfaction de tenir ensemble ses objectifs de mère, d'épouse et de professionnelle, mais à quel prix ? L'histoire se continue et se corse, quelques années après, avec la question du deuxième bébé, une mutation de son mari et une éventuelle promotion pour elle...

Dans nos séminaires ou en consultation, la plupart des femmes qui, comme Florence, sont mères de famille tout en travaillant, expriment le sentiment de mener de front deux vies à part entière, au prix de tensions non négligeables. En le relevant ici, nous ne prétendons pas apporter une révélation détonante. Le constat n'est pas nouveau mais mérite vraiment une prise en compte plus attentive. En effet, puisqu'il va maintenant de soi, dans la société française contemporaine, qu'une femme mène une vie professionnelle à part entière, cette norme récente, en banalisant la situation, peut occulter la difficulté représentée par la conjugaison de la maternité et d'une carrière. Un homme, pour une position professionnelle équivalente, n'aura pas à fournir une somme d'efforts aussi coûteux qu'une femme ayant des enfants. Déjà, la grossesse est très inégalement accueillie par les employeurs car, de leur point de vue, elle occasionne des complications de gestion de personnel en perspective. Beaucoup de femmes s'efforcent de travailler le plus tard possible, culpabilisent lorsqu'elles s'arrêtent avant le congé légal, ou s'inquiètent de ce qu'elles trouveront à leur retour. Ensuite, bien que la France fasse preuve, au regard d'autres pays, d'une législation sociale protectrice avancée, avec notamment les congés parentaux, le choix se révèle souvent crucial dans la pratique. La puissance du lien organique et affectif mère-enfant pèse fortement dans la balance au moment de reprendre le travail. D'un côté, certaines femmes se sentent assez seules, en s'occupant vingt-quatre heures sur vingt-quatre de leur bébé, et aspirent à retrouver les contacts de la vie professionnelle. De l'autre, laisser ce bébé en nourrice ou en crèche ne se décide pas sans émotion. Les conflits intérieurs autour de situations qui mettent en rivalité les besoins des enfants et les nécessités ou ambitions professionnelles génèrent des stress profonds et durables. L'une se reprochera, des années durant, d'avoir laissé son enfant trop tôt ; l'autre réalisera, à l'âge où sa progéniture partira de la maison, qu'elle lui a trop sacrifié... Lorsqu'on sait que 85 % des familles monoparentales sont maternelles, on imaginera combien le stress de ces femmes est encore amplifié d'avoir à porter seules une part majoritaire de la responsabilité éducative tout en assurant des rentrées pécuniaires suffisantes.

Les facteurs de stress appartiennent à plusieurs registres. Nous venons d'évoquer les conflits entre liens affectifs maternels et réalisation personnelle. Le fait de vouloir assurer aux enfants une vie familiale avec tous ses aspects concrets représente déjà un ensemble de tâches variées à accomplir qui suffisent à remplir un quotidien. Les cumuler avec des objectifs professionnels aboutit à des journées inévitablement surchargées où le moindre imprévu, maladie infantile ou autre, vire au stress rapidement. Que dire des réveils nocturnes occasionnés par les petits, sur des périodes assez longues, qui causeront une fatigue supplémentaire pour des journées tout autant trépidantes ?

C'est la tension liée à l'**organisation du quotidien** où, pour fonctionner, chaque détail doit être prévu à l'avance. La défection d'une baby-sitter se transforme en acrobaties et course contre le temps. La mère, plus souvent, porte le poids de cette organisation et vit dans la hantise du grain de sable ! À ce titre, elle est très dépendante de son réseau sociofamilial. La gestion des horaires, notamment au moment de quitter le travail pour récupérer les enfants à la sortie de l'école, est une source fréquente de friction. Ces facteurs de stress sont encore majorés par la situation de monoparentalité, assez courante de nos jours.

De ce fait, la question de la **mobilité** professionnelle, soit à court terme pour des déplacements, soit à plus long terme pour une mutation, constitue un casse-tête de solutions à mettre en place. Bien des femmes refuseront donc une avancée professionnelle qui implique déplacements ou déménagement. Les employeurs partageront souvent ce point de vue et préféreront des hommes pour des postes qui exigent de fréquents déplacements à l'étranger. En outre, certaines cultures étrangères acceptent mal des interlocutrices féminines sur le plan professionnel.

Le cumul des deux vies engendre aussi une **sursollicitation** : aux demandes émanant du travail va succéder un concentré de demandes à la maison. En rentrant chez elle, la femme doit partager son attention entre des tâches matérielles et ses enfants qui la réclament avec énergie. Alors qu'elle aurait besoin de se poser, il lui arrive tout le contraire. Nous entendons si souvent cette phrase : « Je n'ai pas un moment à moi. » N'ayant pas vu les enfants de la journée, elle a à cœur de les écouter et de s'occuper d'eux, mais à contre-courant de son rythme personnel. Pas question de s'écrouler dans le canapé pour lire le journal ! Si elle veut un moment à elle, il faudra qu'elle l'institue, autrement elle risque d'attendre longtemps avant qu'il ne se présente spontanément..., et parfois, qu'elle le défende, soit contre sa propension personnelle à ne pas se laisser de répit, soit contre son entourage qui estime qu'elle doit être disponible. La culpabilité s'intrique fréquemment dans ces situations du quotidien, interdisant ces temps de ressourcement. Enfin, en espérant que les enfants ne vont pas accaparer toute la soirée par un coucher interminable, dernières sollicitations, celles de son compagnon. Celui-ci espère trouver en rentrant une femme qui l'écoute, qui ait préparé un bon dîner et qui, au coucher, se montre tendre et sensuelle. Si, dans les stéréotypes masculin et féminin, la sexualité offre, pour l'homme, la perspective d'une détente qui précède avantageusement le sommeil, pour la femme, il faudrait d'abord la détente, puis le sexe, si elle ne s'est pas endormie ! Un stress relationnel du couple naîtra fréquemment de cette différence de fonctionnement.

Nous avons abordé, dans le premier chapitre, la pression des images véhiculées par la société. Bien des problématiques de stress proviennent effectivement de cette question d'**image**. Une femme au foyer aura le sentiment que son quotidien n'aura que peu de valeur aux yeux d'une autre qui, elle, travaille. Celle qui doit mettre son bébé en nourrice pour reprendre son activité se juge mauvaise mère. Elle oscille entre cette image négative et celle que lui renvoie une carrière insuffisante pour ses capacités. Avant qu'elle ne s'affranchisse des regards extérieurs et qu'elle trouve le juste équilibre pour elle, elle peut traverser de longues périodes de tiraillement intérieur où elle a le pénible sentiment de faire tout imparfaitement. Cette expérience est vécue par beaucoup de femmes qui recherchent le meilleur compromis possible en tâtonnant et souvent au prix de tensions importantes.

LES PRÉJUGÉS SOCIOCULTURELS

Si, en droit, toutes les sphères professionnelles se sont ouvertes aux femmes, le fait est inégalement réalisé et inégalement accepté, les médias le rappellent régulièrement. Dans les comités de direction, la parité laisse encore à désirer, nous l'avons évoqué ! Nous ne nous étendrons pas sur la constatation qu'une femme, pour parvenir à niveau hiérarchique égal, doit batailler davantage. C'est une source de stress, de même que les différentes formes de discrimination qu'elle peut rencontrer. Notons au passage que certaines femmes font preuve d'ambivalence vis-à-vis de leurs consœurs et préféreront un chef masculin, même moins compétent, à une femme. Les réseaux de solidarité féminine restent à développer, même si des associations de dirigeantes ont vu le jour !

Des exemples de stress relationnel illustreront quelques attitudes et préjugés typiques auxquelles une femme peut se confronter dans sa carrière.

Dans une grande entreprise de la chimie, le comité de direction a embauché, en externe, une femme pour réduire les effectifs, suscitant une réaction d'interrogation ou de défiance. Mais cette femme a surpris les personnels concernés par son approche très posée. Elle a voulu rencontrer les personnes et les écouter. Sa cote en a grimpé d'autant, les intéressés étant séduits par cette qualité de contact dont ils auguraient des décisions plus clémentes. Puis, à la surprise générale, elle a accompli sa tâche d'élagage avec efficacité et sans état d'âme, les prenant tous à contre-pied.

Deux préjugés ont été bousculés dans cette histoire :
– leur sensibilité devrait écarter les femmes de rôles difficiles où il faut trancher dans le vif, c'est du ressort d'un homme qui, seul, aura la fermeté nécessaire ;
– une attitude ouverte n'est pas compatible avec la mise en œuvre de décisions impopulaires et douloureuses car elle donnerait trop de prise à des pressions contradictoires.

Il semble que cette femme ait justement disposé d'un recul qui lui a permis de concilier les objectifs de sa tâche et un contact avec les personnes. Un autre préjugé s'est, en revanche, renforcé dans l'esprit de certains : il faut se méfier des femmes et de leur air douceureux, elles sont pires que les hommes et vous prennent en traître. Avec un homme, on sait où on en est !

On prête généralement aux femmes une meilleure capacité d'écoute. Elles chercheraient moins à faire dominer leur point de vue, préférant un climat d'harmonie consensuelle. L'équilibre constant qu'elles tiennent à préserver avec leur vie privée les conduit à développer des qualités d'organisation plus rigoureuses et efficaces.

Dans une unité de production, dirigée depuis toujours par des hommes, une femme est nommée chef de service. Passé le choc de la nouvelle, l'équipe ricane déjà en attendant une déroute annoncée. Les plus féroces sont évidemment les prétendants à la place déçus. La nouvelle promue se montre très présente dans les ateliers, salue et rencontre chacun. Elle sait écouter et prendre le temps d'informer, témoignant d'une véritable considération pour les personnes. Force est de constater sa réussite qui fédère finalement tous ses collaborateurs.

Dans un univers de production traditionnellement masculin, une femme fait figure d'extra-terrestre, comme un homme le serait dans un atelier de broderie. Selon des préjugés très communs, on présage que cette représentante du sexe faible n'y connaîtra rien, en termes de mécanique et de technique. Elle manquera de la poigne indispensable pour diriger l'équipe et se laissera impressionner par les fortes têtes.

Le préjugé qu'elle pourrait ne pas être à la hauteur de ses responsabilités imprègne bien souvent la femme elle-même, constituant un facteur interne de stress : elle doit, plus qu'un homme, faire ses preuves, être irréprochable, craignant qu'on ne lui pointe le moindre faux pas. Elle culpabilisera d'autant plus en cas d'erreur ou simplement parce qu'elle s'absente pour s'occuper de ses enfants.

De ce fait, par manque de confiance en elle, elle doute plus facilement de ses capacités et osera moins qu'un homme se mettre en avant et prendre des risques si elle ne dispose pas de tous les atouts. Ce phénomène joue aussi à travers une forme de retrait sur la scène professionnelle, où elle se consacrera moins à cultiver un réseau, un carnet d'adresses, dans une stratégie de carrière, comme savent le faire les hommes, lors d'activités sportives, de repas d'affaires.

> Dans un laboratoire de recherche, une femme ingénieur se montre assez perfectionniste dans ses manières de procéder. Elle suscite une levée de boucliers chez ses collègues et collaborateurs masculins par l'attention pointilleuse qu'elle porte aux règlements et aux consignes de sécurité. Les propos de couloir sans nuance fusent derrière son dos, ciblant son respect des procédures comme un trait de caractère bien féminin : « Qu'est-ce qu'elle vient nous emm... cette bonne femme avec ses règlements ! »

La différence d'attitude vis-à-vis des procédures de sécurité et des règlements est assez fréquemment source de friction entre hommes et femmes. Les premiers entretiennent un fond de rébellion contre une autorité formaliste, trop étouffante pour eux, et gardent un goût pour flirter avec le danger. Les secondes aiment l'attention portée au détail et trouvent stupide de prendre inutilement des risques. Dans ce domaine, il s'agit plutôt de différences ataviques qui remontent à des comportements spécifiques, dans la nature, chez le mâle et la femelle, et dépassent donc le plan de préjugés culturels. Veiller à la sécurité des petits incombe généralement à la femelle tandis que le mâle est davantage préoccupé d'explorer, d'affronter et de dominer. Les hormones mâles accentuent les comportements agressifs et de défi, et poussent à rechercher la dominance. Les cultures patriarcales n'ont fait qu'entériner ce fait biologique en le rationalisant de différentes manières. La supériorité de force physique a nourri la prétention à une suprématie plus globale de l'homme, sur un plan intellectuel et décisionnaire, dont il a tiré la légitimité pour détenir les positions de pouvoir. L'évolution des dernières décennies a considérablement ébranlé ce point de vue, tant dans l'esprit masculin que féminin. Les femmes se sentent de plus en plus affirmées dans leur aspiration à partager l'autorité d'une manière plus équitable.

INTERFÉRENCES DE LA SEXUALITÉ

Un manutentionnaire, jusque-là habitué à accommoder les règles à son idée, se trouve maintenant sous la responsabilité d'une femme. Celle-ci ne tarde pas à détecter les libertés prises par notre homme avec les consignes et ne manque pas de le ramener sur le droit chemin. Comme elle vient fréquemment contrôler ce qu'il fait, il en arrive à la conclusion qu'il s'agit de harcèlement sexuel...

Ce premier exemple participe encore des différences homme/femme de relation avec les règles, l'autorité et la sécurité. Cette fois, le stress relationnel s'exprime en invoquant pour motif la sexualité. Est-ce une pure manœuvre stratégique de l'homme afin de disqualifier le recadrage justifié effectué par sa responsable ? Ou bien vit-il véritablement ainsi la situation ? Dans cette seconde perspective, nous retrouvons une réaction relativement fréquente : quand une femme exerce une autorité rapprochée sur un homme, celui-ci peut se sentir touché dans sa position virile. À tort ou à raison, il l'interprétera comme une attitude castratrice ou, au contraire, comme une approche sexuelle. Dans une telle situation, il faudra l'intervention de tiers pour introduire une distance et départager projection et réalité, en s'appuyant sur les faits concrets.

La dominance comporte tant de liens avec la sexualité, déjà chez l'animal, puis dans les sociétés humaines, qu'on ne s'étonnera pas de voir émerger des ressentis ou interprétations d'ordre sexuel autour de l'exercice du pouvoir. Dominance et autorité appartiennent donc à une zone très sensible dans les relations hommes/femmes et réveillent des réactions vives lorsque les secondes deviennent des rivales pour la détention du pouvoir. Telle assistante très compétente en arrive à tellement bien connaître le rôle de son responsable, en plus du sien, qu'elle estime pouvoir le remplacer avantageusement, alors que lui ne serait pas capable de jouer la configuration symétrique. Dans ce cas de figure, le responsable est fragilisé dans sa position et peut réagir en se raidissant sur un mode autoritaire pour sauver les apparences.

Hélène, directrice financière et membre du comité de direction dans un site de pétrochimie, réunit non seulement les atouts d'une femme intelligente et compétente, mais aussi ceux de la beauté et de l'élégance. Ses collègues masculins ne demeurent pas insensibles à son charme et apprécient, avec plus ou moins de discrétion, le galbe de ses jambes ou son léger décolleté. Antoine, le directeur commercial, ne se contente pas d'en rester au regard admiratif. Clairement, il veut plus et commence à faire le siège d'Hélène d'une manière qui manque de subtilité ! Il guette l'occasion de la retrouver seule dans les couloirs ou vient la voir dans son bureau et se montre alors très empressé. Hélène, extrêmement gênée, ne sait plus quoi faire pour se dépêtrer de lui et le vit très mal. Venir sur le site devient source d'appréhension, elle se demande à chaque fois d'où il va encore surgir.

L'insuccès de ses assauts fâche Antoine qui cherche à se venger. Il perturbe et met en cause, chaque fois qu'il le peut, à travers son propre service, le fonctionnement de celui qu'Hélène dirige. Elle s'interdit d'en parler à son directeur, craignant de déclencher des histoires encore plus embarrassantes. Elle envisage de se retirer du comité ou de demander au siège une mutation. Heureusement pour elle, après plusieurs semaines infernales, ses collègues du comité ont fini par se rendre compte des attitudes et des manœuvres d'Antoine qui dissimulait mal sa vindicte. Ils alertent le directeur qui convoque l'amoureux et lui rafraîchit sérieusement les esprits en le mutant...

Avec cet exemple, nous abordons le harcèlement sexuel caractérisé, fait déjà plus rare. Dans cette situation, l'absence de relation de subordination hiérarchique épargne à Hélène des pressions qui menaceraient sa propre carrière. Néanmoins, Antoine cherche à l'atteindre en la disqualifiant professionnellement aux yeux des autres et parvient presque à la faire partir. En mesurant l'importance de son malaise, nous imaginerons le stress de travailler directement sous les ordres d'un harceleur et de ne pouvoir se soustraire à lui. Plus habituellement, une femme se trouve confrontée à un supérieur exerçant sur elle, avec une subtilité variable, un chantage à l'avancement. Elle est amenée à comprendre, *entre les mots*, qu'une attitude consentante de sa part faciliterait grandement son activité professionnelle ou son évolution. En l'absence de propositions sexuelles explicites, elle ne peut dénoncer un harcèlement avéré et risque d'être piégée dans une situation inextricable. Si elle ne dispose d'aucune preuve formelle ni ne trouve d'appui dans l'entreprise, il lui reste comme seul recours un changement de poste, une mutation ou, en désespoir de cause, la démission. Mais les femmes ne sont pas que victimes des hommes dans ce domaine et on observe également les stratégies de celles qui utilisent la séduction (voire davantage) pour conforter leur position, obtenir une préférence ou une promotion.

IMPORTANCE DE L'APPARENCE PHYSIQUE ET DE LA JEUNESSE

Chacun, homme ou femme, sait qu'un physique avenant représente un atout sur le marché du travail. Qu'il s'agisse d'embauche ou de recrutement interne, une touche de séduction peut l'emporter à un stade de décision où les aspects rationnels ont déjà été pris en compte et ne sont plus déterminants. Nous évoquerons maintenant deux situations qui soulèvent la question de l'apparence physique, pour une femme, mais d'une manière plus complexe. Un homme compensera plus aisément les stigmates physiques du vieillissement s'il se trouve en position d'autorité, car celle-ci, à tort ou à raison, le conforte dans sa confiance en lui et dans son attractivité sexuelle.

La place de la femme d'âge mûr

Bernadette, une quinquagénaire au naturel enjoué, a perdu le sourire. Assistante commerciale de plusieurs équipes de commerciaux en matériel de bureau, elle a toujours su s'adapter aux organisations successives de la société. Lorsqu'une auto-nomie importante a été conférée aux régions, elle a déployé avec succès ses capacités d'analyse et d'organisation. Ses facultés relationnelles l'ont consacrée mascotte de l'équipe, majoritairement masculine au départ. Devenue assistante du directeur régional, elle apportait la disponibilité et la compé-tence d'un pivot indispensable aux équipes de vente qui s'étaient féminisées.

La disparition des régions l'a bouleversée, il y a quelques années. Elle a dû faire tout un travail pour accepter cette nou-velle organisation regroupant les responsables au siège pari-sien. Les directeurs régionaux rassemblés doivent se partager les services de leurs trois assistantes. Finies les perspectives claires à court, moyen et long terme, l'organisation réfléchie... Les tâches pleuvent au rythme des priorités ressenties par chacun, sans définition claire du partage des tâches entre les assistantes. Il leur incombe de remplir un objectif commun – assister efficacement les directeurs régionaux et leurs équipes de vente pour la partie administrative et budgétaire. Berna-dette a comme collègues deux jeunes femmes nouvellement embauchées. Récemment diplômées, elles manient avec dex-térité les outils bureautiques modernes, là où il lui a fallu un certain temps pour assimiler ces nouveaux logiciels. Actuelle-ment, la migration de tout le système informatique de l'entre-prise génère un très important surcroît de travail, assorti de nombreux dysfonctionnements. Le stress la submerge, avec l'apparition de tensions musculaires dans le dos et les épaules, des troubles du sommeil et une perte de confiance en elle. Elle craque, se sentant dépassée par ses jeunes collègues qui s'attribuent les tâches valorisantes et lui laissent les tâches ingrates et néanmoins difficiles. Ces opérations rébarbatives ont fini par avoir raison de sa motivation. Elle se sent progres-sivement exclue de l'équipe qui, croit-elle, plaisante dans son dos. Elle n'a plus envie de déjeuner avec elle ni le courage de participer au prochain séminaire « force de vente » qui s'an-nonce pourtant récréatif. Auparavant, il lui appartenait d'orga-niser ces événements de façon très autonome. Maintenant, elle ne sert plus à rien, considérée comme un pion, moins douée et moins jolie que les autres, privée par sa hiérarchie de marques de reconnaissance.

L'analyse de son stress fait émerger plusieurs catégories de facteurs :
– ses performances en informatique n'égalent pas celles des plus jeunes mais une formation adaptée pourrait l'aider efficacement ;
– l'organisation du travail mérite une meilleure définition et répartition des tâches entre les assistantes ;
– il faut élucider si sa hiérarchie cherche effectivement à faire craquer l'ancienne pour privilégier des jeunes femmes plus avenantes et dociles. Le fait existe bel et bien, et certaines se voient ainsi confier des tâches ingrates, difficiles, et une surcharge de travail qui serviront à les mettre en échec et justifieront leur mise à l'écart. Ne pas clarifier cette question exposerait à des solutions inefficaces ou inadaptées.

L'exemple de Bernadette nous est apparu intéressant précisément parce qu'il mêle des facteurs d'organisation, de surcharge, de compétence, de relation. Elle-même pourrait éluder une remise à niveau de ses compétences en invoquant uniquement une discrimination. Ses responsables pourraient occulter la surcharge et la mauvaise organisation ou dissimuler leur préférence pour des femmes plus séduisantes en rejetant la faute sur sa difficulté à s'adapter. Une femme d'âge mûr détient les atouts de son expérience professionnelle qui se retrouvent dans ses capacités à organiser, à reconnaître les priorités, à s'adapter à des personnalités différentes, à prendre du recul, à poser ses limites et à dire non. Et elle ne risque plus de partir en congé maternité ! Bernadette perd confiance en elle, confrontée à différentes facettes du vieillissement, en retenant surtout ce qu'elle perd en capacité d'adaptation et en rapidité d'apprentissage, en rayonnement personnel et pouvoir d'attraction. La perte de confiance majore considérablement ces signes négatifs, dans un cercle vicieux. Le facteur individuel de stress représenté par l'autodévalorisation joue un rôle déterminant dans son état.

La pression des stéréotypes : l'autocensure

La question de l'image affecte particulièrement la représentation que les femmes ont, pour elles-mêmes, de leur corps. Si ce type de préoccupation connaît une recrudescence saisonnière avant la période estivale, il peut interférer avec le domaine professionnel pour ce qui touche à la présentation, en rapport avec la confiance en soi.

Jeune et sportive, Sylvie, après des études de communication, rêve d'organiser des événements et postule pour différents postes dans cette catégorie. Elle franchit toujours les premières étapes de sélection et se présente confiante aux derniers entretiens. Malgré ses atouts certains en termes de qualification et de capacités, le couperet tombe à chaque fois : elle n'est pas retenue. Elle tempère sa déception en l'imputant aux difficultés du marché de l'emploi, mais s'interroge sur son avenir et sur les raisons de ces échecs. Elle, pourtant bonne vivante, en perd l'appétit et vient consulter pour des douleurs abdominales. L'échange avec elle laisse bientôt transparaître un lien entre ses préoccupations professionnelles et ses maux de ventre. Son allure rondelette, fort éloignée des canons de la mode, semble un obstacle probable entre ses aspirations et le monde de la com' événementielle. Cette intuition la travaille en sourdine, tiraillant son corps entre des besoins contradictoires : bonne chère, joie de vivre, d'un côté, et conformité à l'image idéale, de l'autre. Ses douleurs abdominales et sa perte d'appétit semblent donc provenir d'un conflit inconscient généré par l'image qui a créé un stress important. Ayant ainsi formulé son ressenti, elle peut l'intégrer consciemment en ces-

sant de refuser sa corpulence et, même, l'envisager positivement. Immédiatement l'appétit de vie lui revient avec une
confiance en elle renouvelée. Sa stratégie de recherche d'emploi inclut désormais cet élément qui, conscient, peut se transformer en atout. Quelques semaines plus tard, j'apprends son
embauche dans une direction de la communication...

De manière plus nette encore que Bernadette, Sylvie est freinée par un facteur interne de stress, le
conflit avec son image corporelle. Elle pourrait facilement le rationaliser en puisant des arguments irréfu-
tables dans la réalité extérieure – l'événementiel est
dominé par le souci de l'apparence – et renoncer à la
carrière qui l'attire. La prise de conscience qu'elle
effectue témoigne d'un phénomène que nous avons
maintes fois constaté : le fait qu'une personne
s'accepte vraiment telle qu'elle est peut lui donner
une force plus convaincante que des arguments
rationnels. Cet état d'unification intérieure lui permet
de traverser des situations où elle ne dispose pas de
tous les atouts, au regard des exigences du marché,
et de trouver sa place.

De cette approche du stress féminin, il ressort une
évolution évidente sur le plan social. Dans toutes les
strates de la société française, le fait qu'une femme
travaille et cherche à se réaliser professionnellement
est entré dans les mœurs. Les préjugés discriminatoires sont battus en brèche même s'ils demeurent
encore présents. La parité au niveau des postes de
dirigeants reste un enjeu encore inaccompli mais que
le temps opérera, selon toute probabilité. Le sérieux
et l'engagement des femmes dans la vie professionnelle peuvent réveiller une compétition et des tensions entre les deux sexes, car dans notre culture
comme dans le monde animal, le masculin occupe
habituellement la position dominante.

Les femmes sont exposées de manière très variable, au cours de leur carrière, à des attitudes et des réactions stressantes reliées à leur condition féminine. Il nous semble donc difficile de dégager une loi générale, valable pour un large échantillonnage de femmes, sur des facteurs spécifiques dans ce domaine.

En revanche, le point le plus sensible et le plus répandu, pour nous, se situe dans l'articulation entre réalisation professionnelle et vie familiale. Entre les propres aspirations de la femme et la façon dont elle est influencée par les images véhiculées au sein de notre société, trouver le juste équilibre relève d'une belle performance ! Cela lui demandera de contacter ses véritables motivations pour déterminer, dans une période de sa vie, les choix qui s'imposent comme prioritaires. Et lorsqu'elle mènera de front maternité et carrière, l'implication de son compagnon jouera un rôle essentiel pour résoudre les questions d'organisation matérielles. Il lui restera, notamment avec des enfants en bas âge, à concilier l'appel de son sentiment maternel, la présence réclamée par ses enfants, avec son propre besoin de vivre un épanouissement professionnel, d'avoir des contacts sociaux, et de s'affirmer, vis-à-vis des autres femmes, comme celle qui réussit la double vie !

4

Le tableau de bord

La physiologie nous a appris que la réaction de stress, très prompte à se déclencher, ne pouvait se contrôler qu'en amont, lorsque notre cortex cérébral se forme la représentation de la situation. Elle nous permet aussi de comprendre le coût énergétique pour notre organisme. Le bon sens nous conduit donc à ne pas nous contenter d'une prise en compte négligente ou approximative de cette réaction. Il y va de notre santé physique, de notre équilibre psychique (trop de stress mène à la dépression), de notre efficacité professionnelle et de la qualité de nos relations humaines.

Pour parvenir à ce pilotage beaucoup plus précis, nous avons besoin d'indicateurs pour reconnaître la présence du stress dès son apparition et de repères qui nous permettent de distinguer un stress positif et approprié d'un stress évitable et destructeur.

LES INDICATEURS DE STRESS

Hans Selye a décrit trois phases dans la réaction de stress :
– la **phase d'alerte** où les sens sont mis en éveil :

la vigilance mentale s'accroît et l'appareil locomoteur s'apprête à réagir ;

– la **phase de résistance** où nous sommes entrés en action : nous agissons, luttons pour dépasser l'obstacle ou nous adapter à la situation. Tous nos moyens physiques et intellectuels sont mis dans la balance. L'organisme est entré en sur-régime avec le lot de tensions et de modifications fonctionnelles contingentes ;

– la **phase d'épuisement** où nous avons brûlé toutes nos réserves. Nous avons échoué à nous adapter ou bien l'effort a épuisé toutes nos ressources psychosomatiques. Nous accusons le coup avec des désordres plus importants et durables.

Chacune comporte des signaux préférentiels et qui sont propres à chaque personne. Chez un même individu, ils peuvent varier au cours du temps. On ne peut donc faire l'économie d'apprendre à les identifier pour soi-même et à contrôler leur validité dans la durée.

Ces signaux – en précisant qu'aucun d'entre eux n'est spécifique du stress mais peut provenir aussi d'autres causes – se répartissent en quatre groupes principaux :

• **Les signes somatiques**

Douleurs et tensions en tout genre (maux de tête, de dos, de ventre, douleurs cardiaques), douleurs et contractions musculaires.
Troubles sensoriels de la vision ou de l'audition, vertiges, tremblements.
Troubles cardiovasculaires (poussée de tension artérielle, palpitations), sueurs.
Troubles digestifs touchant l'estomac, l'intestin, « crise de foie ».
Gêne respiratoire.
Bouche sèche, besoin d'uriner fréquent.
Démangeaisons et maladies cutanées, chute des cheveux.
Vulnérabilité aux infections des voies respiratoires.

Aggravation de maladies psychosomatiques (rectocolite, asthme, psoriasis, eczéma, ulcère gastro-duodénal, etc.).

• **Les signes énergétiques**

Fatigue.
Troubles du sommeil (détérioration plus fréquente que l'hypersomnie).
État intérieur de fébrilité.
Troubles de l'appétit.
Troubles de la sexualité (baisse du désir, impuissance, frigidité, parfois hypersexualité).
Pertes de connaissance, crise de spasmophilie.
Troubles de la régulation thermique.

• **Les signes émotionnels et comportementaux**

Dans le sens de l'inhibition : perte de confiance, maladresse, accidents, bégaiement, actes manqués, démotivation, inertie, culpabilité, jugements dévalorisants sur soi-même.
Dans le sens de l'hyperactivité : hyperémotivité, logorrhée[1], témérité, dispersion, tics, onychophagie[2].
Dans le sens de l'agressivité : impatience, susceptibilité, plaintes et critiques, explosions de colère.
Dans le sens de l'anxiété : tension, inquiétude, nervosité, crise d'angoisse, attaque de panique.
Dans les comportements de dépendance : prise de médicaments, d'excitants, tabagisme, boulimie, etc.

• **Les signes intellectuels**

Troubles de l'attention et de la concentration, distraction, perte ou trous de mémoire, confusion, saturation.
Erreurs de jugement, lapsus.
Troubles de la perception (déformation, occultation).
Difficultés à prendre des décisions.
Perte de créativité et tendance à la répétition.

---

1. Logorrhée : besoin irrépressible de parler sans discontinuer.
2. Onychophagie : le fait de se ronger les ongles.

Dans cette longue liste, non exhaustive, cherchons à repérer les signaux correspondant à chacune des trois phases.

Les premiers symptômes de la **phase d'alerte** – palpitations, transpiration, agressivité soudaine, mal à l'estomac, trou de mémoire, ou autres – retiendront tout particulièrement notre attention puisqu'ils nous permettent de percevoir le stress dès son apparition. Avec cette information, nous avons à identifier la stimulation qui vient de déclencher la réaction de stress et à nous demander si la situation mérite effectivement que nous passions en régime intensif : « Je consulte ma messagerie et je découvre que mon collègue en me répondant a fait "copie à tous". Instantanément, j'ai le souffle court et le cœur qui s'accélère. »

Bien qu'il n'existe aucun signal universel, nous avons la possibilité de trouver un critère commun chez tous : en affinant quelque peu nos perceptions, nous nous apercevons que notre respiration tend à se modifier, d'abdominale elle devient thoracique, puis superficielle. Elle perd son caractère souple, son ampleur. Nombre d'entre nous ne prennent pas conscience de ces modifications respiratoires tant qu'elles n'atteignent pas une gêne franche. Un minimum d'entraînement parvient assez vite à développer la conscience de cet indicateur extrêmement sensible et immédiat. On comprendra pourquoi l'attention à la respiration est prônée par nombre d'approches de relaxation et de gestion du stress. En effet, dès que nous sentons cette restriction respiratoire, nous disposons d'une marge d'intervention pour revenir à une expiration profonde et à la ventilation abdominale qui apaisent le stress.

Si nous laissons échapper cette étape initiale, avec son malaise fugace, les signes plus insistants de la **phase de résistance** nous avertissent du processus en cours. Les troubles du sommeil ou de la digestion, le recours aux excitants, des douleurs et tensions musculaires, une nervosité en sont des manifestations fréquentes. Nous arrivons au moment charnière où il nous faut déterminer la situation en cause, afin d'apporter une réponse adéquate. À défaut, le trouble risque de se perpétuer ou de s'aggraver : « Je dois présenter demain un dossier délicat en réunion. Je me retourne dans mon lit, la moitié de la nuit, en me disant qu'il faut absolument me rendormir pour être en forme. »

Enfin, l'enlisement prolongé dans une situation de stress produit les désordres psychosomatiques plus marqués de la **phase d'épuisement.** La fatigue domine le tableau, avec une perte de confiance en soi et des maux physiques variés. À ce stade, la récupération prendra beaucoup plus de temps qu'à la phase de résistance. La dépression d'épuisement (le *burn out*) comme les maladies symptomatiques ne disparaissent pas en huit jours... Malheureusement, reconnaître qu'on s'épuise à résister est généralement vécu comme un aveu d'échec et bien des personnes s'acharneront désespérément en refusant d'admettre leur limite, quoi qu'il leur en coûte.

> Une assistante accepte de travailler pour plusieurs cadres qui ne voient chacun que leur intérêt. Elle veut leur prouver qu'elle est à la hauteur. Quelques mois de ce régime, et elle perd le sommeil et se retrouve au service médical avec une crise de panique majeure puis arrêtée, en dépression.

DISTINGUER « BON » ET « MAUVAIS » STRESS

Dans l'esprit de certains, il n'y a de stress que le mauvais. D'autres à l'opposé ne savent pas fonctionner sans stress ; il représente pour eux le moteur et le piment de l'existence. Les styles de management également divergent sur ce point, depuis les tenants du management par le stress, pour que les gens donnent le maximum, à ceux qui pensent à l'inverse que créativité et efficacité s'accroissent quand le stress diminue...

Ces points deviennent déjà moins contradictoires si on précise le sens mis par chacun derrière le mot stress. Il ressort clairement qu'il existe un stress positif et un stress négatif, réalité qui se confirme grâce à l'éclairage de la définition physiologique. La référence à la vocation du stress permet de définir indiscutablement le bon et le mauvais stress. Dans la nature, cette réaction sert à :

– assurer la sécurité d'un individu, vis-à-vis d'attaques ou de dangers naturels ;

– affirmer son identité propre et ses spécificités face à ses congénères et à son environnement.

Nous pouvons donc nous appuyer sur ces deux critères pour apprécier la pertinence d'une réaction de stress qui se traduit par la **qualité d'adaptation à la réalité**.

Le stress positif

Bien que certains ne le nomment pas comme tel, il existe bien un stress positif, celui qui va nous permettre de composer intelligemment avec le changement, dans quelque domaine que ce soit.

Quelles en sont les caractéristiques ? Bien délimité dans le temps, nous percevons nettement le stimulus de départ et le retour à notre état habituel après une phase de récupération. En toute conscience, nous savons que nous vivons une surpression momentanée, nous l'acceptons et en connaissons les motivations. La réaction de stress nous procure alors un sentiment positif d'acuité et d'efficacité. Elle remplit sa mission, nous réussissons au mieux notre adaptation à la situation.

Pour remplir ses objectifs annuels, un commercial redouble ses efforts en décembre : il intensifie les contacts avec ses clients et les presse de signer les contrats. Il s'est offert un mois de novembre plus « cool » pour des raisons familiales. Il est convaincu d'arriver à ses fins et intérieurement d'accord pour fournir ce sur-effort – comme l'est un étudiant en classe préparatoire qui accepte ce régime pour assurer son avenir.

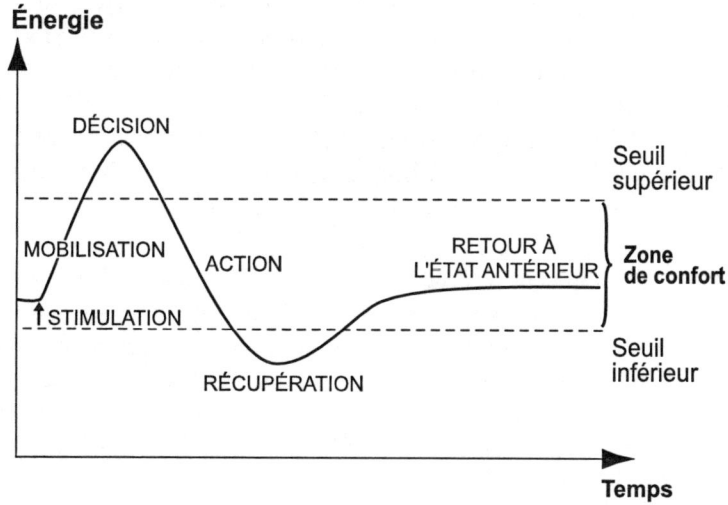

Stress positif

Nous retirons de l'expérience un plus grand sentiment de sécurité : nous sommes confortés dans la confiance en nos ressources. En même temps, le défi représenté par la situation nous fait découvrir nos potentiels et des traits importants de notre identité. Comme l'affirme la sagesse populaire, l'épreuve révèle la vérité profonde des personnes. Nous découvrons qui nous sommes et de quoi nous sommes capables.

Le stress négatif

Deux grands cas de figure définissent le stress négatif, d'un côté le stress aigu, traumatique, de l'autre le stress chronique.

Le stress aigu demeure un fait rare dans le quotidien professionnel. Il provient habituellement d'un événement traumatique qui déborde totalement la réactivité de la personne. Évident par l'intensité des signaux de stress, il perturbe profondément toutes les fonctions et fait alterner périodes de réactivation du stress et phases d'abattement. Dépression et angoisse ne tardent pas à se manifester dans son sillage. Il relève clairement de l'aide psychique et du soin pharmacologique.

Retrouvons une dernière fois notre dirigeant, Pascal, le chasseur chassé, au sortir de la fatidique réunion de direction qui l'avait évincé :

Comment pouvait-il rentrer chez lui ? Il avait laissé entendre à sa femme une prochaine promotion, eu égard à ses bons services. Là, débarqué, il allait de plus perdre la face à la maison. Il se sentait tué, humilié, prêt à se tirer une balle dans la tête. Les exigences de sa femme quant à sa réussite professionnelle allaient en croissant, et il ne se voyait pas rentrer – d'ailleurs, il ne rentrerait pas.

Sa voiture lancée à vive allure, il a mal pris un virage et s'est encastré dans un poteau. Il a ressenti dans sa chair l'impression de mort qui l'avait aimanté vers l'accident.

Fini. Parti. Personne à affronter, le grand calme sur son lit d'hôpital où il s'est réveillé après plusieurs jours de coma. Joie d'être en vie, souffrance d'être endolori, limité ; inquiétude diffuse de ne pas trouver son épouse à son chevet.

Au terme de son rétablissement quelques semaines plus tard, sans séquelles, il a senti sa femme s'éloigner, esquiver toute rencontre. Lui réalisait à quel point il l'avait négligée, entre les déplacements et les horaires à rallonge. Très gâtée par ailleurs, elle s'était lancée dans une aventure plus romanesque. Il ne pouvait que constater sa solitude et sa vulnérabilité. La tristesse le gagnait devant tant d'échecs.

Les possibilités d'adaptation de Pascal ont été débordées. Il était traumatisé de l'écart entre le scénario de réussite qu'il avait projeté et la dure réalité et ne pouvait plus rien intégrer. Pendant longtemps le souvenir infernal de cette réunion est revenu en boucle à son esprit. Paradoxalement, la défection de sa femme, l'accablant encore davantage dans un premier temps, a fini de tout balayer et l'a conduit finalement à se poser des vraies questions sur sa vie.

Il se sentait seul, forcé à faire une pause. C'était le moment idéal pour se tourner vers lui et chercher quel sens il voulait maintenant donner à sa vie.

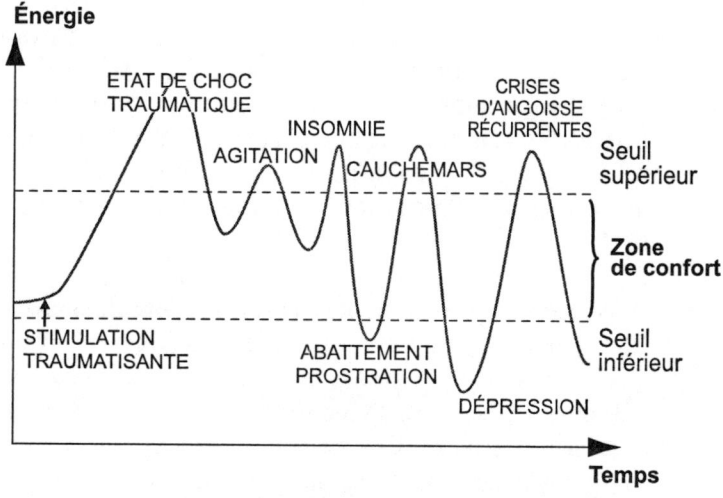

Stress aigu

Le stress chronique représente, lui, le vrai problème dans la vie professionnelle. Nous connaissons tous à un moment ou à un autre de notre carrière de telles périodes. Mais actuellement ce phénomène tend à s'installer dans la durée et à devenir la règle pour des catégories plus nombreuses de travailleurs, ce qu'il ne faudrait pas considérer comme une fatalité !

Comment le reconnaître ?

Mal limité dans le temps : nous ne savons pas trop lorsqu'il a débuté ni quand il pourra cesser.

Pas clairement motivé : dans la masse de stimulations qui nous assaille, il nous est difficile de déterminer ce qui l'a déclenché et pourquoi il persiste. Est-il l'effet d'une accumulation, d'une situation mal gérée, du retard, d'un problème relationnel ? Nous ne savons pas trop et restons dans une certaine confusion.

Partiellement ou complètement inconscient : nous avons perdu la notion de notre « régime de croisière » et nous prenons un état de sur-régime permanent pour la norme. Quelques jours après un retour de vacances, le souvenir d'un état plus détendu s'estompe rapidement et nous sommes happés par le tourbillon. L'inconscience du stress le rend dangereux puisqu'il n'est plus identifié ou, sinon, sous-estimé. Les effets destructeurs vont se manifester dans la durée.

Un cadre accepte un poste en province pour les opportunités de carrière qu'il présente. Jean-François sait aussi que les « locaux » ne lui feront pas de cadeaux. Sa femme ne veut pas quitter Paris. Il fait l'aller et retour deux ou trois fois par semaine, se levant à l'aube et rentrant tard. Au fil du temps, l'atmosphère familiale se détériore, sa femme et ses enfants lui reprochent d'être un courant d'air. Ses administrés lui réservent quelques déconvenues. Insensiblement, le défi qui le mobilisait devient de plus en plus lourd à tenir, sans qu'il ose se l'avouer. Une crise de colite aiguë se déclenche...

Au lieu d'un sentiment agréable de performance, nous ressentons plutôt un état de tension, une nervosité, l'impression de devoir nous bousculer sans cesse. Dans cette ambiance, la question de l'adaptation devient problématique : à quoi nous adaptons-nous, pour quel but ? Des détails nous accaparent plus que des tâches importantes, nous avons de la difficulté à terminer ce que nous entreprenons. Tous ces éléments conjugués nous laissent plutôt insatisfaits, voire agacés ou inquiets. La qualité de notre adaptation à la réalité en pâtit. Notre sécurité intérieure s'en ressent et le doute commence à nous miner quant à nos capacités. Nous sommes parfois tellement absorbés par cette course quotidienne que nous finissons par perdre le sens de qui nous sommes.

Si, dans le stress positif, l'énergie est investie dans l'action, avec le stress chronique elle va s'écouler non seulement dans des actions mais suivant différentes modalités qui ne participent pas à l'adaptation. L'effer-

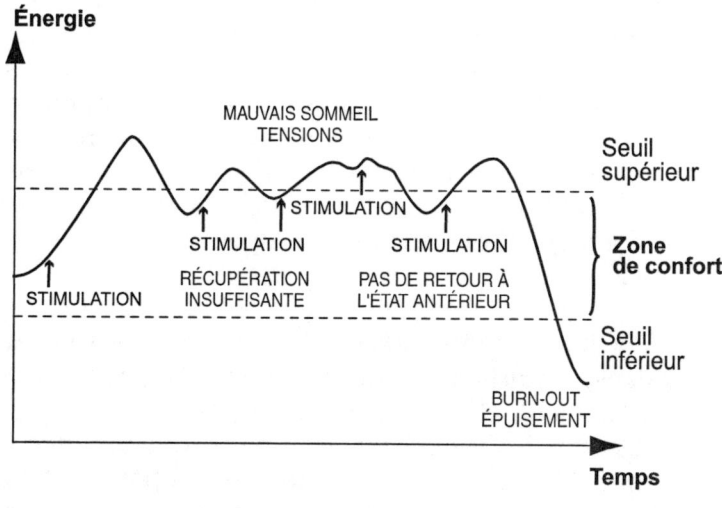

Stress chronique

vescence de l'hyperactivité nous leurre sur la qualité réelle de nos performances. Elle se disperse en fébrilité, en agitation inefficace, elle s'accumule en tensions corporelles et émotionnelles, elle se consume dans des processus d'inhibition (appuyer sur le frein et l'accélérateur en même temps traduit bien cette absorption d'énergie qui ne génère aucun résultat), elle se dérive sur un organe cible (le côlon, pour Jean-François) en créant un désordre ou même une pathologie, elle se décharge par un passage à l'acte inapproprié ou par de l'agressivité dirigée sur les autres ou retournée contre soi-même.

LES CONSÉQUENCES DU STRESS CHRONIQUE

Toutes ces dérivations de l'énergie en consomment une quantité considérable sans résultat efficace et nous conduisent à l'épuisement physique et psychique. Nous franchissons le seuil de désordres de nature pathologique. C'est là le lien entre stress chronique et **dépression**. Dans le *burn-out* des responsables, la personne, en se surinvestissant, brûle toutes ses ressources. On l'observe également quand quelqu'un atteint son « seuil d'incompétence », avec une responsabilité qui se trouve au-delà de sa capacité. Dans un premier temps, il se bat avec toute son énergie pour remplir sa nouvelle fonction et peu à peu s'enlise dans l'inefficacité sans pouvoir l'admettre.

On peut ranger également dans le stress négatif, le **stress relationnel** qui parvient à déstabiliser profondément et à engendrer des troubles anxieux et dépressifs. Face au manque de reconnaissance et de considération, à des brimades (sans parler de harcèlement), à des incompatibilités de personnes et de méthodes, notre réactivité peut se trouver en échec, lorsque nous ne savons pas comment nous situer dans ces relations difficiles. L'impuissance nous renvoie une image négative de nous-mêmes. Cette dévalorisation appartient également aux prémices de la dépression.

Enfin, comme nous l'avons déjà évoqué, certains, du fait de leur fonctionnement psychique, vivent le quotidien dans un climat de stress permanent par les exigences excessives qu'ils s'infligent, par un perfectionnisme obsessionnel, une culpabilité sous-jacente qui les conduit à se surcharger, à porter leur environnement (qui n'en demande pas tant) et à se traiter sans ménagement.

Une forme de « névrose » commune dans la vie professionnelle, notamment chez les responsables, s'apparente à la phobie ou à l'**addiction** (les *work alcoholics*). Dans une continuelle fuite en avant, la personne ne peut s'arrêter de travailler et recherche au contraire à vivre sous tension. Elle déteste rester sans rien faire et redoute plus que tout de se retrouver confrontée à elle-même. Tant qu'elle dispose de l'énergie et d'un champ d'action suffisants, elle conserve son équilibre. Si elle se trouve immobilisée ou perd son domaine d'action, la pression la submerge rapidement au point de devenir intolérable. Elle présente des troubles du comportement, devient agressive ou décompense dans l'angoisse.

Pour revenir à la relation entre la forme simple du stress chronique (sans pathologie associée) et le stress positif, nous expérimentons tous en pratique le passage de l'un à l'autre, dans les deux sens. Dans une situation que nous contrôlons mal, où nous nous sentons impuissants à mener un processus d'adaptation satisfaisant, nous trouvons progressivement ou soudainement le moyen de faire face et basculons avec soulagement dans un sentiment positif. L'inverse se produit également mais souvent de façon plus insidieuse. Nous déployons notre créativité à plein régime avec efficacité puis, insensiblement, sans trop savoir comment, nous nous laissons grignoter par des sollicitations supplémentaires, nous acceptons de plus ou moins bon gré des tâches additionnelles. Un détail de la vie professionnelle ou privée suffit à nous faire glisser sur le versant négatif. Insensiblement, nous perdons le recul nécessaire pour avoir une vision claire de l'ensemble de notre vie et la maîtrise de notre « véhicule ». Sur notre tableau de bord, les premiers voyants d'alerte s'allument. Les indicateurs précoces de stress nous avertissent et les critères de différenciation entre bon et mauvais stress nous confirment le diagnostic ! Il est temps de reprendre fermement le volant...

DES REPÈRES INTÉRIEURS POUR REVENIR AU STRESS POSITIF

Comment saisir sur le vif le passage si fréquent d'un stress positif à un stress négatif, pour revenir au premier état ?

Les critères que nous avons retenus précédemment procèdent d'une approche analytique qui demande un minimum de temps et de distanciation. Il nous est apparu indispensable de définir des « témoins » dont chacun puisse observer en lui-même l'évolution immédiate, en situation réelle, que notre état penche vers le négatif ou le positif. Nous aurons alors la possibilité d'apprécier notre interaction avec le monde extérieur en prenant conscience des modifications éventuelles qui affectent la pensée (tête), l'émotivité (cœur) et la sensation (corps).

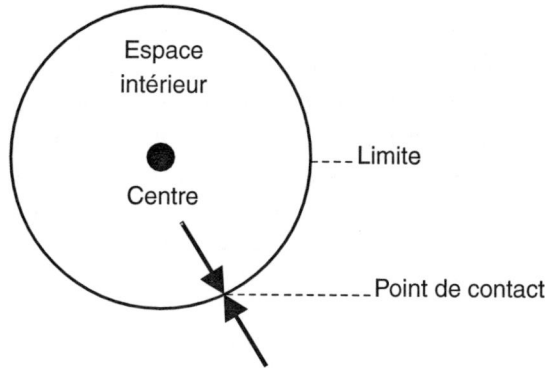

Les repères

La cellule nous offre un modèle symbolique simple de la relation entre un organisme vivant et son environnement. Pour examiner ces modifications, nous avons retenu trois de ses éléments constitutifs, les plus essentiels :
– son enveloppe, lieu de la limite et du contact entre le dedans et le dehors ;
– son volume, lieu de son espace interne ;
– son noyau, centre qui détient son identité.
Qu'une stimulation nous atteigne, nous pouvons dès lors ressentir, sur le plan de notre fonctionnement tant mental qu'émotionnel et physique, ce qu'il advient de ces trois éléments, la limite, l'espace intérieur et le centre.
Bien que le langage populaire véhicule des expressions relatives à ces trois notions, elles apparaissent, de prime abord, quelque peu abstraites : « Son arrivée m'a complètement *décentré*. Je sature, c'est la goutte qui fait déborder le vase, j'explose (manque d'*espace*). Il s'est laissé déborder et il a perdu le *contact* avec la situation. » Que recouvrent ces notions de manière plus précise et tangible ?

Le centre

Mentalement, nous sentons bien quand nous parvenons à rester centrés sur notre objectif, nos pensées s'ordonnant suivant un fil conducteur, un axe, sans que nous nous laissions distraire. Dans l'activation du stress positif, cette concentration s'accentue encore, nous rendant d'autant plus performants.

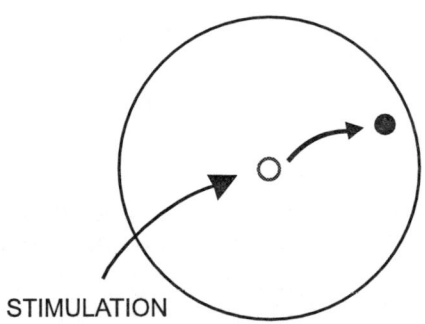

STIMULATION

Le stress décentre

Avec le stress négatif où notre capacité d'adaptation commence à être débordée, du fait d'une accumulation, nous commençons à nous disperser, notre pensée se laisse capter par des détails qui nous éloignent de l'essentiel. Nous sautons d'une chose à une autre et entreprenons plusieurs chantiers simultanément sans les mener à leur terme. Nous nous décentrons et perdons en créativité dans nos décisions, en efficacité dans nos actions et en clarté dans notre expression verbale.

Il peut même nous arriver de perdre totalement de vue la priorité qui nous animait. Une interférence relationnelle positive ou négative détient aussi le pouvoir de nous faire « perdre la tête » et oublier nos objectifs, tant nous sommes accaparés et décentrés par l'autre.

Ainsi, alors que je suis plongé dans la rédaction de ce livre, mon fils très pressé de partir me demande de sortir mon véhicule qui bloque le sien. Je m'exécute sans réfléchir et me retrouve dans la rue en ayant oublié mes clés, à la porte de chez moi !

L'étymologie le dit bien, l'é-motion – mouvement hors de – détient le redoutable pouvoir de nous emporter, de nous mettre hors de nous, de nous déstabiliser. Dans le stress positif, l'intensification du ressenti émotionnel participe à notre mobilisation pour atteindre notre objectif. Elle alimente notre motivation et soutient le fonctionnement mental. Quand elle nous domine, l'**émotion** est grand fauteur de trouble : elle nous déloge de notre centre et décide à notre place. La tension émotionnelle du stress se décharge en passage à l'acte, nous nous énervons, nous nous affolons et prenons de mauvaises décisions. La colère nous dicte des propos agressifs, excessifs, la peur sape notre affirmation et nous fait éviter des affrontements nécessaires.

Corporellement enfin, cette notion de centre exprime directement les lois de la physique. Notre centre de gravité, à l'instar de tout corps pesant à la surface du globe terrestre, dicte notre équilibre ; avec la détente, il descend, nous rendant plus stables et solides sur notre base.

Le stress positif nous enracine et nous ancre physiquement en nous faisant pleinement habiter notre corps. Nos gestes se déploient avec précision et vont droit au but. Nous nous sentons en totale possession de nos moyens, actifs, énergiques et adroits.

Le stress négatif nous crispe, notre respiration remonte vers le haut du thorax et s'amenuise, nos épaules se contractent et remontent, notre base se fragilise et nos appuis – pieds et jambes – se dérobent.

La montée de notre centre de gravité nous expose davantage à perdre l'équilibre (on l'observe de manière évidente dans la pratique des arts martiaux). Nous devenons gauches, précipités et fébriles. La corrélation entre accidents du travail et niveau de stress traduit sans ambiguïté les conséquences tangibles de ce déséquilibre affectant les trois centres : physique, émotionnel et mental.

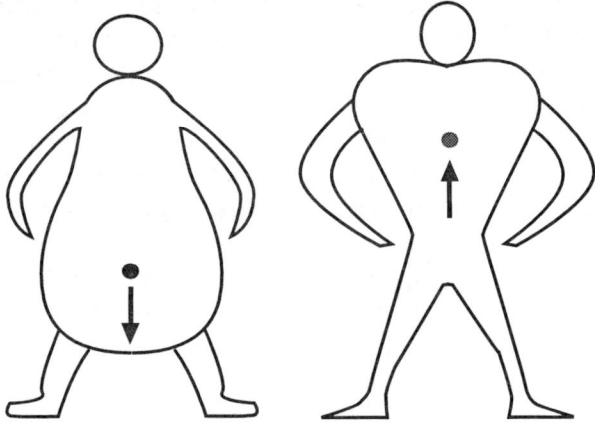

Centre de gravité

Outre la capacité à maintenir « le cap » de nos objectifs, la question du centre concerne encore notre **identité**. De même que le noyau contient le patrimoine génétique de la cellule et lui confère ses caractéristiques particulières, nous portons chacun des spécificités qui nous distinguent de nos congénères : ces traits de personnalité, attitudes et expressions corporelles, ces valeurs qui guident nos choix font de nous des individus uniques et tous différents. Face à la situation de stress, saurons-nous rester fidèles à ce que nous sommes ? Ou bien la stimulation nous déstabilisera-t-elle au point que nous ne le sachions plus ?

Des expressions comme « je n'étais plus moi-même », « il a perdu l'esprit », « être hors de soi » manifestent cette soudaine inadéquation.

Comme étrangers à nous-mêmes, nous nous retrouvons anéantis, privés de nos moyens, incapables de soutenir notre opinion, sabotant nos intérêts ou bien commandés par une force qui nous dépasse et nous pousse à faire et dire tout le contraire de ce que nous voudrions. Sans évoquer des situations d'exception, nous avons tous remarqué que tel ou tel de nos proches (ou nous-mêmes, si nous disposons d'un tant soit peu de lucidité), dans le stress du quotidien, devenait irritable, impatient, indisponible, et adoptait des comportements détonant sur son naturel. Alors, paroles et actions ne reflètent plus notre véritable intention mais plutôt des réactions à une accumulation de tensions superficielles, irritantes certes mais secondaires.

L'espace

Il est plus aisé de percevoir cette notion d'espace intérieur sur le **plan mental**, déjà, quand nous en manquons, dans le stress négatif : « j'ai la grosse tête », « j'ai la tête farcie, qui explose », etc. Notre espace

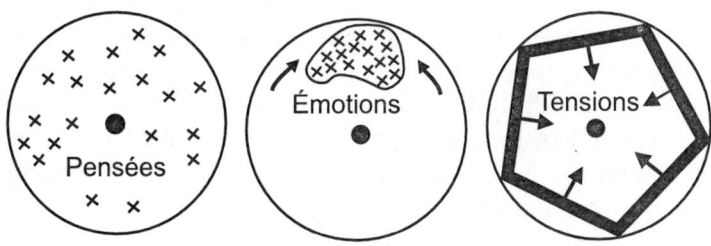

Le stress restreint l'espace intérieur

mental, dans le stress quotidien, se trouve encombré de préoccupations diverses (dans préoccupation, il y a « occupé », antonyme de vacant) qui nous rendent indisponibles. Nos enfants ressentent bien que, dans ces moments, nous n'avons plus d'espace libre pour eux dans notre esprit car nous répondons distraitement ou repoussons leurs sollicitations. Les turbulences mentales qui nous absorbent s'apaisent difficilement et nous occasionnent fréquemment des maux physiques. Les pensées s'enchaînent sans répit ou fonctionnent en boucle, phénomène ô combien récurrent dans les insomnies du stress chronique. Nous repensons à la journée écoulée et à ce qui nous attend le lendemain.

Certains éprouvent alors le besoin de se « vider la tête » pour échapper à ces pensées obsédantes voire harcelantes. Nous retrouvons la sensation d'un espace mental plus libre ou plus vaste lorsque nous avons mis de l'ordre au dehors ou au-dedans, établi les priorités, envisagé des solutions ou simplement décidé de faire un break.

Sur le plan **émotionnel**, l'espace se manifeste par une ouverture, une disponibilité. Nous nous sentons le cœur léger, les émotions – s'il en surgit – circulent librement en nous et ne persistent pas.

Dans le stress négatif, nous avons tendance à serrer les dents, soit sous l'effet d'une inquiétude que nous essayons de dominer, soit d'un énervement qui nous fait bouillonner.

L'émotion perd sa liberté de mouvement et commence à s'accumuler dans l'espace intérieur. Par moments, elle déborde de l'espace intérieur, libérant un peu de place, ce qui nous soulage momentanément. Mais la contention reprend le dessus et, avec elle, la perte d'espace. Le stress relationnel, riche en émotions, alimente fréquemment ce trop-plein intérieur.

L'exutoire sera le plus souvent trouvé dans un cadre différent de la situation causale, phénomène bien connu (l'histoire de l'homme stressé par son patron, qui cherche noise à sa femme ; celle-ci apostrophe son fils qui donne un coup de pied au chien). Notre espace intérieur arrive trop souvent à saturation du fait de ces tensions émotionnelles mal gérées.

Au **plan corporel**, la physiologie même du stress mobilise notre appareil locomoteur en vue d'une action. Nos existences sédentaires et policées ne nous autorisent ni la fuite à perdre haleine, ni les empoignades. Notre corps pourtant bande ses muscles en vue de l'action pour finalement demeurer statique. Nos impulsions refrénées s'engrangent sous forme de tensions. Nous serrons les mâchoires, les fesses, nous remontons les épaules, notre diaphragme se bloque et notre respiration se restreint. Là, le manque d'espace devient manifeste : oppression, étouffement, manque d'air.

Dimension physique et émotionnelle se mêlent souvent, altérant le sentiment intérieur de l'espace : « il me pompe l'air », « ça me gonfle », « j'étouffe dans ce poste ». L'étymologie latine de stress (*stringere*, serrer, striction) se retrouve bien dans la restriction de l'espace. Nous nous sentons pris à la gorge, assaillis, submergés.

Le relâchement des tensions corporelles, quel qu'en soit le moyen, nous rend immédiatement de l'air, au propre et au figuré. Ce double effet, aux plans réel et figuré, explique la valeur déterminante de la détente corporelle et de l'attention à la respiration abdominale dans les approches dé-stressantes. Le déblocage du diaphragme permet à l'expiration d'aller à son terme naturel et rend à notre respiration sa pleine capacité : « je souffle enfin, je retrouve de l'air », etc.

Autre aspect de la perception de l'espace, notre **bulle de protection**. En effet, nous sommes également sensibles à l'espace qui nous entoure. Pour nous sentir bien, nous avons besoin d'un espace suffisant autour de nous, sans qu'il excède un certain volume au-delà duquel nous perdrions nos repères. Ainsi, qu'il s'agisse d'une présentation sur un podium ou au contraire de travailler dans une pièce trop exiguë, le stress négatif nous signale que nous réagissons à un espace qui ne correspond pas à notre nécessité personnelle du moment. L'animal développe une réaction de stress dès qu'on fait intrusion dans sa bulle de protection, de même qu'il redoutera de s'aventurer dans un espace trop découvert.

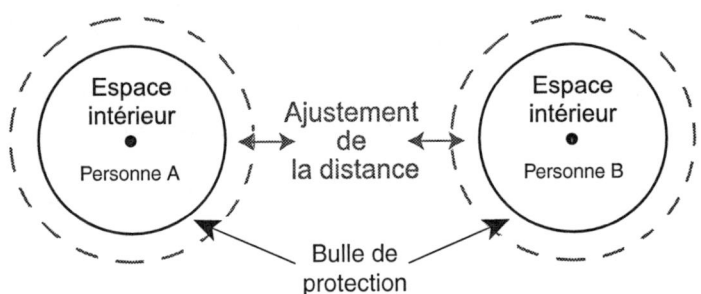

Bulle de protection

Le stress négatif nous conduit à une mauvaise appréciation de l'espace juste, pour nous, à un moment donné (c'est un paramètre sans cesse mouvant). Cela se révèle particulièrement dans les relations interpersonnelles où nous oscillons entre le trop près et le trop loin, ne trouvant pas la bonne distance – celle qui nous permet la détente. Trop près, la fusion ; trop loin, l'angoisse de l'isolement. Un classique des jeux de pouvoir : proposer à un visiteur un siège à l'autre extrémité de la pièce ou, au contraire, faire soudain effraction dans sa bulle pour l'intimider. Dans un autre registre, une femme peut se sentir très mal à l'aise avec un collègue ou supérieur hiérarchique trop enveloppant.

Le rapport avec l'ordre traduit aussi cette relation à l'espace extérieur. Son organisation se répercute instantanément en termes d'espace intérieur augmenté ou restreint : un bureau encombré de dossiers en désordre remplit notre espace mental et absorbe de la disponibilité.

Le stress négatif nous avertit éventuellement d'une évaluation imparfaite dans notre rapport à l'espace extérieur.

La limite

La limite est le lieu où l'intérieur et l'extérieur se rencontrent, le point de **contact**. Nous omettons souvent dans cette rencontre sa réciprocité. Si, à la limite de nous-mêmes, nous découvrons l'extérieur, l'autre, et d'autant plus quand ils nous stimulent, la rencontre avec le monde se redouble d'une rencontre avec nous-mêmes. Le toucher l'illustre très simplement : ce que je touche me renvoie simultanément la sensation de mon corps. Sans ce contact avec le monde extérieur, la perception de mes limites corporelles s'estomperait (on l'expérimente dans les caissons d'isolation sensorielle). Je me découvre grâce à ce contact entre le dedans et le dehors.

Tant sur les plans mental, émotionnel que corporel, le stress positif nous donne un sentiment de contact accru avec la réalité extérieure et avec nous-mêmes. Nos perceptions sensorielles s'aiguisent, la proprioception (ressenti interne du corps) s'intensifie et nous goûtons une présence physique accrue. L'appréciation de la situation dans son ensemble et du rôle que nous avons à y jouer se clarifie et se précise naturellement. Rien ne

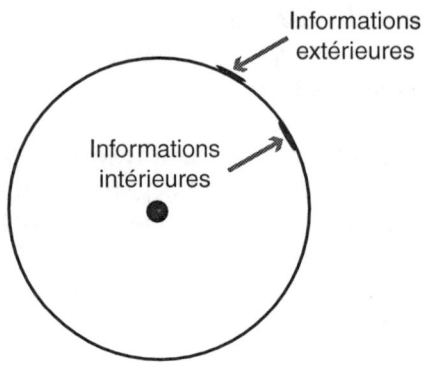

La limite
Point de contact entre le dehors et le dedans

nous échappe. Cette qualité de contact s'accompagne habituellement du plaisir de jouir de toute l'ampleur de nos facultés de discernement et d'action.

Dans le stress négatif, l'excès de stimulations déborde notre faculté de perception, avec une perte d'information sur l'extérieur et sur nous-mêmes.

Sur le **plan mental** nous sommes alors entraînés à décoller de la réalité externe, n'en conservant que des bribes fragmentées ou incohérentes parce que nous enregistrons mal les informations. Simultanément nous oublions ce que nous voulions dire ou faire et nous attardons sur un détail secondaire. Le fil de notre pensée nous échappe (le « blanc » des examens) et nous perdons aussi contact avec les informations internes.

Au **plan émotionnel** les réactions associées au stress négatif nous débordent. Nous interprétons la réalité extérieure en fonction de notre état émotionnel et nous nous en forgeons une représentation qui s'éloigne de la stricte vérité des faits. Si je suis en colère contre un collègue, j'exagère l'importance de

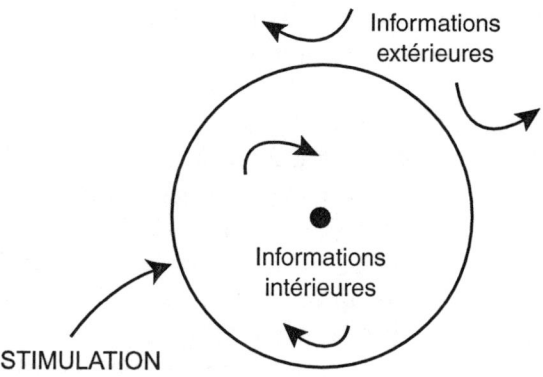

*Le stress fait perdre le contact
avec les informations*

l'erreur qu'il vient de faire, je minimise les aspects positifs, et je peux même l'accuser injustement. Perte, donc, de la fiabilité du contact extérieur. Perte également à l'intérieur car notre conscience, obscurcie par ces remous émotionnels, ne les reflète plus. Trop captés par eux pour les reconnaître et les identifier, nous laissons échapper le contact avec l'intérieur : je ne réalise pas à quel point j'ai peur ou combien je suis énervé. Une fois sortis du moment de stress, seulement, nous réalisons l'état dans lequel nous étions plongés et ce qu'il nous a conduits à faire.

Corporellement, le stress négatif nous prive de contact avec le monde et nous en arrivons à ne plus entendre ce qu'on nous dit, à ne pas voir ce qui s'offre à notre regard. Nous ne nous sentons plus physiquement et perdons la conscience des tensions qui s'accumulent en nous. Seules les douleurs et autres phénomènes corporels pénibles parviennent encore à notre conscience. Nous devenons incapables de moduler nos gestes, comme si nos membres en coton se dérobaient ou qu'au contraire ils s'animaient en dehors de notre volonté.

Cette notion de contact est centrale dans la pratique des arts martiaux où l'injonction de garder le contact avec l'adversaire revient sans cesse. C'est dans l'instant précis où nous oublions le contact que l'autre peut nous attaquer et nous atteindre.

Il en est de même dans une négociation délicate. L'attention que nous portons à notre ressenti physique et émotionnel nous informe en continu sur le climat réel de la relation et sur ce qui se trame « sous la table », d'un éventuel rapport de forces ou d'une tentative de manipulation. Même si nous ne savons pas le justifier, un malaise discret nous avertit d'un non-dit, d'une intention non formulée chez notre partenaire. Il nous signale aussi quand, sur le plan mental, nous perdons de vue nos objectifs et nous laissons entraîner par la force de persuasion de l'autre, ou quand nous n'osons pas lui dire non ni affirmer notre position, ou encore, lorsque nous nous obstinons dans une argumentation stérile où chacun veut seulement avoir raison. Quelle importance de savoir reconnaître la présence en nous d'une émotion qui tend à nous emporter et déforme notre perception de la réalité en l'interprétant ! Nos sensations corporelles nous le confirment par l'apparition de tensions, une modification de la respiration, quand bien même dans notre tête nous refuserions de l'admettre (mécanisme fréquent). Si nous nions l'existence de l'émotion ou la rejetons hors de notre champ de conscience, nous nous retrouvons immédiatement en danger, à lutter sur deux fronts, contre nous-mêmes et contre l'autre. En rentrant en contact avec cette émotion, au contraire, nous accédons à un ressenti plus profond de la situation sans que cet état intérieur ne trouble pour autant notre jugement. Nous l'incluons dans l'appréciation des différents éléments en présence.

Cultiver ce contact nous rend plus perceptifs et enrichit considérablement notre capacité à saisir un monde de nuances qui nous échappaient jusque-là. Nous en devenons plus vivants, plus réactifs (au sens positif), en prise directe avec le flux continu du changement. Nous nous sentons davantage à l'unisson avec ce qui nous entoure et, par là, plus présents – au cœur même de la vie.

Faire pencher la balance du côté positif, en gardant le contact, en retrouvant de l'espace intérieur, en nous recentrant, demande un véritable entraînement. Il faudra déjà percevoir ces trois aspects en nous et leurs fluctuations au gré des situations. Ensuite, nous aurons à lever les obstacles qui, dans notre fonctionnement, contribuent à nous retenir dans le stress négatif – nous l'approfondirons dans la deuxième partie. Enfin, dans la troisième partie, nous reviendrons sur les aspects pratiques qui nous exercent à rétablir contact, espace et centre.

LES RESSORTS DE L'ADAPTATION

Si nous voulons comprendre les ressorts intimes du processus d'adaptation, il faut nous pencher sur notre fonctionnement intérieur. La conscience de notre stress et de ses indicateurs, les connaissances théoriques ne suffisent pas pour le pilotage de précision exigé par la vie moderne. Le « Connais-toi toi-même » socratique demeure d'une totale actualité. Cette magistrale injonction nous rappelle que nous portons en nous toutes les réponses dont nous avons besoin pour mener notre vie harmonieusement dans un monde en mouvance accélérée.

Dans le prolongement des approches traditionnelles de l'homme, nous avons choisi d'aborder le processus d'adaptation en considérant la personne humaine selon trois grands pôles :

– les facultés mentales, intellectuelles, la « tête » en tant que siège de la pensée et des représentations ;

– la sensibilité et l'affectivité, le « cœur » comme lieu symbolique des sentiments et des émotions ;

– la sensation physique et le mouvement, le « corps » comme siège des perceptions de nous-mêmes et du monde.

À ces trois pôles, nous attribuons une forme particulière d'intelligence et de connaissance qui va nous guider dans l'appréhension des processus internes. La tête dispose du discernement, le cœur de l'intuition, et le corps de l'instinct.

Le rôle central de la conscience

Ces trois fonctions de la tête, du cœur et du corps, indispensables pour mener notre investigation, ne suffisent pas encore. Pour observer tout processus intérieur, il faut la conscience qui les englobe toutes les trois dans son champ, avec sa propriété particulière chez l'homme, sa réflexivité. Comme un miroir, la conscience réfléchie nous renvoie le reflet de nos processus intérieurs : je suis conscient à un moment donné de la pensée qui me traverse l'esprit, de l'émotion qui m'habite, des sensations qui animent mon corps. Nous avons retenu que la conscience faisait ainsi la différence entre bon et mauvais stress. En fait, non seulement la conscience se trouve au centre de toute la démarche mais c'est elle qui permettra de développer véritablement une liberté de choix, à la différence de l'animal davantage régi par des réponses « réflexes ». En observant consciemment les étapes et mécanismes de nos réactions de stress, nous pouvons évaluer leur pertinence et les remettre en question s'ils ne servent pas notre intérêt. Cette conscience précise de nos phénomènes intérieurs ne surgit pas de manière innée. Chez l'enfant, ses éducateurs en favorisent le développement et, comme adultes, il nous appartient de la cultiver en apprenant à focaliser notre attention sur nos pensées, émotions et sensations.

La représentation mentale compte plus que la réalité

Que se passe-t-il en nous au moment où une stimulation, un facteur de stress intervient ? Nos voies sensorielles acheminent l'information vers notre cortex qui va en produire une perception qu'il confrontera à la « banque de données » de notre mémoire – mémoire consciente et inconsciente, verbale et non verbale.

En conduisant, j'entends soudain un bruit que ma mémoire reconnaît, tandis que le volant me renvoie une sensation très particulière également présente dans mes « archives » corporelles – ces perceptions me conduisent à me représenter qu'un pneu de ma voiture a crevé. Je roule tranquillement, je ne crains pas l'accident et je sens que je contrôle mon véhicule. – Ouf ! Pas de réaction de stress. Aussitôt, je réalise que le changement de roue va me retarder et je m'en représente les conséquences négatives. Le stress se déclenche.

À partir de l'interaction entre perception et mémoire, nous nous forgeons une représentation de la situation. Cette représentation mentale est reliée à un vécu émotionnel et corporel de la situation. Suivant son caractère favorable ou défavorable, connu ou inconnu, avec tous les ingrédients uniques à chaque individu, la réaction de stress s'enclenche ou non. Dans l'affirmative, soit avec la confiance d'un contrôle possible donc positive, soit d'emblée négative par manque de disponibilité, de moyens ou de confiance en soi. La représentation comporte ainsi deux aspects essentiels – d'abord le sens que nous croyons percevoir dans l'événement, puis le fait d'y être nous-mêmes impliqués. Elle est donc interactive et peut se modifier d'un instant à l'autre, en fonction des connexions qui s'effectuent dans notre esprit et des éléments nouveaux qui viennent enrichir notre perception.

Je comprends que le pneu est crevé et, aussitôt après, vient la représentation de moi avec cette crevaison. Le stress pourra donc se déclencher à chaque étape, soit parce que j'entends un bruit anormal et que je ne le comprends pas ; soit parce que, dans mon esprit, crevaison = accident et que je crains de perdre le contrôle de ma voiture ; soit parce que crevaison = roue à changer et que je ne sais pas ; soit parce que changer une roue = me mettre en retard, etc.

Notre fonctionnement mental s'accélère jusqu'à ce qu'il se fixe sur un scénario supposé être le bon et dont nous aurons ensuite beaucoup de mal à nous éloigner même s'il se révèle erroné. Par exemple : « Le pneu a dû crever et je ne vais pas être capable de le changer. »

Une fois cette représentation construite et, à partir de cette base, l'activation produite par le stress réclame une solution. C'est le temps de la décision puis de l'action visant l'adaptation à la situation.

Les phases de l'adaptation

Pour simplifier, nous résumons la réaction de stress à deux phases principales : la phase de réception où nous prenons acte d'un élément nouveau dans la situation et la phase de réponse qui inclut décision et action.

La **phase de réception** débute avec l'arrivée du stimulus. Elle inclut le moment de la perception immédiate, puis la construction de la représentation mentale de la situation, les changements du vécu émotionnel et physique, la mobilisation intérieure pour évaluer notre capacité à répondre et enfin notre assentiment plus ou moins franc à l'événement. Ces étapes se succèdent très vite, parfois en quelques secondes, si bien qu'elles peuvent échapper en partie ou totalité à notre conscience.

La **phase de réponse**, elle, comprend le processus de décision et la mise en action. Elle se conclut par un temps de récupération. Elle peut donc se développer sur un temps beaucoup plus long.

L'expérience montre que nous sommes généralement davantage focalisés sur la phase de réponse et avons tendance à négliger l'importance de la phase de réception dont nous verrons pourtant qu'elle conditionne entièrement la qualité de la décision.

CONSCIENCE RÉFLÉCHIE
Élément stable

RÉCEPTION (I)

Voies sensitives

DISCERNEMENT
TÊTE
Représentations
Pensées

INTUITION
CŒUR
Affects
Émotions

INSTINCT
CORPS
Sensations
Mouvements

RÉPONSE (II)

Voies motrices

Les phases de l'adaptation

La réaction de stress nous engage à chaque fois en totalité, tête, cœur et corps, la physiologie nous l'a montré, que nous en soyons conscients ou non. Les pôles interagissent entre eux, aussi bien dans le sens de l'amplification que dans celui de la résolution et de l'extinction. Nos pensées influent sur nos émotions et sensations et réciproquement. Les pensées comme les émotions se révèlent bien difficiles à contrôler lorsque le stress nous assaille. Nous disposons d'un peu plus de pouvoir sur le pôle corporel en nous détendant et par le biais de la respiration. L'interdépendance des trois pôles joue donc aussi dans le sens positif : en relâchant la tension corporelle, nous pouvons calmer la pensée et l'émotion, d'où l'importance si grande donnée au corps dans la gestion du stress.

S'adapter à la loi universelle du changement

Les sciences physiques nous ont enseigné que rien ne demeurait stable dans l'univers, les étoiles meurent et les galaxies se déplacent et, sur la Terre, biotopes et espèces évoluent constamment depuis les débuts de la vie. À l'échelle de l'infiniment petit, les particules sont animées de mouvements perpétuels. Les sciences humaines, sociologie, ethnologie, médecine, psychologie reconnaissent également l'omniprésence du changement, tant au niveau des sociétés qu'à celui des individus. Notre corps ne cesse de changer du jour de notre conception à celui de notre mort. Devant le caractère irrésistible et incontestable de ces mutations lentes ou rapides, nous aimerions trouver un havre de tranquillité en nous, qui nous économiserait ce stress fâcheux. Au milieu de ces turbulences, au moins moi, je reste moi ! Voilà quelque chose qui ne change pas... Hélas, nous n'échappons pas davantage à la loi universelle, point de répit non plus en nous ! Les pensées, émotions et sensations qui me caractérisent se montrent aussi fluctuantes que la réalité extérieure et il suffit de peu de chose pour qu'elles passent d'une tonalité à une autre, avec une versatilité déconcertante. Nous ne pouvons nous appuyer sur elles pour retrouver l'équilibre et nous recentrer.

La conscience réfléchie reste le seul élément stable, non affecté par le tourbillon du stress. Avec un entraînement approprié, nous parvenons à trouver l'accès à cette conscience qui reflète notre réalité intérieure du moment, ainsi que la réalité des faits extérieurs, même au cœur d'une réaction de stress. Bien des personnes ont témoigné de cet état paradoxal où, tout en étant totalement engagées dans l'action, elles jouissaient simultanément d'une lucidité et d'un recul particuliers et se sentaient comme spectatrices de la situation sous tous ses aspects. Fruit spontané de conditions privilégiées, cet état de grâce peut devenir accessible au prix d'une pratique assidue. Les éléments de cette pratique touchent les trois pôles. Nous allons donc maintenant envisager leur participation spécifique à la réaction de stress.

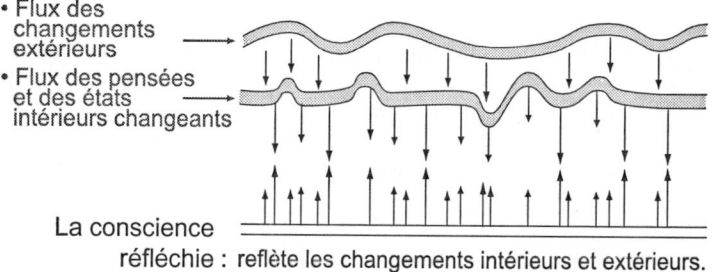

• Flux des changements extérieurs
• Flux des pensées et des états intérieurs changeants

La conscience réfléchie : reflète les changements intérieurs et extérieurs.

L'élément stable : la conscience réfléchie

5

La tête première[1]

« Avec l'esprit de discernement, ce qu'il y a au monde de plus précieux, ce sont les diamants et les perles. »

La Bruyère, *Caractères*, XII

Pour nous, êtres humains, des trois pôles, mental, émotionnel et corporel, qui nous relient à la réalité, la tête détient manifestement la fonction de pilotage. Elle assure la mission de conduire une adaptation qui préservera au mieux notre sécurité et notre identité. Sa prééminence chez nous se comprend par son apport irremplaçable, au regard de la condition animale. Sa capacité d'analyse suscite des réponses d'une inventivité inépuisable, dont nous pouvons, par le langage, faire profiter nos congénères. La conjonction de ces facultés corticales supérieures – intelligence, conscience réfléchie, langage – nous permet des possibilités adaptatives infiniment supérieures à celles de l'animal. En créant des prothèses techniques, nous pouvons survivre dans des environnements tota-

---

1. En obstétrique, lorsque l'enfant se présente par la tête, c'est celle-ci qui ouvre le passage.

lement hostiles comme l'Antarctique ou l'espace, et éliminer une grande variété de dangers. Le cumul d'expériences individuelles et collectives d'adaptation bénéficie donc à l'espèce humaine tout entière, lui conférant un pouvoir de domination écrasant sur tout ce qui vit à la surface de la planète.

La fonction intellectuelle que nous avons choisi de privilégier pour comprendre la réaction de stress est le **discernement** (du latin, *dis-* : écarter et *cernere* : voir ; la capacité à distinguer des objets séparés). Grâce à lui, nous percevons au sein de la réalité les éléments significatifs qui méritent notre attention puis notre intervention. Il nous tire de la confusion qui s'abattrait sur nous si nous ne parvenions pas à identifier les tenants de la situation. Comme des organismes moins évolués, nous ne saurions réagir qu'aveuglément : la guêpe qui se noie pique la main qui veut la sauver. Non seulement le discernement rend nos réponses plus pertinentes, mais il nous économise bien de l'énergie par sa précision. Ce double avantage renforce considérablement notre adaptabilité et participe à la suprématie de l'espèce humaine.

Il s'exerce, sans discontinuer, aux deux phases de la réaction d'adaptation.

À la phase de réception

Discerner dans le flux de toutes nos perceptions intérieures la modification « signal », indicatrice du stade d'alerte. Un élément en moi a changé et m'informe de l'amorce d'une réaction de stress. « En reconnaissant la voix de cette personne au téléphone, mon cœur s'accélère. »

Discerner dans la masse des perceptions provenant de l'extérieur, le stimulus, le fait qui a déclenché le signal. Est-ce cette parole, cet événement, cet appel téléphonique ? C'est le message à entendre. « Quand cette personne appelle, c'est toujours pour me demander quelque chose ; c'est cela qui me fait réagir. »

Discerner le fait extérieur de la représentation que je m'en fais. Ce point, par son importance déterminante, méritera un développement particulier. En effet il s'agit de distinguer le réel de l'imaginaire, ce qui est de ce qui pourrait ou devrait être, selon moi. « Le fait, c'est qu'elle m'appelle. La représentation, ce qui pourrait être, c'est qu'elle va me demander quelque chose mais ce n'est pas certain. »

À la phase de réponse

Discerner dans l'ensemble de la réalité tant extérieure qu'intérieure les éléments signifiants pour prendre la décision. « En supposant qu'elle me demande effectivement quelque chose, m'incombe-t-il de lui répondre, et si oui, est-ce le moment pour moi ? »

Discerner pour la mise en œuvre de l'action, point par point, ce que je veux de ce que je ne veux pas, compte tenu de la situation. « Suis-je d'accord pour prendre cette communication maintenant ? Quels sont les domaines où je veux bien lui répondre ? Quel temps suis-je disposé à lui accorder ? »

Le discernement implique une grande précision. Nous avons vu que le stress négatif s'accompagnait d'un flou. Le discernement, en examinant la situation dans les détails avec rigueur, distingue le vrai du faux, ce qui est de ce qui n'est pas. En suivant le principe de l'intelligence artificielle, si nous remplaçons « ce qui est » par l'affirmative et « ce qui n'est pas » par la négative, nous pouvons dire que le rôle de la tête, tout au long de la réaction de stress, est de savoir dire oui ou non à bon escient. De fait, en analysant les réactions de stress négatif, nous retrouvons systématiquement des non lorsqu'il faudrait des oui et inversement.

Première phase : accueillir la réalité

Jusque-là, dans son entreprise, François pouvait faire les achats de matériel qui lui étaient nécessaires. La dernière réorganisation, pour réduire les coûts, décide d'une centralisation des achats par un service désigné. François ne décolère pas, trouvant ce changement stupide, et ne cesse de ressasser, seul ou en prenant ses collègues à partie. Il ne supporte pas de ne plus gérer les choses à son idée, aussi librement. Il décide donc de poursuivre comme avant, en demandant des devis et négociant des prix avec ses fournisseurs. Il passe ses commandes mais son entreprise refuse de payer le fournisseur dont on imagine le mécontentement. Tous se retournent contre lui !

Cet échantillon réel décrit un refus caractérisé du changement et le stress en cascade qui en découle. D'un côté, nous pouvons comprendre le mécontentement de François qui perd de l'autonomie. De l'autre, l'entreprise a ses raisons, bonnes ou mauvaises, pour en décider ainsi. A-t-il le pouvoir d'annuler cette nouveauté ? Non. Partant de la conviction que les choses ne devraient pas changer, il s'appuie sur cette représentation qui nie la réalité pour décider de son action.

Il nous fournit un exemple magistral où la représentation prend le pas sur le fait. Quittant le contact avec le réel, ses actes ne peuvent être qu'inadaptés et entraîner des conséquences qui reviendront vers lui comme un boomerang. En revanche, s'il admettait la réalité du changement en incluant le fait qu'il lui déplaît, il pourrait, de manière beaucoup plus créative, chercher comment retomber sur ses pieds dans ce nouveau cadre. La vie quotidienne fourmille de situations analogues, où nous refusons d'accueillir tel ou tel changement, jugeant qu'il ne devrait pas se produire. Ces représentations négatives méritent toute notre attention puisqu'elles génèrent du stress et des réactions inappropriées.

Réalité des faits et représentation de la réalité

« Si tu t'affliges pour une cause extérieure, ce n'est pas elle qui t'importune, c'est le jugement que tu portes sur elle. Or ce jugement, il dépend de toi de l'effacer à l'instant. [...] Ne dis rien de plus à toi-même que ce que directement t'annoncent tes perceptions. On t'annonce qu'Untel dit du mal de toi. On annonce cela. Mais qu'il t'ait nui, on ne te l'annonce pas » (Marc-Aurèle, VIII-47).

Marc-Aurèle, comme d'autres philosophes antiques, avait reconnu l'importance déterminante de nos représentations qui faisaient obstacle à la sérénité.

Illustrons ce discernement entre la réalité et la représentation mentale de la réalité à travers un exemple :

Une tension désagréable me signale soudain que quelque chose ne va pas. Je regarde ma montre et je réalise que mon fils devrait déjà être rentré de l'école depuis une heure. Là, en fonction de mon histoire personnelle ancienne et de mon histoire commune avec mon fils, une certaine représentation de la situation émerge en interaction avec ma mémoire consciente et inconsciente. Je m'imagine par exemple :
– qu'il est parti jouer avec des amis au lieu de rentrer faire son travail comme convenu et je suis furieux ;
– qu'il a eu un accident : on l'a emmené à l'hôpital et je suis très inquiet.
Très rapidement, si je n'y prends garde, le scénario devient la réalité et mon stress sur le mode agressif ou angoissé s'amplifie. Je suis prêt, soit à appeler tous les hôpitaux de la région, dans le second cas de figure, ou à l'assaisonner de reproches vigoureux dès son retour, dans le premier.

Au prix d'un effort certain de recul, je peux prendre conscience (réfléchie) : je suis en train de me laisser emporter par mon scénario d'angoisse ou de colère, avec un stress négatif qui s'accroît, et amorcer un travail de discernement. Qu'est-ce qui est et qu'est-ce qui n'est pas ? Oui, il sort habituellement à 17 heures, oui il est 18 h 15 et il n'est pas rentré à la maison alors qu'il faut un quart d'heure pour faire le trajet à pied. Oui, il se passe quelque chose d'inhabituel. Oui, cela me préoccupe ou m'énerve. Voilà les faits extérieurs et intérieurs.

Non, je n'ai pas la certitude qu'il ait eu un accident. Oui, je pense qu'il est parti jouer ou qu'il a eu un accident ; ce ne sont pas plus que des hypothèses. Voilà l'interprétation des faits.

Oui, il est en retard : que puis-je faire ? Appeler ses amis, aller le chercher sur son trajet ?

En fait, quand il rentre cinq minutes plus tard, il m'apprend qu'il a été gardé en retenue à l'école. Si je m'étais laissé emporter par mon scénario, j'aurais gaspillé beaucoup d'énergie en pure perte.

Par cet exemple, nous mesurons combien la représentation tend à mélanger les faits avec leur interprétation. Dans certains cas, la dimension interprétative les occulte complètement ; à partir d'un détail insignifiant, nous imaginons toute une histoire dont nous n'avons pas la moindre preuve. En caricaturant un peu : mon patron est passé ce matin devant mon bureau sans me dire bonjour. L'après-midi, j'en suis arrivé à la conclusion que je pourrais bien faire partie de la prochaine charrette de licenciement. La nuit suivante, je ne trouve pas le sommeil et m'imagine chômeur de longue durée et bientôt à la rue.

Nous trouverons très souvent ce manque de discernement entre la réalité et notre imaginaire à la base de notre stress négatif. L'imaginaire, avec sa faculté à inventer des scenarii, demande seulement à être encadré dans son fonctionnement mais surtout pas réprimé. Nous avons besoin de sens pour répondre le plus intelligemment. En effet, la quête de signification nous conduit à rechercher des indices complémentaires, à explorer ce qui se trame jusqu'à ce qu'un scénario devienne plus vraisemblable que les autres. La pensée imaginaire nous propose des possibles et, tant que nous gardons à l'esprit qu'il s'agit seulement d'une probabilité parmi d'autres, elle nous sert à interroger la réalité et à envisager un éventail de réponses en conséquence. Le glissement préjudiciable s'opère dès que nous transformons, sans preuve à l'appui, un possible en certitude et que nous nous crispons sur celle-ci comme vérité absolue. Une histoire traditionnelle afghane illustre bien l'universalité intemporelle de ce mécanisme.

> Nasrudin, personnage légendaire mi-sage mi-simple d'esprit, trouve, un beau matin, une jument dans son champ. Il la ramène chez lui à la barbe de ses voisins, qui, envieux, s'exclament : « Comme tu as de la chance ! Tu es vraiment béni d'Allah. »
>
> Nasrudin se contente de hocher la tête en marmonnant « Hé, hé ».
>
> Le lendemain, l'enclos est vide, la jument a disparu dans la nuit. D'une mine faussement contrite, les bons voisins viennent apporter leur réconfort. « Allah, le Très Grand, t'a repris ce qu'il t'a donné. Tu dois être bien désolé d'avoir perdu cette splendide cavale qui valait sûrement un sac d'or. – Hé, hé », opine Nasrudin.
>
> Quelques semaines après, tandis que le couchant rosit la montagne, que voit-on apparaître dans le champ de ce dernier, à la stupeur générale ? La jument, suivie d'un magnifique poulain. Tous de surenchérir : « La générosité de Dieu est sans borne avec ses préférés. Il répand sur toi ses bienfaits, heureux homme. – Hé, hé »...
>
> Un matin, à l'aube, son fils unique, toujours en quête d'aven-

ture, décide de dresser en cachette le fringant animal, lequel ne tarde pas à l'éjecter d'un vigoureux coup de reins. Nasrudin est brutalement arraché à son sommeil par des hurlements qui ameutent tout le voisinage. Tous se retrouvent autour du fils qui gît lamentablement, la jambe brisée. « Oh, Nasrudin, comme nous te plaignons d'avoir ton fils ainsi estropié. Allah t'éprouve bien cruellement ! – Hé, hé », dit encore notre héros. Quelques jours plus tard, le village entier connaît une effervescence inhabituelle et on entend de tous côtés les gémissements des femmes. Le seigneur a déclaré la guerre contre un potentat voisin trop ambitieux, et tous les hommes jeunes sont réquisitionnés par l'armée. « Tu es vraiment protégé de Dieu. Nous préférerions cent mille fois voir nos fils boiteux plutôt que tués par l'ennemi. – Hé, hé », répond Nasrudin.

L'histoire se poursuit ainsi à l'infini, soulignant la relativité des interprétations et la sérénité de celui qui prend les choses comme elles sont : que savons-nous des retombées à plus long terme d'un événement qui nous semble positif ou négatif sur l'instant ?

Le discernement à la phase de réception

L'expérience nous a montré que cette première phase où l'information nous parvient méritait d'être étudiée en profondeur. En effet, dans notre société contemporaine, nous sommes marqués, façonnés par la primauté du faire. Chez nous, le savoir-faire, le que faire, le quoi faire omniprésents tendent à court-circuiter le temps initial de la réception. Comment recevons-nous l'événement ? Tout se tient dans ce moment tellement rapide que nous le négligeons pour ne considérer que la phase suivante, la décision-action. Au cours des étapes de la réception (apparition du signal, identification du stimulus, construction de la représentation de la situation), comment va s'appliquer le discernement, en termes de « c'est » (oui), « ce n'est pas » (non) ?

Lorsque le signal d'alerte arrive, nous pouvons :

– le reconnaître : oui, ce symptôme m'avertit du stress ;

– l'ignorer, sciemment ou pas : non, je ne veux pas le savoir.

Ensuite, un second choix se présente :

– oui, je tiens compte de ce signal et je recherche ce qui l'a déclenché ;

– non, je n'ai pas de temps à perdre à cela.

Enfin, j'identifie la situation en cause :

– oui, j'admets que cette situation m'arrive à moi, maintenant, que cela me plaise ou non ;

– non, je n'admets pas qu'il m'arrive cela.

L'évidence du bon sens ne nous laisse pas le choix : dans cet enchaînement, avons-nous le pouvoir de nier la réalité ? De fait, notre intérêt nous commande de reconnaître (oui) ces différents éléments de réalité au fur et à mesure qu'ils se présentent à notre conscience. Le oui s'impose sans exception : c'est ou ce n'est pas ? C'est.

Pourtant, si nous examinons nos réactions de plus près, nous allons rapidement découvrir que nous pratiquons quotidiennement et en maintes occasions le refus de la réalité telle qu'elle est. À chaque étape, nous retrouvons le principe de l'arbre de décision avec le choix binaire entre oui et non :

J'ai une tension dans la tête (signal). « Oh non ! j'ai mal à la tête. » Je refuse le signal au lieu de reconnaître. Je reste bloqué à cette première étape. En revanche, avec un « Oui, j'ai mal à la tête », je suis naturellement conduit à l'étape suivante : que se passe-t-il ?

J'ai mal à la tête depuis cette réunion tout à l'heure (recherche du stimulus). Non, je préfère ne pas y penser, c'est désagréable et je prends un médicament pour ce fichu mal de tête. Le processus est stoppé. Ou bien, oui, c'est cela, il s'est passé quelque chose pendant cette réunion. J'arrive alors à un nouvel embranchement.

Soit je reconnais les faits extérieurs et intérieurs : « Ah oui ! Pendant cette réunion, mon chef a envisagé, pour un de mes dossiers importants, de m'adjoindre quelqu'un qui pourrait me mettre des bâtons dans les roues (situation identifiée). Mon stress vient de là. Hé oui, je suis vivement contrarié et en colère contre mon chef. »

Soit je refuse la situation : « Oh non, ce n'est pas vrai ! Encore une tuile. Ce n'est pas possible d'avoir un chef pareil, qu'il me colle cet abruti dans les pattes, et il va voir, etc. Pourquoi faut-il que cela m'arrive à moi (= cela ne devrait pas m'arriver). Et en plus, j'ai la migraine ! J'en ai ras le bol. La vie est vraiment trop injuste. »

Le non à la réalité provient directement de la représentation nourrie par notre imaginaire : la situation devrait être autrement qu'elle n'est (à mon idée !)

Accepter la réalité

Dans l'exemple qui précède, nous accentuons, à dessein, le refus de la réalité pour souligner un mécanisme omniprésent dans nos vies, tantôt de manière aussi patente, plus souvent de manière latente. Lors de nos séminaires, nous proposons aux participants d'observer leurs refus le soir en rentrant chez eux. La majorité revient habituellement le lendemain avec un tableau de chasse maigre ou nul, tant ce fonctionnement est ancré inconsciemment. De même qu'en entrant dans une pièce obscure nous ne percevons initialement rien puis, en nous accoutumant, nous distinguons de mieux en mieux les formes et les reliefs, si nous sommes sensibilisés à l'observation de nos réactions, nous découvrons peu à peu l'ampleur et la fréquence de nos refus de la réalité. Et pourquoi faudrait-il s'en préoccuper, dira-t-on ? Pour deux raisons majeures.

Chaque fois que nous refusons un élément de la réalité telle qu'elle est, nous cessons d'être en phase avec elle et bloquons tout le processus. Nous nous mettons en porte à faux, position éminemment inconfortable qui génère immédiatement un stress négatif. En reprenant l'exemple ci-dessus : d'un côté, je sais bien, au fond de moi, ce qui s'est passé au cours de cette réunion, l'information est là en moi. De l'autre, je la rejette, je voudrais que les événements se soient déroulés autrement. Le conflit intérieur entre perception réelle et construction imaginaire, conscient ou non, bat son plein avec toutes les tensions qui en dérivent – stress négatif qui peut durer aussi longtemps que j'aurai refusé de m'incliner devant la réalité.

Seconde conséquence aussi négative, comment puis-je m'adapter, sur le plan de l'action, à une réalité que je refuse d'admettre ? Mon adaptation à la situation s'en ressent forcément : **je réagis plus que je n'agis**. Je vais critiquer mon chef, me plaindre à un tiers, imaginer des stratégies pour empêcher mon adjoint potentiel de marcher sur mes brisées et ressasser une bonne dose de rancœur.

Dans un tel exemple, il nous faut d'abord distinguer le réel noyé dans l'imaginaire de notre « film », ce qui est, de ce qui pourrait ou aurait dû être ou ne pas être, avant de chercher à accepter. Nous voici encore ramenés à l'importance de la représentation mentale qui peut tellement embrouiller les faits et les dramatiser qu'il devient impossible d'accepter quoi que ce soit. Une clé très simple permet d'effectuer ce tri entre le réel et l'imaginaire : se demander ce qui est sûr à 100 %. Le futur n'est jamais sûr à 100 %, pas plus qu'une interprétation ou une hypothèse. L'acceptation qui revient au fond à un lâcher-prise ne peut s'effectuer sans la certitude d'une évidence dont nous ne pouvons douter. Je cesse de m'accrocher à l'idée que cela pourrait être autrement parce que je vois que c'est ainsi. Je ne plane pas dans un optimisme béat, au-delà des vicissitudes matérielles, et je n'occulte rien de ce qui me dérange. J'applique au contraire toute mon énergie à voir les choses comme elles sont et à me mettre en phase avec.

Le discernement se révèle indispensable pour s'ouvrir, en pleine connaissance, à la situation. Sinon notre acquiescement serait balayé au premier détail venant nous confronter à la réalité crue. Dans l'acceptation, rien d'aveugle ni de soumis, tout au contraire, une lucidité sans faille qui étudie les indices du changement. Quelle est sa nature, sa direction ?

Reconnaissance et acceptation de la réalité intérieure

La reconnaissance de la réalité englobe non seulement tous les faits extérieurs mais aussi les phénomènes intérieurs : pensées et représentations. C'est là que nous rencontrons une difficulté majeure : si la perception des faits nous demande une dose raisonnable d'attention et de rigueur, l'appréhension des phénomènes intérieurs nécessite qu'ils apparaissent dans le champ de la conscience. Or, la rapidité avec laquelle ils s'enchaînent leur permet de demeurer subconscients ou totalement inconscients. Il nous faut donc revenir en arrière, au ralenti, pour mettre en évidence les ingrédients personnels qui se mêlent à la perception des faits. Nous ne pouvons reconnaître et accepter que ce que nous voyons et ressentons consciemment.

En parallèle de la perception des faits, émerge notre représentation de la situation assortie d'évaluation et de jugements :

– d'un côté donc l'énoncé strict des faits : ce qu'a dit mon responsable pendant la réunion ;

– de l'autre, des pensées de refus : « Il n'a pas le droit de me faire ça, ce n'est pas possible qu'il me colle justement cette personne-là sur le dos... » ; et une interprétation de la situation : « Il n'a plus confiance en moi, mon collègue veut me doubler et prendre ma place... »

Cette interprétation tend vite à s'imposer comme univoque puis comme la réalité : « Mon chef a décidé de me mettre sur la touche. » Il est aisé d'imaginer l'impact négatif et stressant d'une telle représentation.

En creusant davantage, nous trouvons une autre strate de pensées, moins conscientes : « Je pense que je mériterais vraiment des éloges pour la manière dont je m'occupe de ce dossier. Dans cette réunion, mon responsable aurait dû en faire état et me proposer de superviser certains de mes collègues qui ne s'en sortent pas aussi bien. »

Ces pensées et représentations concernent mon scénario idéal de la situation, selon mes vœux – ce que la situation aurait dû être d'après moi.

Si maintenant je me base sur ma représentation négative (« Mon responsable n'a plus confiance en moi », etc.), l'écart avec ce scénario idéal se révèle d'autant plus criant (et mon stress négatif également) : sans que j'aie besoin de le penser explicitement, la comparaison s'effectue en moi entre l'image d'une réunion où je suis reconnu et promu et celle où on me désavoue. La négativité du stress provient logiquement de la différence plus ou moins criante entre la réalité (ce qui est) et mon idéal (ce que j'aurais voulu).

En revanche, reconnaître la réalité telle qu'elle est part du mot à mot, du strict énoncé de la phrase prononcée par mon chef. C'est ce qu'il a dit. Est-ce une décision ? Non. Il l'a seulement évoqué comme une possibilité. Pas plus, mais pas moins non plus. Je dois donc l'entendre. Cette éventualité me conviendrait-elle ? Non, pas du tout. Donc, avant de me laisser prendre par l'interprétation négative, je peux m'interroger sur différentes hypothèses possibles. Pourquoi l'envisage-t-il ? À ce stade, l'exploration délibérée de différentes interprétations apporte une contribution positive à l'appréhension de la situation. Je vais peut-être trouver d'autres indices qui rendront l'une des hypothèses plus vraisemblable, en maintenant dans mon esprit un point d'interrogation, garant d'un authentique recul. Le fait de ne pas s'accrocher à une interprétation comme à une certitude, nous laisse plus souples intérieurement et disponibles pour intégrer, sans parti pris, des éléments nouveaux ou contradictoires. Ici, l'acceptation de la situation a toujours un résultat positif : aucun « ce qui aurait dû être » ne rentre en conflit avec ce qui est, il reste toujours ce qui est ! Nous disposerons toujours de ce point d'appui pour répondre. Dans la même perspective, nous avons tout intérêt à reconnaître ce qui a été accompli, qui se mesure également en termes positifs, plutôt que de nous focaliser exclusivement sur ce qui aurait pu l'être.

L'idéalisme représente donc un obstacle majeur à l'acceptation de la réalité et conduit à rejeter cette dernière chaque fois qu'elle cesse de correspondre aux principes présupposés. On le retrouve dans le perfectionnisme où l'idée qu'on se fait de l'objectif à atteindre ne souffre pas le moindre écart – cela devrait être ainsi. Le détail manquant ou imparfait, selon les critères de l'idéal prendra plus d'importance et occultera la réalité d'une tâche effectuée correctement à 99 %. Que l'idéalisme s'éloigne par trop du champ des données concrètes et l'on entre dans le champ des idées fixes et du délire. Sans en arriver à des troubles psychiatriques, certaines décisions ou modes de management apparaissent déjà « délirants » pour le sens commun, par leur refus des réalités humaines ou matérielles...

Accepter n'est pas se résigner

Nous ne pouvons véritablement apprécier la situation sans y inclure notre vécu personnel. Nous sommes partie intégrante de cette situation, et toutes nos pensées, représentations appartiennent à l'ensemble des éléments qui la définissent : le refus, la répression de notre ressenti conduisent à une attitude de résignation, nous subissons la situation. Pas plus que nous n'avons intérêt à refuser un quelconque élément extérieur, nous ne trouverions avantage à nier les phénomènes intérieurs. Déjà pour reconnaître un élément essentiel, dans notre exemple : « Je ne tiens pas du tout à ce que mon responsable concrétise son idée. » Reconnaître la situation n'équivaut en aucun cas à se nier, à se résigner. Nous avons au contraire absolument besoin de savoir ce qui se passe en nous pour prendre position dans la phase de réponse : « Oui, il a dit cela *et* cette perspective ne me convient pas, je suis en colère. » Cet énoncé réunit les paramètres essentiels de la situation que j'ai à accepter. Il me permet d'avancer sur une base saine. Si j'excluais mon mécontentement, je glisserais, pour le coup, dans la résignation. En le reconnaissant, je vais disposer d'une plus grande énergie pour traiter ce problème.

Habituellement, nous avons plutôt tendance à formuler les choses ainsi : « Il a dit cela *mais* cela ne me convient pas », en opposant les deux termes de la réalité. L'une des deux propositions est donc en trop et doit disparaître. Ce « mais » m'incite à penser qu'il n'aurait pas dû dire cela, ce qui m'empêche d'aller plus loin et m'enferme dans une position de victime : comment a-t-il pu me faire cela, à moi ?

En général, au moment où le signal de stress nous alerte, nous sommes déjà empêtrés dans cette opposition, ce qui rend nécessaire l'analyse de notre processus de pensée. Pour épargner du temps et ne pas rester bloqués dans le refus, nous avons intérêt à bien revoir le film des faits, d'un côté, en distinguant à chaque étape fait et interprétation personnelle du fait et, de l'autre, à nous demander : qu'aurais-je voulu à la place ? Puisque le stress négatif naît de cette contradiction entre mon imaginaire et la réalité, il est indispensable de mettre au jour cet imaginaire en le pensant explicitement. De cette manière, nous pouvons poser d'un côté ce qui est et, de l'autre, ce que j'aurais voulu, en toute conscience, comme élément inclus dans la réalité totale. Ayant reconnu ce que j'aurais voulu, je le sais maintenant sans ambiguïté et je peux revenir aux faits l'esprit plus tranquille. Aucune de mes pensées ou représentations ne doit être niée, sinon elle va agir dans l'ombre et alimenter conflit et tensions. Plus je serai informé de ce qui se passe en moi, moins je serai pris au dépourvu par des réactions irrationnelles. La répression des émotions se paye par une attitude résignée et un manque de répondant. Rester en contact avec mon ressenti et le prendre en compte me protège de ce risque.

Accepter l'incertitude

Dans la vie professionnelle contemporaine, l'incertitude est devenue un élément omniprésent du paysage. Les marchés sont instables, volatils, l'internationalisation et la délocalisation bouleversent les coûts de production, les progrès techniques incessants rendent obsolète tel ou tel fleuron d'une industrie, les entreprises naissent et disparaissent à un rythme qui s'accélère, les hommes changent, sont mutés. Le maniement des outils informatiques réclame des mises à jour et des formations continuelles. Celui qui reste en dehors du monde du travail un ou deux ans acquiert vite le sentiment d'être dépassé, hors concours. De quoi peut-on être sûr aujourd'hui ? Chaque fois que, dans nos séminaires de formation, nous écoutons des personnes qui vivent une incertitude professionnelle, elles expriment combien elles se sentent déstabilisées. Elles attendent avec impatience ou anxiété un retour à des certitudes auxquelles se raccrocher. Au fond, elles espèrent qu'une fois ce moment passé, l'incertitude disparaîtra pour longtemps du paysage. Certaines préfèrent même anticiper un futur sombre – par exemple, un licenciement dans la prochaine restructuration – plutôt que de garder un point d'interrogation dans l'esprit. Tout sauf ce vide, cette absence de contrôle sur les événements à venir, cette impossibilité à se représenter son devenir.

Nous soulignons alors la nécessité, pour chacun, de modifier ses représentations de la vie professionnelle en intégrant cette imprévisibilité. Celle-ci ne se borne plus à une période passagère d'exception, mais s'installe comme une caractéristique quotidienne, avec laquelle il faut envisager sa carrière et apprendre à vivre.

Nous affirmions plus haut qu'on ne peut accepter des hypothèses, par nature incertaines, alors comment accepter l'incertitude ? Ici, la seule certitude sur laquelle nous puissions nous appuyer, c'est justement : « Je ne sais pas. » Si, dans le contexte où nous nous trouvons, nos tentatives pour obtenir des indications fiables sur notre futur ou celui de notre entreprise n'aboutissent pas, il reste l'évidence de ce que nous vivons, ici et maintenant. Au lieu, encore une fois, de nous opposer à la réalité et de la colorer négativement – « Je ne sais pas ce qui m'attend mais il faudrait que je sache » –, prenons-en acte positivement. Oui, je ne sais pas et je n'ai pas le moyen, pour le moment, d'en savoir davantage ; oui, cela m'insécurise et je préférerais qu'il en soit autrement. C'est ainsi, voilà la réalité intérieure et extérieure. Puis-je me détendre dans cette situation d'inconfort et m'y adapter ?

Tant que je refuse l'incertitude, j'attends qu'elle prenne fin et je cesse d'avancer. Je ne m'investis plus, comme une personne qui, ne voyant pas la lumière au bout du tunnel, s'arrêterait de marcher. Il me reste pourtant la possibilité d'accepter l'inconnu, de continuer à cheminer sans me décourager, en m'appuyant sur des repères intérieurs puisque ceux du dehors se dérobent. L'intelligence du cœur, l'intuition, et l'intelligence du corps, l'instinct m'aideront à trouver ma route, jour après jour, tant que je ne disposerai pas d'indications plus précises. Encore faudra-t-il que je me fasse un peu confiance !

Accepter nous engage entièrement

La reconnaissance et l'acceptation de la réalité interne ne concernent pas seulement la « tête ». Nous avons évoqué les différentes pensées et représentations en rapport avec la situation. Nos processus intérieurs ne se limitent pas à ces éléments : dans l'exemple déjà développé, nous avons noté également des émotions (contrariété, colère, crainte d'être dépossédé, etc.), des désirs (de promotion), des besoins (de reconnaissance) et des sensations (mal de tête, tension). La réalité intérieure comprend évidemment des manifestations qui touchent le cœur et le corps. Au moment de la phase de réception, nous avons donc à prendre conscience et à accepter comme éléments de la réalité tous ces phénomènes intérieurs. Cela nous confirme encore que la partie majeure du « travail » se situe sur le versant interne de la réalité. Nous y reviendrons dans les chapitres consacrés au cœur et au corps.

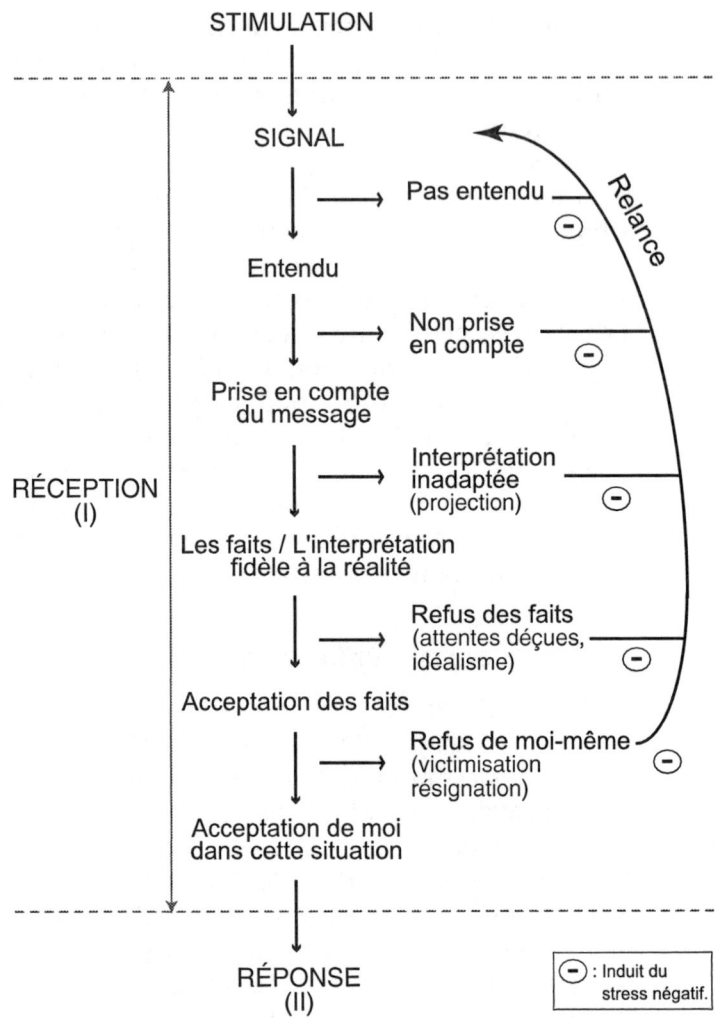

Discernement à la phase de réception

Les nombreuses embûches de la phase de réception une fois franchies, nous arrivons à la seconde phase de la réaction de stress, la réponse. Que faire dans notre saynète ? Commencer par demander à mon patron ce qui l'a amené à dire cela, par exemple ? Peut-être pour parvenir finalement à découvrir que l'interprétation négative comportait une part de vérité ou au contraire que je me suis largement trompé. Mais, assurément, aborder la phase de réponse dans cette ouverture d'esprit produira un autre résultat qu'en se laissant mener sans recul par le scénario négatif.

DEUXIÈME PHASE : LA RÉPONSE

La première phase de réception conditionne complètement la seconde, la réponse à la situation. Que nous refusions de prendre en compte tel ou tel de ses aspects en nous ou à l'extérieur, nous ne saurons que réagir sur un registre qui s'échelonne de la résignation et l'inhibition jusqu'à la violence. Le meilleur de notre capacité d'adaptation, dans sa dimension créative, restera empêché.

À l'occasion de la dernière réorganisation, Thierry a perdu son poste de directeur financier des filiales, au siège. Sa fonction a été supprimée, chaque branche reprenant l'activité à son compte. Grande est son amertume de voir s'écrouler l'édifice centralisateur, bâti au prix d'un travail acharné et de nombreux sacrifices personnels. Il ne croyait pas en un tel changement de stratégie du président. La nouvelle est tombée comme un couperet. Que va-t-il devenir dans ce vide, lui qui vivait à cent à l'heure, sans pause ? Aucune proposition ne lui est faite, à croire qu'il n'intéresse personne et que ses capacités sont devenues inutiles. Dans un premier temps, son poste vidé de son contenu reste comme une coquille vide ; il dispose encore de son bureau, de son équipement informatique mais déjà son assistante a reçu d'autres propositions et le quitte. Il se sent trahi, délaissé. Lui qui venait travailler avec dynamisme arrive maintenant avec des pieds de plomb. Il a l'impression que tous le fuient, ses collaborateurs comme ses collègues, ou le comité de direction. Il est trop abattu pour prendre les devants, se sentant désavoué par le changement de stratégie.

Les jours se succèdent, interminables, il essaie bien de s'occuper mais le cœur n'y est pas. Que raconter le soir à la maison ? Il n'ose pas rentrer plus tôt qu'avant, ne pouvant se résoudre à annoncer la suppression de son poste, même s'il a évoqué la réorganisation. L'arrêt de ses fréquents voyages à l'étranger rend plus difficile de donner le change. Son épouse, intuitive, comprend qu'un bouleversement important se trame, mais elle attend qu'il s'exprime. Lui se renferme de jour en jour, perdant toute estime de lui-même : si personne ne le réclame, c'est qu'il ne vaut rien et cela explique aussi pourquoi le président s'est débarrassé de lui. Il s'enfonce dans la dépression, sans vouloir en convenir. Ses contacts avec l'extérieur s'espacent, son appétit diminue et il perd le sommeil.

Sa femme, ne le voyant toujours pas se confier, décide de lui dire qu'elle n'est pas dupe : ne se retrouve-t-il pas « au placard » ? Cette ouverture directe lui fait l'effet d'un électrochoc salutaire et le remet en contact avec ses émotions ; la honte et la peur se dissipent. La tristesse qui l'accablait est remplacée par une colère libératrice et dynamisante, de ne pas avoir été seulement consulté pour ce changement d'organisation.

Il ne se languira pas dans son placard ! Il se décide à solliciter une mission puis à activer son réseau. Animé d'une énergie renouvelée, il a cessé de se résumer à son ex-fonction et de se dévaloriser.

Tant que Thierry refuse le changement imprévu qui l'affecte profondément, tant qu'il maintient un couvercle sur ses émotions, sa capacité de réagir est anéantie et toute son énergie passe en autodestruction et en dévalorisation. La répression des émotions, de la colère en particulier, se traduit fréquemment par l'autocritique et la culpabilité.

La formulation directe de sa femme, en nommant les choses, crève l'abcès. Oui, il a été mis sur la touche ; oui, il est triste et furieux. En acceptant, il revient à la réalité et à lui-même et peut enfin mobiliser son énergie pour agir au mieux.

Une fois la phase de réception traversée, il appartient effectivement à la tête, avec toute son intelligence, de décider. Le discernement, à nouveau, joue un rôle central, en déterminant les éléments à retenir, ceux sur lesquels il faut agir en priorité, quand même ils n'apparaissent pas les plus voyants.

Pour remplir sa mission adaptatrice – préserver ma sécurité et défendre mon identité au sein d'un changement –, la tête devra donc définir à la fois les aspects de la réalité sur lesquels intervenir et la position à prendre vis-à-vis d'eux. À quoi dirai-je oui ou non, qu'est-ce que je laisse faire et sur quoi vais-je agir, qu'est-ce que je veux et qu'est-ce que je ne veux surtout pas ? Nous distinguons donc une part active et une part passive dans la décision.

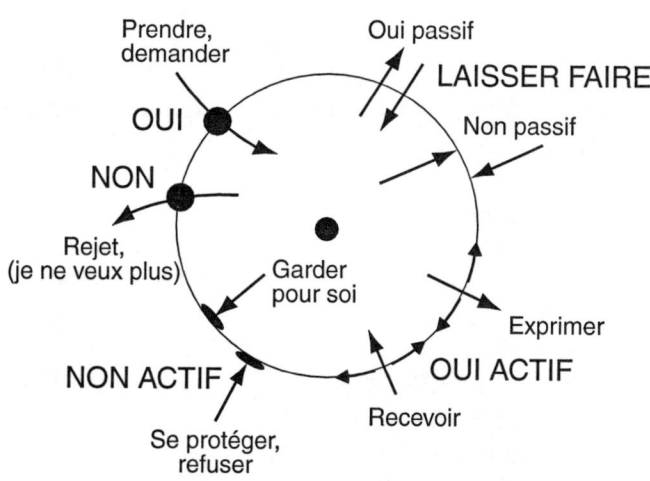

Le discernement à la phase de décision

La décision

La part active de la décision

Nous illustrerons ces différentes facettes de la décision à partir de la situation de Thierry.

Le non actif :

– ce que je (ici, Thierry) ne veux pas, provenant de l'extérieur, pour moi : être laissé pour compte ;

– ce dont je ne veux pas ou plus à l'intérieur de moi : un état de déprime et de dévalorisation ;

– ce que je ne veux pas perdre, qui m'appartient, et que je veux garder en moi : la motivation.

Le oui actif :

– ce dont j'ai besoin et que j'accueille à bras ouverts : du soutien et une opportunité pour rebondir ;

– ce à quoi je veux arriver, ce que je suis prêt à aller chercher pour l'obtenir : une réalisation personnelle et professionnelle plus solide ;

– ce dont je permets l'expression : la tristesse et la colère.

Il faut ajouter encore, à la part active, des aspects neutres à mes yeux mais qui appellent néanmoins une action.

La part passive de la décision

– Les aspects de la réalité sur lesquels je n'interviens pas : mon assistante ou les collègues qui ne décident pas de mon sort ;

– les éléments neutres où le discernement s'effectue de lui-même : des possibilités de carrière qui ne me correspondent pas du tout.

La possibilité de clarifier ces différents aspects actifs et passifs contribue grandement à raffermir notre position, tout en déclinant toutes les nuances nécessaires à une adaptation de bonne qualité. La fébrilité du stress nous entraîne à des réponses « en bloc », nous croyant obligé, soit de tout prendre – avec le sentiment désagréable d'être surchargé, voire exploité ; soit de refuser systématiquement – avec un relent de culpabilité ou la crainte de manquer quelque chose d'important. Bien des assistantes nous font part de cette problématique, oscillant entre les moments où elles se laissent surcharger sans mettre de limite et les moments où elles deviennent agressives et rejettent toute nouvelle demande. Nous avons donc tout bénéfice à cet examen précis des différentes facettes d'une décision. Nous essayons alors d'articuler de manière cohérente cet ensemble de oui (je suis d'accord pour ceci) et de non (mais pas pour cela) afin de prendre simultanément en compte le maximum de paramètres personnels et extérieurs. Cette clarté devient d'autant plus nécessaire avec le management au stress et à l'urgence, si on ne veut pas se laisser happer et pressurer jusqu'à épuisement.

Un facteur de stress très actuel dans la vie professionnelle consiste dans l'impossibilité croissante de terminer ses journées en ayant le sentiment d'être à jour. Des tâches supplémentaires, imprévues, viennent se greffer constamment, nous obligent à abandonner un travail qui reste en suspens, parfois définitivement. Les objectifs changent en cours de route et nous avons la désagréable impression de n'arriver au bout de rien ou de faire tout mal. L'insatisfaction ou un sentiment de culpabilité nous entraînent à outrepasser nos limites.

Nous avons donc à prendre en compte cette caractéristique actuelle – le jamais fini – pour décider nous-mêmes de la limite et nous arrêter de travailler quand nous l'estimons raisonnable.

Savoir dire non

Au moment de décider, et tout particulièrement dans la sphère professionnelle, besoin de sécurité et d'appartenance à l'entreprise, d'un côté, affirmation de mon identité et de ma différence, de l'autre, vont souvent entrer en tension, voire en conflit. Le stress négatif le plus répandu, à cette phase, prend là son origine : pour préserver ma sécurité, j'hésite à dire non et je subis. Au fond de moi, c'est non mais je dis et je fais oui. Des études américaines (Robert Karasek[1]) ont démontré combien le fait de subir augmentait l'incidence des affections psychosomatiques. Moins un travailleur dispose de latitude de décision, plus son stress lui coûte sur le plan de la santé.

> Dans un hôpital parisien, une infirmière vit très mal de ne pouvoir s'arrêter pour écouter certains des patients dont elle a la responsabilité. Elle pressent qu'ils ont vraiment besoin de se confier, et que les abandonner à leur désarroi est préjudiciable pour eux à tous points de vue. Au lieu de cela, à cause du sous-effectif, elle doit se hâter pour accomplir sa tournée de soins et de traitements et terminer par le fastidieux codage de ses actes. Elle ne peut choisir ses priorités, ni s'occuper des patients comme elle le voudrait, et se trouve obligée d'agir à l'encontre de ce qui l'a motivée pour ce métier et lui confère toute sa valeur. Elle se met à perdre ses cheveux, par plaques entières...

La pression de l'image, l'insécurité de l'emploi constituent des leviers puissants qui incitent à réprimer l'affirmation de la différence et la possibilité de dire non. Chacun connaît, dans la vie professionnelle, autant l'exemple de ceux qui ne savent pas refuser, se laissent continuellement surcharger pour une reconnaissance médiocre, que celui des personnes qui connaissent la manière « pour dire non » avec un naturel qui les dispense de se justifier. Ces derniers ne se

---

1. *Healthy Work : Stress, Productivity and the Reconstruction of Working Life*, Robert Karasek et Töres Theorell, New York, Basic Books, 1990.

laissent pas ligoter par l'insistance, la menace ou l'affectif, et ceux qui usent de ces pressions cherchent habituellement d'autres proies à manipuler et à exploiter. Savoir mettre une limite à la pression exercée par le stress de l'autre, en le nommant quand c'est nécessaire, nous protège d'un engrenage négatif et d'une surenchère mutuelle. Malgré la contagiosité naturelle du stress, nous pouvons refuser cette fatalité et ne pas nous laisser happer par le tourbillon d'agitation et de tension.

Chaque fois que nous subissons, nous devenons victimes de la situation, position de stress négatif par excellence. Nous perdons une part de notre dignité et de respect pour nous-mêmes. Nous sommes ébranlés dans notre identité et notre estime de nous-mêmes. Comment notre tête, donc notre discernement, va-t-elle nous aider à prévenir ce danger ?

À moi de répondre ou pas ?

Encore une fois, il nous faut discerner dans cette situation ce qui m'appartient, me revient, me concerne, de ce qui ne m'appartient pas, ne me revient pas, ne me concerne pas. On peut le résumer par la formule simple : est-ce « à moi » ou « pas à moi » ?

À quelque niveau que ce soit, le stress négatif apparaît chaque fois que nous nous chargeons d'aspects, de tâches qui ne nous appartiennent pas.

L'urgence et la précipitation qui marquent notre vie contemporaine nous privent souvent de ce questionnement élémentaire. On attend de nous, ou nous-mêmes nous laissons accroire le caractère impératif d'une réponse immédiate sans réflexion préalable (le procédé peut même ressortir d'une manipulation consciente). À peine avons-nous répondu oui que nous ressentons le malaise...

Dans la majorité des cas, pour nous recentrer sur

nous-mêmes, retrouver notre espace, il est possible de s'octroyer ou d'obtenir un bref moment de réflexion, sous n'importe quel prétexte. En particulier, dans un stress relationnel, avec une personne qui sait nous faire céder, nous avons tout intérêt à nous soustraire à sa proximité physique immédiate qui nous décentre. Il nous faut alors inventer un stratagème quelconque pour mettre un espace entre elle et nous où notre liberté de choix aura davantage de chances de s'exercer (par exemple, trouver un prétexte pour sortir de la pièce, juste le temps de reprendre nos esprits quelques instants et revenir rendre réponse).

Au sein de cet espace retrouvé, nous allons discerner d'abord si nous sommes concernés : est-ce mon rôle, ma tâche, mes attributions, ma fonction ? Et, dans l'affirmative, si cela correspond à ma vision des choses, à mes valeurs (mon identité) : est-ce à « moi » de faire cela ou cette action va-t-elle à l'encontre de mes convictions, de ma manière de procéder ?

Bien souvent, ne pas oser dire non crée un double stress négatif. Non seulement, nous nous résignons à supporter une situation qui ne nous appartient pas, mais pendant le temps que nous lui consacrons, nous laissons en attente ce qui nous revient.

Avoir les moyens de la réponse

Une fois franchie cette étape préliminaire, reste encore la question des moyens. Quand bien même cette action relève de mon domaine et de mes contributions, en ai-je les moyens tant sur le plan personnel en temps, énergie et compétence, que sur le plan matériel ? Accepter, lorsqu'on manque de moyens personnels ou matériels, engendre évidemment un stress. Ici encore, l'accélération des cadences de la vie moderne nous conduit à omettre cette question de bon sens. Nous prévoyons ainsi une liste d'actions pour notre journée sans compter le temps des trajets ni une marge d'imprévu. Tous nos gestes pâtiront de cette mauvaise appréciation et nous paierons notre tribut en tensions multiples. Les enjeux quotidiens méritent-ils tant d'acrobatie et parfois de risques d'accidents ?

Cette question de moyens se révèle encore cruciale lorsqu'il s'agit de démêler ce qui nous concerne de son contraire. En effet, nous entendons trop souvent des personnes stressées nous dire qu'elles ne disposent ni du temps ni de l'énergie pour s'occuper de situations qui les concernent, en particulier lorsqu'il s'agit de leur vie personnelle, de leurs besoins : telles ces femmes qui, très consciencieuses dans leur travail, courent tous les soirs et le mercredi pour chercher et accompagner leurs enfants, veulent une maison impeccablement rangée, du linge bien repassé, écoutent les problèmes de plusieurs membres de la famille élargie et s'occupent d'un malade ou d'un parent âgé. Elles ont sacrifié tout loisir personnel et ne se donnent même pas le droit de tomber malades ! Elles doivent rester fortes, quoi qu'il arrive. Leur entourage privé ou professionnel constate d'évidence qu'elles se chargent de multiples actions dépassant leur champ propre de responsabilité : donc, manque réel de moyens ou prétexte, fuite en avant, culpabilité ?

Établir les priorités, réaliser qu'il est impossible de répondre à toutes les sollicitations dans notre vie socio-économique actuelle, nous conduit à répartir nos moyens en temps et en énergie. Si nous ne décidons pas de réserver une disponibilité pour effectuer des tâches qui ne relèvent que de nous, pour prendre soin de nous, personne ne le fera à notre place. C'est une cause de stress profond et durable.

Le moment opportun

La question du moment adéquat pour répondre s'articule logiquement à celle des moyens. Nous pouvons tous observer combien une même tâche coûtera une somme différente d'énergie suivant le moment où nous l'accomplissons. Cela tient notamment à nos biorythmes, aux courbes de concentrations intellectuelles longues à revenir à un niveau identique après une interruption. Les principales catégories d'action (intellectuelles, physiques, de contact relationnel) se révèlent en effet plus ou moins aisées suivant des cycles au cours de la journée.

Nous avons donc à mieux connaître nos fonctionnements et leurs rythmes pour prévenir des déperditions d'énergie vitale : observer le moment de la journée où notre concentration est optimale ; réserver les tâches d'exécution simple pour les moments où notre acuité mentale fléchit ; sentir quand notre corps a besoin d'un peu de mouvement pour prévenir l'installation de tensions ; savoir nous préserver de sollicitations extérieures quand nous nous engageons dans une activité de réflexion, etc.

La mode actuelle d'exiger dans l'urgence – ce chiffre, ce document, ce produit qui doit être fourni hier pour aujourd'hui – nous entraîne dans son tourbillon et nous amène à ne pas mettre en cause la folie de ces comportements. Si nous regardons de plus près, combien d'urgences persistent véritablement ?

Apprendre à résister à cette tendance, en tenant compte positivement de la sollicitation (« oui, j'ai bien pris note de votre demande ») mais en posant un délai (« et j'y répondrai à tel moment »), nous permet d'économiser beaucoup d'énergie et de garder un minimum de contrôle sur la gestion de nos priorités. Sans ce contrôle, nous nous trouvons ballottés au gré des événements, décentrés et fragilisés.

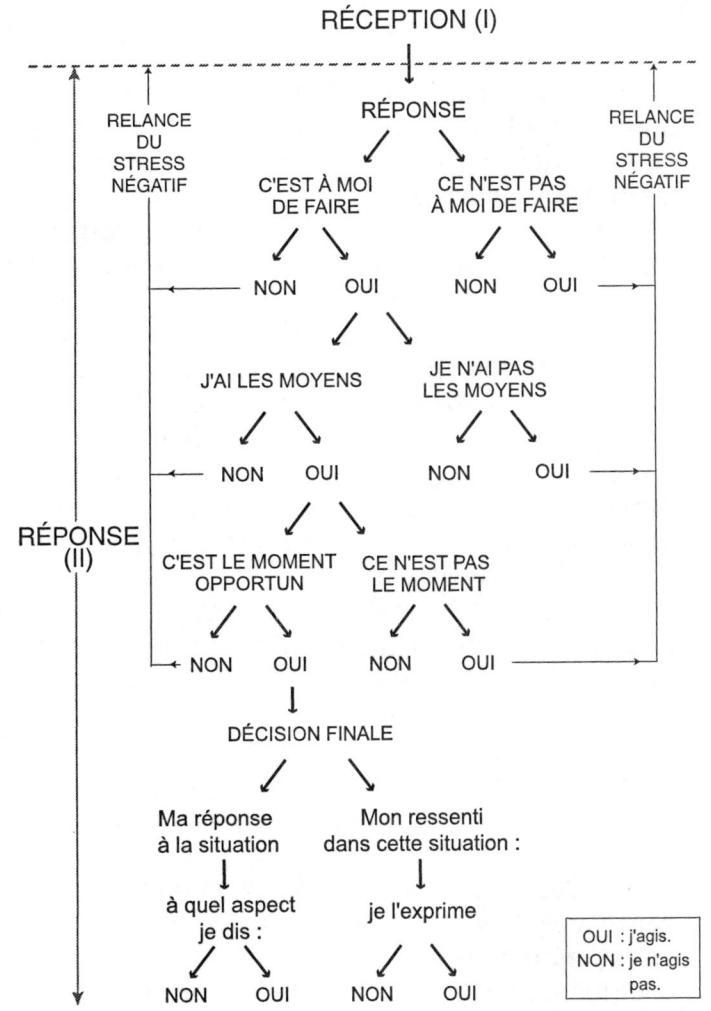

RÉCEPTION (I)

RELANCE
DU
STRESS
NÉGATIF

RÉPONSE

C'EST À MOI
DE FAIRE

CE N'EST PAS
À MOI DE FAIRE

RELANCE
DU
STRESS
NÉGATIF

NON   OUI   NON   OUI

J'AI LES MOYENS

JE N'AI PAS
LES MOYENS

NON   OUI   NON   OUI

RÉPONSE
(II)

C'EST LE MOMENT
OPPORTUN

CE N'EST PAS
LE MOMENT

NON   OUI   NON   OUI

DÉCISION FINALE

Ma réponse
à la situation

Mon ressenti
dans cette situation :

à quel aspect
je dis :

je l'exprime

NON   OUI   NON   OUI

OUI : j'agis.
NON : je n'agis
pas.

Discernement à la phase de réponse

Efficacité de l'action

Une fois la décision déterminée, il reste encore à la mettre en œuvre de manière efficace pour parvenir à une adaptation satisfaisante. Nous rencontrons, à ce stade, le dernier groupe de dysfonctionnements susceptibles d'engendrer un stress négatif. La réaction physiologique a mobilisé un potentiel d'énergie disponible : allons-nous l'utiliser de la manière la plus performante ?

Passons en revue quelques comportements très communs où le stress négatif peut se greffer :

– Prévoir un temps insuffisant pour l'action, attendre la dernière minute, pour bénéficier du coup de fouet de l'urgence : nous sommes bousculés dans l'exécution, avec le risque de bâcler, d'omettre un aspect important, de ne pouvoir recommencer en cas d'erreur ou d'obstacle.

– Disperser l'énergie en entreprenant plusieurs actions sans en terminer aucune, en nous agitant fébrilement et remuant beaucoup d'air, sans mener à bien la tâche essentielle : cela nous donne le sentiment de nous dépenser et entretient une illusion d'efficacité ; au fond, une culpabilité nous signale l'erreur mais nous entraîne dans une fuite en avant et nous nous étourdissons dans l'action.

– Solliciter des conseils de tous côtés, déployer un zèle excessif pour être reconnu, infléchir la réalisation en fonction du dernier qui a parlé en voulant satisfaire tout le monde : cette attitude ôte son sens et sa force à l'action.

– Se laisser emporter par le stress des autres et agir dans la précipitation, la tension sans avoir pris le temps de se recentrer ni de considérer la nécessité de l'action : cette façon de se laisser contaminer par la pression ambiante nous fait perdre nos propres repères, ou bien nous craignons d'apparaître démotivés si nous ne nous accordons pas au diapason général et qu'on nous le reproche.

– Avoir tout prévu pour agir mais se retrouver en état d'incapacité physique en se faisant mal, par des douleurs ou des troubles organiques soudains, ou bien se lever épuisé après une nuit d'insomnie, précisément quand nous avons besoin de toute notre énergie : ces somatisations témoignent particulièrement d'une dimension inconsciente négative à l'œuvre.

– Rencontrer, juste au moment de faire, une résistance, une lourdeur, une fatigue soudaine : l'action en devient insurmontable. Cela atteint, dans certains cas, une incapacitation complète, toute l'énergie étant consommée par un refus profond ou une peur latente.

Alors que la décision était claire, elle devient floue, l'esprit s'embrume, sa mise en œuvre apparaît irréelle, confuse dans son déroulement et ses étapes. Nous ne savons plus par quel bout commencer et restons dans un état de torpeur impuissante.

Un évitement se met en place, sciemment ou inconsciemment, nous faisons tout, sauf ce que nous devrions faire, et reculons toujours le moment de passer à l'acte : nous cherchons des prétextes pour repousser, attendre encore, car nous nous représentons l'action négativement ou la redoutons. Nous entreprenons toutes sortes d'autres tâches, des grands rangements, téléphonons à l'un ou l'autre, etc. Ou alors nous avons justement égaré le document, l'outil qui nous est indispensable pour agir.

– Tenter de se dérober à sa responsabilité d'agir en la rejetant sur d'autres et passer son énergie à clamer qu'ils ne font rien et à s'agiter : pour dissimuler notre inefficacité, nous crions « au loup » en détournant l'attention des autres sur un problème créé de toute pièce.

– Réagir sous le coup d'une émotion ou de la violence et décharger brutalement l'énergie par un passage à l'acte qui court-circuite l'action nécessaire ou la rend caricaturale : nous cherchons le conflit avec les autres, détériorons le matériel nécessaire, faisons une crise nerveuse.

Ce panorama de comportements inappropriés prend son origine dans un refus conscient ou inconscient de l'action. Celle-ci nous ennuie, nous contrarie, nous coûte, nous fait peur pour une raison ou une autre : parce que nous manquons de confiance en nous ou refusons notre responsabilité, ou parce que nous sommes habités par une culpabilité souterraine qui nous pousse à nous saborder. Les jugements négatifs sur nous-mêmes, l'importance excessive accordée au regard des autres constituent des freins puissants et largement répandus. Avons-nous, au fond de nous, l'autorisation de réussir, de prendre notre place, de démontrer nos capacités ?

Agir nous demande donc au préalable de sonder notre motivation – sommes-nous vraiment en accord pour nous lancer ou devinons-nous une résistance sourde, une colère rentrée, une appréhension, une crispation ? Il vaut mieux s'en enquérir auparavant pour prévenir une perte de temps, un gaspillage d'énergie, voire des conduites d'échec qui se révéleraient coûteuses. L'action requiert que nous nous unifiions intérieurement dans notre intention et que nous ayons su nous mettre au clair avec les voix discordantes en nous. Cette opposition intérieure doit être repérée, reconnue et acceptée. Selon un authentique processus démocratique, nous soumettons, comme un gouvernement, la validation de l'action à la majorité. Il arrive certaines fois que, tout en ayant reconnu le bien-fondé d'une décision, nous rencontrions en nous une telle résistance que nous devions surseoir à son exécution. Mais quand nous agissons avec une faible marge de majorité, cette consultation consciente nous évite les prises de pouvoir, les coups d'État et les sabotages, différence notable! Nous savons notre enthousiasme mince et, au nom de la nécessité qui s'impose, nous avons réussi à convaincre nos « non » de ne pas nous mettre des bâtons dans les roues. Lorsqu'il devient clair dans notre esprit qu'agir en étant empli de refus coûte dix fois plus que sur un fond d'acceptation et de détente, nous pouvons plus aisément nous persuader d'éteindre ce conflit.

La pleine adhésion, durant l'exécution de notre tâche, libère notre énergie, permet au cœur et au corps d'y participer sans restriction. Nous vivons l'action à fond, et elle nous le rend bien par une sensation de tonicité, d'intensité. Adieu les pieds de plomb, la grogne et la morosité! Même si, en fin de course, nous sentons une fatigue, nous éprouvons un sentiment positif d'accomplissement. L'acceptation, déjà déterminante à la phase de réception, demeure essentielle pendant toute la phase de réponse. Elle maintient l'accord avec la réalité, tant intérieure qu'extérieure, tout au long du processus. On peut certes agir avec du refus mais en perdant la fluidité, le plaisir, la force, que nous goûterions avec un vrai « oui », et ceci même pour des objectifs qui ne nous passionnent pas en tant que tels ou nous rebutent. Cette clé se révèle fondamentale pour économiser notre énergie et nous ressourcer au cœur de l'action. Bannissons les états mitigés, les ni-oui-ni-non, la position victimisante où nous agissons en nous plaignant, en râlant, en subissant, si nous voulons contacter le plein régime de notre vitalité.

Entre sur-implication et démotivation : le juste équilibre du oui et du non

Les conditions de la vie contemporaine nous imposent l'apprentissage du non et des limites, sous peine de destruction. Si nous nous laissons submerger de stimulations, nous nous sur-impliquons dans l'action, sans phase de récupération suffisante. Nous ne revenons plus à notre régime de croisière et nous basculons dans le stress chronique. Notre vie personnelle et notre santé en font les frais. À l'inverse, quand nous nous protégeons trop des stimulations, nous nous démobilisons et l'action devient routinière. Nous risquons de glisser dans la démotivation. Il nous appartient donc aussi bien de prendre du recul quand la machine s'emballe que de nous lancer un défi quand elle s'endort dans le train-train.

Nous adapter au changement (oui), sans perdre notre consistance (non), c'est là le défi que nous avons à résoudre. Un défi qui ne relève pas de l'utopie car nous rencontrons régulièrement des personnes actives, heureuses de l'être, qui savent aussi s'arrêter, profiter de la vie, préserver une qualité relationnelle dans leur environnement professionnel et privé. Elles y sont souvent parvenues après des excès, des tâtonnements ou des épreuves qui les ont conduites à rechercher ce rapport optimal entre adaptabilité et fermeté, entre activité et détente.

Les réajustements sont à opérer constamment, puisque rien dans la vie ne demeure statique. Notre état intérieur change à mesure que la situation évolue. Un refus de la situation peut se dissiper parce que nous découvrons, en agissant, que la réponse nous semble beaucoup plus aisée que prévue.

Nous retrouvons la loi de la rétroaction[1] qui caractérise le vivant : tout effet produit une action régulatrice sur sa cause. Si je subis, si je ne sais pas dire non lors de la phase de réponse, je crée immédiatement un état intérieur de refus de la situation telle qu'elle est, ce qui engendre des réactions négatives.

---

1. Le bio-feed-back.

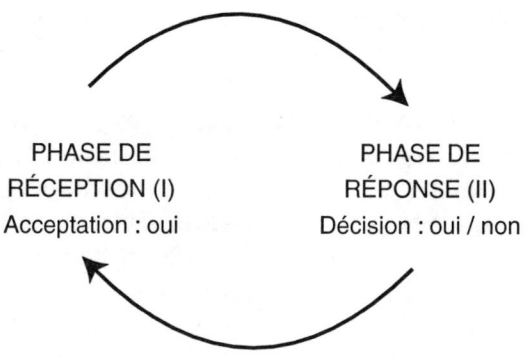

PHASE DE
RÉCEPTION (I)
Acceptation : oui

PHASE DE
RÉPONSE (II)
Décision : oui / non

Cycle réception-réponse

Donc d'abord accepter la situation pour pouvoir agir, ensuite savoir poser des limites pour rendre plus aisée l'acceptation de la situation, en sens inverse. Nous le voyons avec le développement de l'être humain qui connaît deux phases marquées de non chez le petit enfant et à l'adolescence. En exprimant leur opposition de manière systématique, le petit enfant et l'adolescent affirment leur différence, après la fusion du premier âge et de l'enfance (le oui à l'autre, imposé par la dépendance). Cette démarcation sans nuance de leur territoire (le refus de la dépendance) leur permet secondairement une ouverture plus sélective (des oui et des non plus réfléchis) qui les conduit à développer leur identité et leur autonomie.

En nous rappelant que la liberté de choix constitue un critère fondamental entre stress positif et négatif, chacune des phases comporte son potentiel de liberté : quand, à la phase de réception, nous ne disposons que de la liberté d'accueillir de meilleure grâce ce qui nous arrive, à la phase de décision nous avons l'opportunité de déterminer la hiérarchie de nos priorités en déployant une véritable créativité.

Bien que nous pensions et disions souvent le contraire, hors des situations d'exception, rien ni personne ne peut nous contraindre. Nous ne sommes pas obligés, sous peine de mort, de payer nos impôts ou d'obéir inconditionnellement à notre patron mais nous ne souhaitons pas nous exposer aux conséquences de ces actes. Certains déploient une inventivité qui laisse pantois pour défier lesdites obligations – ils ne payent pas leurs dettes, évitent de se faire saisir, créent de telles difficultés à leur employeur que celui-ci finira par les indemniser pour avoir la paix, etc. Face à une menace, en dernier ressort, c'est nous qui décidons si nous cédons ou pas, l'histoire nous en fournit des preuves nombreuses. En tant qu'adulte, face aux péripéties du quotidien, nous choisissons à chaque fois si nous donnons la préférence à notre sécurité ou à notre affirmation individuelle. Cela revient à apprécier la part de risque et d'incertitude que nous acceptons d'assumer. Qu'allons-nous privilégier dans cette situation précise ? Tel ce responsable de chantier qui hésite à mettre sa démission dans la balance pour obtenir une participation plus substantielle aux bénéfices juteux engrangés par son patron, dans une PME du bâtiment.

L'exercice conscient de notre discernement engendre bien des conséquences positives. Nous cessons de gaspiller une énergie considérable à refuser la réalité, à ruminer des interprétations négatives. Nous savons mieux trouver nos repères et, de ce fait, décider plus rapidement. L'acceptation de la réalité nous détend et nous permet d'accéder à une créativité de réponse très supérieure. Dans un monde où la loi du changement s'emballe, nous pouvons nous appuyer sur nous-même avec davantage de confiance et préserver en nous des îlots de calme, propices à la clairvoyance.

6

Le cœur a ses raisons...

« J'ai senti avant de penser, c'est le sort commun
de l'humanité. »

Jean-Jacques Rousseau

Du haut de notre tête, raison à l'appui, les choses
apparaissent bien simples. Pour éviter le stress négatif, il suffirait d'accepter la réalité telle qu'elle se présente à nous. Il faudrait encore nous accepter nous-
mêmes – cela tombe sous le sens – et savoir (faire)
respecter nos limites.

En pratique, nous constatons que ce bon sens élémentaire se trouve sans cesse démenti par nos réactions. Nous savons la nocivité de notre fébrilité et de
nos emportements, la vanité de nos anxiétés, et pourtant... L'émotion se mêle au stress et nos raisonne-
ments échouent à juguler ce couple détonant. Tant
que le changement auquel nous devons nous adapter
n'ébranle pas notre sécurité, ne met pas en danger
nos intérêts ni ne heurte nos liens affectifs, nous
conservons un certain contrôle sur nous-mêmes. Mais
qu'il vienne exciter en nous un point sensible, alors
au diable la patience ! Si l'émotion nous emporte, elle
envenime le stress en lui apportant une charge sup-

plémentaire, en nous rendant impulsifs. Nous décidons et agissons sous le coup de l'humeur du moment, trop souvent mauvaise conseillère.

Pourtant le cœur que nous venons de présenter comme le siège des passions et de l'irrationnel dispose d'une fonction infiniment précieuse pour appréhender la réalité, l'intuition (du latin *in-tueri*, voir le dedans des choses...). Quand une réaction de stress exige de nous une réponse rapide, l'intuition procède, non par analyse comme le discernement, mais de manière immédiate, en percevant directement l'atmosphère de la situation et la dynamique du changement en cours. Le discernement demande du temps, luxe qui nous manque souvent, pour mettre au jour tenants et aboutissants, pour distinguer nos projections imaginaires des faits réels. L'intuition, elle, se laisse toucher par l'événement, sans se perdre dans les détails. Rien qu'au visage de la personne qui vient de pénétrer dans mon bureau, je sais qu'il s'est produit quelque chose de grave. Elle n'a pas besoin de parler pour me le faire partager. D'emblée, je vais me sentir au diapason et prêt à répondre aussitôt.

Dans une réunion, quelqu'un critique mon opinion, aiguillonnant mon stress. Je me pense très justifié à intervenir sur-le-champ, avec d'excellentes raisons pour prouver la validité de mon point de vue ; l'intuition peut soudain me délivrer un message tout à fait contraire : cette polémique ne débouchera sur rien, personne ne veut bouger d'un iota et il est préférable que je me taise pour le moment, laissant la critique tomber dans le vide.

Comme l'intuition ne peut se démontrer sur le moment et, qu'en outre, elle déroute la raison en la contredisant souvent, nous nous méfions de ses propositions. Cette méfiance se justifie en partie par un phénomène fréquent où nous confondons une projection émotionnelle avec l'intuition. Quand je soutiens avec certitude qu'il est arrivé malheur à mon fils en retard, je suis convaincu d'une intuition irréfutable, alors qu'en réalité mon anxiété, toujours prête à surgir, s'est emparée du fait pour se figurer un drame – c'est une projection. Avant de pouvoir nous appuyer sur cette faculté, en toute confiance, nous avons donc à la dégager du parasitage émotionnel qui la fausse totalement. Si nous croyons sentir une intuition, cherchons la présence éventuelle d'une émotion, à l'arrière-plan, afin de savoir si cette dernière ne colore pas notre perception de la réalité. La tâche ne se révèle pas toujours aisée, car nous ne sommes pas forcément entraînés à identifier nos émotions, certaines demeurant réprimées et inconscientes. L'interférence de celles-ci dans les situations de stress rend donc indispensable de les reconnaître et d'apprendre à les canaliser.

ÉMOTION ET STRESS NÉGATIF

Peu d'entre nous ont bénéficié, dans leur éducation, d'un véritable apprentissage du contrôle émotionnel. Les émotions des enfants, bruyantes et animées, suscitent chez les éducateurs (parents et enseignants) des réactions variées qui visent généralement à refréner cris, sanglots ou trépignements. L'enfant apprend des adultes mais aussi de ses compagnons que l'émotion dérange les autres, qu'elle peut provoquer lassitude, réprobation muette, jugement, réprimandes, rejet, moqueries et parfois des châtiments corporels. Lui qui, bébé, vivait ses émotions sans restriction aucune, de tout son être, comprend alors que certaines au moins ne sont pas bienvenues et qu'il convient de les ravaler. Au fil du temps, la spontanéité se restreint et une part de nos dynamismes émotionnels disparaît dans les profondeurs du psychisme inconscient.

L'adulte ainsi éduqué oscille entre deux modes de

fonctionnement : la répression et l'emportement – suivant le principe d'un moteur à essence alternant compression/explosion.

Comment ce fonctionnement binaire se relie-t-il au stress négatif ?

Le vécu négatif du stress, de même qu'une adaptation de mauvaise qualité à la réalité, provient fréquemment de ce couple répression/débordement.

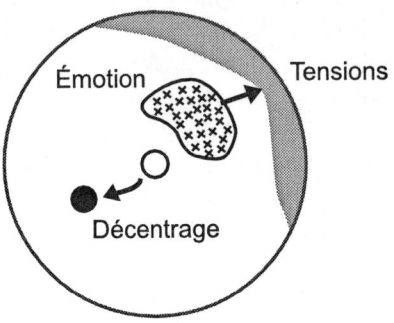

Répression de l'émotion

Dans la **répression de l'émotion**, nous sommes en conflit avec elle. Nous l'empêchons de s'exprimer en nous raidissant physiquement et en nous raisonnant : la tête et le corps musellent le cœur. Nous refusons qu'elle se manifeste dans cette situation car elle nous dérange, nous déstabilise. Nous luttons donc sur deux fronts, à l'extérieur pour affronter la réalité et en nous-mêmes pour faire taire notre émotion. Le refus de cette réalité intérieure, restreignant notre pleine participation à la situation, engendre immédiatement un vécu négatif du stress.

Un dirigeant arrive pour sa visite médicale, pressé et déclarant d'emblée que tout va très bien. Pourtant ses masséters crispés lui font serrer les dents et confèrent à son visage une expression qui en dit long. Une écoute persévérante finit par l'encourager à parler un peu plus et dire qu'il vient travailler sans aucun plaisir. Cette démotivation est apparue depuis qu'il doit, dans son comité, supporter la présence, à ses yeux totalement inadéquate, d'un nouveau venu. Il est furieux mais il a complètement ravalé sa colère. Il n'avait pas réalisé à quel point celle-ci l'habitait depuis plusieurs jours et dévorait toute son énergie à son insu.

L'énergie émotionnelle, endiguée dans son expression directe, va être détournée et venir perturber les sphères physique et mentale. La répression de l'émotion entraîne donc deux conséquences majeures :

– un dysfonctionnement de la pensée : l'émotion alimente un flot de pensées récurrentes et incoercibles. Dans l'exemple déjà évoqué au chapitre précédent, je pense à mon hiérarchique avec animosité et je rumine des idées négatives. Même si je décide de me consacrer à autre chose, ces pensées reviennent en boucle, contre mon gré, et pourront même perturber mon sommeil (fait typique du stress relationnel). Ces pensées agissent comme du sel sur une plaie en relançant l'émotion. Plus je ressasse, plus je suis contrarié, et plus je suis contrarié, plus je ressasse !

– des répercussions physiques : pour contenir le débordement le corps se tend, et ce d'autant plus qu'il s'agit d'une émotion à fort potentiel énergétique comme la colère, par exemple. Lorsque la répression concerne des émotions importantes ou plus durables, au-delà de simples tensions physiques, on voit apparaître des troubles fonctionnels divers (digestifs, cardio-vasculaires, cutanés, musculo-squelettiques, etc.).

La répression émotionnelle majore donc les effets négatifs du stress.

Dernier point et non des moindres, cet affect réprimé ne disparaît pas. Alors que nous nous en croyons débarrassés, il attend son heure dans l'ombre et peut l'attendre longtemps (jusqu'à des décennies !).

Notre espace intérieur est amputé par ces kystes d'émotions emprisonnées, comme des expériences d'abandon ou de trahison, des déceptions amoureuses, des frustrations professionnelles. Elles demeurent hors du champ de la conscience jusqu'au jour où une stimulation vient les réveiller sans prévenir. Tel un diable qui sort de sa boîte, l'émotion fait irruption parce qu'un élément présent évoque la situation passée. Nos défenses sont débordées par l'effet de surprise et nous explosons.

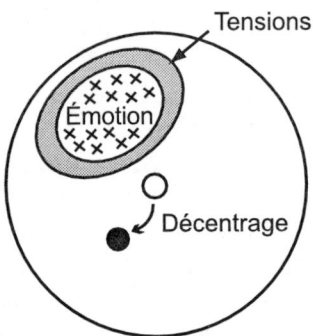

Émotion enkystée

L'emportement émotionnel en situation de stress survient selon deux cas de figure :
– par effet purement quantitatif d'accumulation : confrontés à une succession de contretemps, de contrariétés, à une surcharge de tâches, nous parvenons à nous maîtriser durant un certain laps de temps, puis une goutte d'eau fait déborder le vase. Je travaille à rédiger un rapport important. Appels téléphoniques, passages dans mon bureau, difficultés avec mon outil informatique viennent perturber l'accomplissement de ma tâche. L'énième coup de fil déclenche mon exaspération et je fulmine contre le malheureux, stupéfait d'un tel accueil.

– par effet spécifique : la situation actuelle comporte une similarité avec un événement passé et sensible pour nous. Dans un emploi précédent, mon supérieur d'alors ne m'avait pas soutenu pour obtenir une promotion que j'avais sollicitée. Je ne l'avais jamais « digéré ». Au fond de moi sommeillaient rancœur et déception. Quand, aujourd'hui, mon supérieur me dessaisit d'un dossier, un rapprochement s'effectue dans mon esprit – le plus souvent à mon insu – et j'interprète qu'il me retire son appui. L'émotion passée envahit le présent : ce n'est pas qu'il *pourrait* me trahir, il *m'a trahi*, et je me plains de lui avec cette intime conviction issue de la réalité du passé.

Le cercle vicieux s'aggrave du fait que l'intensité de notre émotion nous persuade de la véracité de notre interprétation. Je suis tellement ulcéré que je ne peux douter de la réalité de la trahison. Notre stress s'en accroît d'autant, et négativement, à cause de l'inadéquation à la réalité : nous ne sommes plus en contact direct avec les faits mais avec notre interprétation.

Stress négatif, aussi, du fait des réactions dictées par l'émotion qui nous écartent d'une bonne adaptation à cette situation – perte de moyens, acte manqué, brusquerie, précipitation, violence. De plus, nos emportements déclenchent fréquemment un stress relationnel qui peut évoluer pour son propre compte, même si la situation initiale se dénoue. Ces débordements s'accompagnent de maladresses, de propos blessants ou de jugements dont les autres nous gardent rigueur. Instinctivement nous le savons bien et, après le moment d'excès, nous nous en voulons de n'avoir pu mieux nous contrôler.

Nous sommes inquiets des conséquences, envahis d'un sentiment de culpabilité d'avoir blessé quelqu'un, en ayant trop ou mal dit, ou honteux d'avoir renvoyé une image de nous-mêmes dévalorisante. Nous en retirons la conclusion qu'il faudra réprimer

avec davantage d'efficacité cette émotion dévasta-
trice. L'alternance de ce système binaire se poursuit,
ponctuée de débordements.

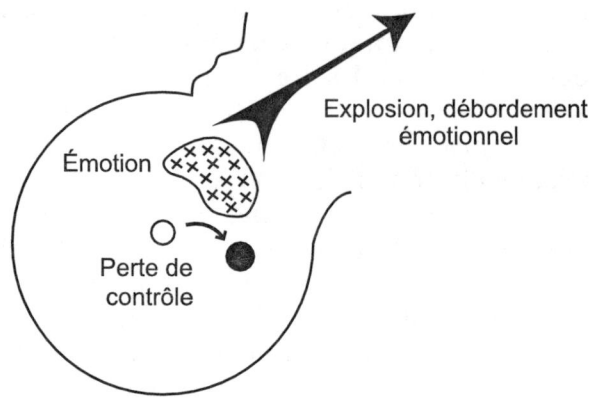

Emportement émotionnel

IDENTIFIER L'ÉMOTION RÉPRIMÉE

Le couple répression/explosion engendre une difficulté supplémentaire. Lorsque nous sommes débordés par l'émotion, il nous est déjà difficile de l'identifier, difficulté encore accrue si nous la réprimons.
Perdant le contact avec l'émotion enkystée ou ravalée,
quelle chance gardons-nous d'en reconnaître la
nature ? Puisqu'elle a été chassée du champ de la
conscience, il nous faut en chercher les stigmates
dans les deux autres pôles, la tête et le corps.
    Sur le plan mental, l'émotion perturbe le cours des
pensées en les accélérant ou les ralentissant, en leur
conférant un caractère obsédant ou en créant une
confusion, un blanc mental. Déjà, à ces premiers
signes non spécifiques, nous pouvons supposer sa
présence dans l'ombre et avoir une première idée de

son intensité. Pour la différencier, c'est l'orientation particulière des pensées, leur coloration qui va nous guider. Si nous les examinons avec un peu de recul, nous observons que nos pensées se teintent d'inquiétude (peur, anxiété), d'agressivité (colère, haine), de pessimisme (tristesse, déprime), de doutes et de jugements (culpabilité), d'euphorie et d'excitation (joie), etc. Ainsi, si je constate que je ne peux m'empêcher de penser à un collègue en critiquant son comportement, c'est que j'ai dû ravaler ma colère contre lui ; si je n'envisage que des mauvais scenarii pour mon avenir, c'est que je dois avoir peur ; si je ne vois pas d'avenir, ou seulement sombre, c'est que je suis triste ou découragé ; si je rumine un événement en me faisant des reproches, il y a de la culpabilité dans l'air.

Formulé ainsi, cela semble une lapalissade pour un observateur extérieur. L'expérience quotidienne montre pourtant que la répression de l'émotion obscurcit notre conscience. Nous devenons inconscients de l'émotion elle-même, des relations qu'elle entretient avec la pensée et avec le corps. Nous pouvons rester de longues périodes à agiter de telles pensées sans même nous rendre compte qu'une émotion les imprègne complètement et les téléguide. En outre, si notre entourage nous le fait remarquer, il arrive fréquemment que nous le rejetions, en rationalisant l'irrationnel de nos pensées par des justifications. Cette réaction s'observe plus encore chez des hommes qui voient comme une faiblesse d'être affectés émotionnellement. Ils affirmeront : « Mais non, je ne suis pas inquiet du tout. Je vois les choses objectivement et c'est évident que ça va mal se passer, parce que... » Si nous n'admettons même pas la présence en nous d'un trouble émotionnel, nous n'avons aucune chance de déterminer sa nature...

Sur le plan corporel, l'émotion réprimée suscite des manifestations variées – le corps parle. L'une des caractéristiques du stress négatif est l'inconscience partielle ou totale de cet état que nous considérons alors comme notre norme de fonctionnement. Trouvant habituel d'être absorbés par des pensées dont la coloration émotionnelle ne nous apparaît pas, il ne subsiste que les signaux émis par le corps pour attirer notre attention sur un trouble réprimé. Dans le flot des activités et des préoccupations qui nous accaparent, nous ne remarquons pas la montée de ce trouble mais, en fin de journée, nous découvrons un mal au dos, à l'estomac, des démangeaisons ou autre, etc. Non seulement le corps nous informe d'un stress mais aussi de l'émotion éventuellement associée. Le langage populaire reconnaît les manifestations corporelles des émotions dont la physiologie éclaire maintenant la signification : j'en ai plein le dos, ça me reste en travers du gosier, je l'ai sur l'estomac, le cœur, j'ai une chape de plomb sur les épaules, le ventre noué, etc. Nous avons donc une possibilité de l'identifier grâce à ce « langage » du corps.

En parlant de langage du corps, on peut en distinguer deux niveaux différents. Le premier, littéral, est corrélé aux modifications physiologiques de l'émotion, par exemple l'afflux sanguin dans le visage et les tensions musculaires de la colère ; il est commun à l'espèce humaine, donc universel. « Il est rouge de colère, blanc de peur, les jambes flageolantes d'appréhension, etc. » Au sens strict, il s'agit de signes plutôt que d'un langage.

Le second, symbolique, tient à l'histoire particulière de l'individu et à ses conditionnements éducatifs et culturels ; il demande donc à être interprété dans ce contexte personnel et culturel particulier. Il n'aurait pas la même valeur pour un autre individu ou dans une autre culture. Ce symbolisme où le corps traduit des représentations mentales chargées d'affects (par exemple, un symptôme physique particulier apparaît chaque fois qu'une personne vit une rupture), vu sa complexité, demanderait un ouvrage à part entière. Nous nous bornerons ici au « langage » littéral des émotions.

LE LANGAGE CORPOREL DES ÉMOTIONS

Si nous nous limitons aux quatre émotions fondamentales, peur, tristesse, colère et joie, le ressenti corporel que nous pouvons avoir de leurs manifestations physiologiques nous donne des indications assez précises. Elles constituent deux paires opposées : deux émotions chaudes et expansives, deux émotions froides et de retrait. Leur localisation les réunit aussi par paires contrastées, colère et peur qui siègent au ventre, tristesse et joie, au cœur. En effet, dans le développement de chaque émotion, nous pouvons percevoir un foyer de départ et le mouvement de diffusion.

La colère part du ventre, avec une sensation de chaleur et de pression, elle irradie dans les reins et remonte vers le cœur, puis à la tête. Sa voie d'expression se fait par les quatre membres (frapper avec les poings, piétiner, trépigner) et par les cris. C'est une émotion hautement dynamique et expansive qui réclame que nous nous affirmions, en posant nos limites ou en demandant un changement. Quand elle est réprimée dans son mouvement, compte tenu de sa forte charge énergétique, les tensions seront nombreuses : douleurs abdominales (côlon), lumbago, impatiences dans les jambes, tensions dans les bras et les mains, poussée d'hypertension et palpitations cardiaques, transpiration chaude, blocage ou douleurs de la nuque (pour éviter de regarder l'objet de notre ressentiment), crispation des masséters (serrer les dents pour ne pas exploser vocalement), « blanc » mental (quand l'excès d'énergie fait « sauter les

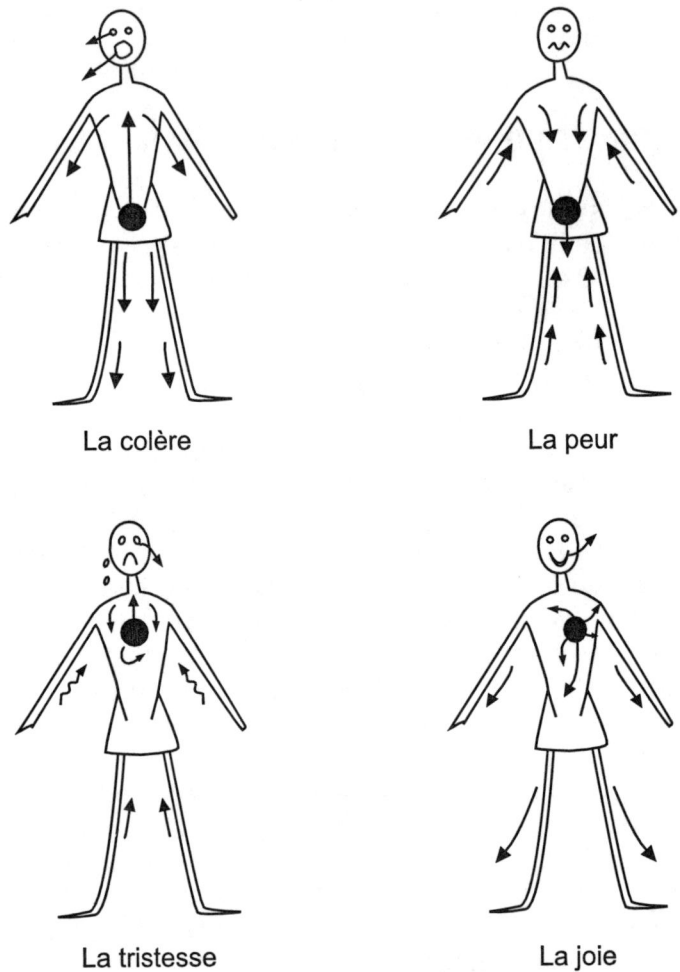

La colère   La peur

La tristesse   La joie

Vécu corporel des quatre émotions fondamentales

plombs »), pincement des narines (« je ne peux sentir Untel »), troubles visuels (« je ne peux pas le voir »). La répression exigeant une dépense d'énergie supérieure à celle de la colère, nous sommes épuisés lorsque nous la réprimons. Certains « coups de pompe » incompréhensibles s'expliquent ainsi. Dans la relation avec les autres, la colère réprimée engendre deux attitudes principales, se renfermer et bouder, ou prendre les autres à témoin pour les convaincre du préjudice que nous subissons.

La peur se tient aussi dans le ventre, au départ. À l'opposé de la colère, elle nous glace, nous paralyse. Nous avons l'impression que nos veines se vident de leur sang et que notre énergie nous quitte par le ventre (au point de nous donner la diarrhée). Nos membres sont sans force, les jambes flageolent et les mains tremblent. Nous en avons des sueurs froides. La répression de la peur laisse pour séquelles un froid intérieur, une envie de se rétracter, une grande fatigue, une accélération du transit intestinal, un pouls rapide et sans tonus, un blocage du diaphragme donnant une respiration thoracique superficielle, une voix détimbrée, un regard fuyant, une maladresse et une tendance à nous faire mal. Soit nous voyons de l'urgence à agir, à intervenir compulsivement soit, au contraire, nous voulons fuir l'action, éviter les confrontations, et perdons tous nos moyens. Nous sommes agités. Nous perdons le fil de nos pensées et trébuchons sur les mots. Nous n'allons pas vers les autres ou alors nous nous raccrochons à eux. En effet, nous cherchons à être rassurés, à être aidés, protégés, à nous mettre à l'abri.

La tristesse siège dans le cœur. Elle apporte une sensation de pesanteur, de ralentissement, de froid, une tendance au repli qui se renforce quand nous la réprimons. Nous sentons un vide et le mouvement nous coûte. Au maximum, elle nous rend complètement statiques, prostrés. L'expression de la tristesse produit pleurs et sanglots. Sa répression nous rend sans tonus ni envie de bouger, avec une respiration de faible amplitude, une sensation de lourdeur et de resserrement dans la région du cœur, une boule dans la gorge (les sanglots bloqués), un visage figé, des picotements dans les yeux et des muqueuses nasales congestionnées (les larmes retenues). Nous vivons au ralenti avec une gestuelle minimaliste. Nous nous tenons à l'écart des autres, repliés dans notre solitude, et parler nous coûte. Au fond, nous avons besoin de contact et de réconfort, voire de consolation.

La joie jaillit également du cœur mais engendre des sensations opposées. Nous sommes légers, vifs, expansifs, avec l'envie de bouger, chanter, sauter, danser. Le sang qui coule dans nos veines est chaud, et nous avons un sentiment de plénitude. Elle nous donne envie d'inspirer à pleins poumons. Comme la colère, la joie produit un mouvement centrifuge. Elle nous fait rechercher le contact des autres pour partager avec eux. Sa répression produit des tensions musculaires par tous les mouvements inhibés, une difficulté à tenir en place, à se taire, une sensation d'oppression dans la cage thoracique et le cœur.

LA CONSCIENCE DES ÉMOTIONS

Un tel tableau des quatre émotions fondamentales pose quelques questions :

Comment méconnaître une émotion en présence de signes aussi caricaturaux ? D'une part lorsque nous réprimons une émotion, c'est que nous ne voulons pas la ressentir. Mais cette décision se prend « automatiquement » du simple fait de nos conditionnements, sans participation consciente. Notre attention est tournée vers l'extérieur, absorbée par l'événement ou captée par nos pensées. Tout s'oriente en nous pour éviter de la reconnaître. En outre, alors que l'association de tous les symptômes rendrait le diagnostic aisé, le tableau se trouve rarement au complet. Habituellement un signe ou deux, pas plus, nous avertissent de la répression émotionnelle. Une lourdeur, un repli seront par exemple les seuls signaux d'une éventuelle tristesse, des tensions musculaires lombaires, d'une colère, un léger tremblement et une maladresse, de la peur.

L'ensemble des signes témoigne d'une émotion intense. Le tableau de la peur évoque le ressenti de quelqu'un qui vient d'échapper à un accident. Les situations professionnelles ne nous mettent pas en danger physiquement, ni n'exigent de nous un pugilat quand nous sommes en conflit. Il s'agit d'émotions ayant une cause psychologique, comme la peur du rejet, de l'exclusion, du jugement, etc. Bien que ces émotions aient un caractère beaucoup moins spectaculaire, elles occupent une place infiniment plus déterminante au quotidien, en sous-tendant maint comportement. Leur expression corporelle, quoique plus discrète, reste néanmoins perceptible et pourra nous guider pour les détecter.

Comment en arrive-t-on à réprimer une émotion agréable, la joie ? Par crainte que les autres en prennent ombrage et nous envoient une flèche au moment où nous sommes le plus ouverts ; ou par peur que le « bon » ne dure pas – il se paye tôt ou tard d'un coup du sort. Mieux vaut ne pas se réjouir car la chute serait d'autant plus rude. Ces deux exemples montrent que deux émotions entrent parfois en conflit, générant un stress négatif, ici la peur avec la joie.

La répression de l'émotion entraînant des troubles dans les sphères mentale et corporelle, qu'en est-il dans la sphère affective ? L'émotion joue un rôle central dans notre relation avec le monde et les autres ; la psychopathologie comme les recherches psychologiques les plus récentes le montrent d'évidence. En la réprimant, nous nous coupons de notre sensibilité et donc d'une qualité de contact avec la vie qui en fait le sel. Bien sûr, l'émotion comporte un caractère excessif qui nous déstabilise mais l'anesthésie qui l'étouffe, à l'instar d'une anesthésie chimique, supprime non seulement le phénomène douloureux mais aussi toute sensation, même agréable. De ce fait, des pans entiers de notre sensibilité échappent à notre conscience, ceux-là mêmes qui nourrissent l'intuition de leurs perceptions. Nous perdons ces précieuses informations sur nous-mêmes et sur les autres qui nous guideraient naturellement dans la décision. Retrouver un contact vivant avec nos émotions nous restitue nos capacités intuitives.

On peut distinguer deux stades dans la répression, ressentir en soi l'émotion mais empêcher son expression (nous savons encore qu'elle est là), ou bien la bannir totalement au point de ne plus l'éprouver. Dans la connaissance de nous-mêmes, nous avons intérêt à effectuer un sondage très simple, pour chacune des émotions fondamentales :

Relation avec les émotions fondamentales

	PEUR	COLÈRE	TRISTESSE	JOIE
Je peux ressentir en moi	- - - - -	- - - - -	- - - - -	- - - - -
Je peux exprimer aux autres	- - - - -	- - - - -	- - - - -	- - - - -

Coter de 0 : jamais
      1 : parfois
      2 : souvent
      3 : très facilement

Ceci pour savoir si l'une ou plusieurs d'entre elles sont censurées en moi-même ou vis-à-vis de l'extérieur et pourquoi. Compte tenu de nos conditionnements éducatifs, nous supportons mal certaines de nos émotions. L'un n'admettra pas la tristesse, l'autre exècre la colère, a honte de sa peur, etc. Des approches de vulgarisation psychologique ont schématisé ainsi des « profils » assez répandus, tels ceux pour qui peur et tristesse sont assimilées à de la faiblesse et donc proscrites, ceux que la colère effraie et qui cherchent à se faire accepter à tout prix en ravalant leur irritation, ceux qui visent le perfectionnisme et que les effusions émotionnelles de tout bord rebutent, ceux qui se sentent coupables s'ils éprouvent du plaisir ou de la joie... Les stéréotypes masculin et féminin admettent mieux la colère chez l'homme que chez la femme ; la peur et les pleurs, à l'inverse.

En examinant plus profondément ces difficultés d'accepter une émotion fondamentale, nous trouvons presque toujours un conflit avec une autre émotion : colère d'être triste, honte d'avoir peur, peur d'être en colère, culpabilité d'éprouver du ressentiment. La situation de stress fait surgir une émotion primitive qui est contrecarrée par une émotion secondaire, dans son expression, ou complètement étouffée à notre insu. Le conflit intérieur fait immédiatement basculer le stress du côté négatif. Dans ces émotions secondaires inhibitrices, nous retrouvons au premier rang la peur – peur de perdre le contrôle, peur d'être jugé, rejeté, abandonné, ridiculisé –, puis la honte et la culpabilité. L'émotion secondaire, généralement assortie de jugements négatifs (c'est minable d'avoir peur, mal d'être agressif, ridicule de pleurer), peut donc masquer totalement l'émotion primitive. Le conflit inter-émotions soulève alors la question d'une possible harmonie qui laisse à chacune d'elles un espace de liberté.

L'ÉQUILIBRE ENTRE LES ÉMOTIONS

Lorsque nos émotions ne sont pas entravées par la censure, elles se dissipent naturellement ou se transforment. Pour la même situation, nous voyons par exemple se succéder la peur, la révolte et la colère, un abattement triste ; et, à chaque fois, nous envisageons une réponse complètement différente à cette situation : j'apprends lors d'une restructuration que je risque d'être licencié, j'ai peur que cela m'arrive et ma première réponse ira dans le sens « profil bas » en espérant échapper à la purge, puis je me dis qu'avec tout ce que j'ai apporté à l'entreprise quand d'autres en ont fait beaucoup moins, c'est scandaleux ; je deviens furieux et je suis prêt à défendre ma position, bec et ongles. Je pense ensuite que, décidément, je ne suis pas reconnu à ma juste valeur, ce qui me plonge dans la tristesse et me donne envie de tout planter là. Enfin je me sens soulagé et content, parce que, au fond, ça fait un moment que je ne progresse plus dans cette entreprise. J'avais envie de changer et voilà le déclic qui manquait pour me décider à partir.

Chaque émotion apporte sa contribution à la perception de la situation mais aucune ne nous conduirait à une adaptation idoine à la réalité. En revanche, si nous ne les prenons pas au pied de la lettre, observer la fluctuation entre ces différentes colorations rend notre appréciation plus nuancée et nous montre que la situation peut être envisagée de bien des manières qui représentent autant de facettes complémentaires. La peur nous incite à la prudence, la colère à nous défendre et nous affirmer, la tristesse à prendre du recul, le contentement à envisager des perspectives nouvelles. La liberté d'éprouver ces différentes émotions permet qu'elles s'équilibrent entre elles : sans l'éclairage de la peur, nous pourrions réagir avec témérité, sans celui de la colère, en victime, sans celui de la tristesse, en décidant trop vite, sans celui de la joie, en restant accroché au passé. La censure de l'une des émotions fait barrage au flux de transformation et nous nous enlisons systématiquement dans celle que nous nous permettons. Si, chez moi, la colère est frappée d'interdit mais la peur autorisée, je vais rester dans la crainte et donc dans une attitude de soumission ou de fuite. Rien ne pourra vraiment me rassurer ni me rendre confiance en moi, tant que je n'aurai pas recontacté ma colère. Un autre explosera de colère à toute occasion car il a banni les larmes et ne s'accorde jamais d'être triste ni blessé, alors qu'un troisième se noiera dans un désespoir sans fin parce qu'il rejette la colère ou la joie.

Par ces exemples banals, nous mesurons combien la fluidité émotionnelle constitue un atout précieux pour l'intuition, comme source d'information, comme voie d'accès à une palette plus large de ressources personnelles, comme condiment dans la perception de la vie. Elle joue donc un rôle positif sur le *coping* (capacité à faire face) et la résistance au stress négatif.

L'ÉMOTION CONTRÔLÉE

La répression de l'émotion n'offrant qu'une voie sans issue, nous devons trouver avec elle un *gentleman agreement*. Nous ne saurons la contrôler qu'en acceptant sa présence. Lorsqu'en situation de stress nous sommes confrontés à une tension intérieure qui résiste à nos efforts de détente et de discernement, nous pouvons à juste titre soupçonner la présence d'une émotion réprimée.

Demandons-nous simplement ce que nous ressentons : ai-je peur, suis-je énervé, contrarié, déçu, attristé, etc., afin de pouvoir reconnaître et nommer ce qui nous touche. Dévoiler l'émotion qui s'agite au fond de nous nous donne un premier recul et nous permet de mesurer son influence sur nos processus de pensée. Si je sais que mes pensées sont nourries par la colère, je serai moins enclin à les prendre pour argent comptant. Il ne suffit pas de reconnaître l'émotion, il faut encore l'accepter. Dans les situations de stress nous ne voyons pas surgir nos émotions favorites mais plutôt celles qui nous dérangent. Accepter l'émotion rencontre des résistances consistantes et représente une démarche requérant patience, détermination et subtilité. Signe qu'elle a été acceptée, nous découvrons une détente et une liberté de choix quant à son expression. L'acceptation rend possible une modulation, depuis un vécu purement intériorisé jusqu'à la pleine expression de l'émotion. Elle ne déborde plus malgré nous ; nous restons centrés, en contact avec elle et décidons, en fonction des circonstances, jusqu'à quel point nous la laissons s'extérioriser. Inutile de préciser que cette maîtrise véritable demande bien de l'exercice...

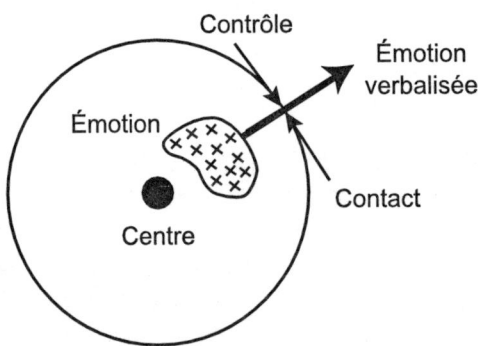

Expression contrôlée de l'émotion

Nous jouissons d'une faculté irremplaçable pour parvenir à ce résultat, **la parole**. Simplement, pouvoir dire ouvertement : « je suis triste, très en colère, j'ai peur... » produit un effet instantané, puisque à ce moment je prends acte de ma réalité intérieure et je participe à la situation entièrement avec ce que je suis.

La conscience et le pôle mental, en assumant par la parole l'émotion qui emplit le cœur, lui offrent un canal d'expression. L'espace intérieur se libère, le corps retrouve une fluidité de mouvement et la pensée reprend un cours plus serein. Grâce à l'émotion, nous pouvons connaître nos points sensibles : elle nous signale que nous avons été touchés au vif : chaque fois qu'on me critique, je suis extrêmement blessé, je suis triste et j'en veux fortement à l'auteur du mal. Cela me signale une fragilité dans ma confiance en moi qui mériterait un examen plus approfondi. Si l'existence nous confronte à des situations infiniment variées, par chance, ces points sensibles se limitent à un petit nombre pour chacun de nous.

Au-delà des circonstances particulières et toujours différentes, semblables aux multiples feuilles d'un arbre, nous pouvons remonter vers l'une des branches maîtresses qui caractérisent nos fonctionnements émotionnels. Il nous devient possible d'admettre qu'il suffit d'un détail pour réveiller notre point sensible et déclencher une réaction de refus et donc de stress négatif : chez l'un ce sera le sentiment d'injustice, chez l'autre l'humiliation et tout ce qui évoque un rapport de forces, chez un autre, le jugement et la reconnaissance, la question de l'image, ou encore le rejet, l'abandon, la trahison... Tout ceci renvoie bien sûr aux marques du passé, à l'origine de cette réactivité.

Cet agent commercial finit toujours par se retrouver dans un rapport de forces avec ses patrons successifs. Il trouve leur autorité abusive et entre en conflit avec eux jusqu'à ce qu'il soit obligé de partir. Son père, violent et autoritaire, l'avait « cassé » dans son enfance et il répète ce scénario douloureux dans sa vie professionnelle.

Nous pouvons alors mieux discerner entre l'impact des faits objectifs actuels et la souffrance provenant de cette cicatrice toujours prompte à se rouvrir. Il nous faut en effet reprendre l'entière responsabilité de cette dernière, en tant qu'adultes, en reconnaissant qu'elle appartient à notre histoire. Sans cet effort de discernement, l'émotion envahirait nos processus de pensée, générant des projections massives et des interprétations erronées. La qualité adaptative de la réponse que nous donnerions à la situation s'en trouverait fortement altérée, d'une part, et, d'autre part, nous en retirerions le sentiment que la vie nous frappe – à tort – toujours au même endroit.

Enjeu capital, donc, d'amener à la lumière de la conscience ce point sensible ! Il nous gouvernerait entièrement sinon, et nous maintiendrait en sempiternelles victimes de la vie. Nous comprenons ainsi la signification du « Connais toi toi-même » socratique. L'adage complet ajoute en effet : « Car tu connaîtras l'univers et les Dieux. » Comment saurions-nous voir l'objectivité des faits qui tissent l'univers si un dynamisme émotionnel puissant nous emporte et envahit nos facultés mentales ? Nous interprétons, ramenons l'événement à notre histoire personnelle, ce qui nous empêche de voir les faits tels qu'ils sont. Étonnant paradoxe que le phénomène émotionnel qui, tout en nous décentrant en vérité, nous projette au centre du monde, comme si tout gravitait autour de nous. En caricaturant légèrement, l'embouteillage qui retient mon véhicule participe à une conspiration générale pour me retarder lorsque je suis justement pressé. Même si la part la plus raisonnée ne se laisse pas prendre entièrement à cette interprétation, ma réaction de stress, elle, laisse transparaître que je le vis comme une injustice commise à mon encontre.

Si j'ai appris à mieux me connaître, j'ai pu observer, par exemple, le caractère totalement passionnel de mon rapport au temps, que je vis contre la montre. À moins d'un miracle, le moindre grain de sable dans mon emploi du temps me met en crise. En intégrant cette prise de conscience, je cesse de vouloir faire tourner le monde autour de moi et que tout se plie à mon rythme trépidant. Je reviens à la place plus humble d'élément au sein d'un ensemble, position infiniment plus reposante. Dans le contexte de l'entreprise, des points émotionnels sensibles comme la peur du jugement, la dépendance affective, la tendance aux rapports de forces, pour n'en citer que quelques-uns, représentent une somme de stress négatif considérable et quotidienne, tant qu'ils nous manipulent inconsciemment. Les tensions disproportionnées qu'ils alimentent nous signalent leur existence et nous permettent de les mettre à découvert.

La puissance perturbatrice d'un point sensible plus fondamental en nous rend cette démarche ardue et il nous faut aller plus loin dans la compréhension des sources de cette émotion avant de parvenir à un véritable contrôle.

LES BESOINS AFFECTIFS

Nous avons déjà abordé la dimension historique de l'émotion qui mêle au présent de la situation des projections d'un passé parfois très ancien.

Au temps présent, l'émotion traduit fréquemment la réaction à un besoin affectif non satisfait : tristesse par manque de soutien ou de contact, peur par manque de réassurance, colère par manque de reconnaissance ou de respect, etc. À la différence de l'émotion, phénomène passager, les besoins affectifs orientent notre vie psychique sur des périodes beaucoup plus longues. Si un besoin n'est pas consciemment reconnu et accepté, il s'exprime de manière négative par des émotions. Il importe donc de le rendre conscient pour rechercher comment le nourrir, en tirant parti au mieux des circonstances. On économise alors bien des émotions négatives. Si je constate que, derrière des colères récurrentes, un besoin de reconnaissance frustré réclame, je peux réfléchir à la manière la plus intelligente de lui donner satisfaction. Cela me conduira éventuellement à changer d'environnement humain, de poste, d'entreprise, à reprendre une formation, etc. Au lieu de constituer un frein et une source de tension, le besoin devient moteur d'évolution et d'une adaptation qui tient compte à la fois de ce que je suis subjectivement et de la réalité extérieure.

Dans cette situation qui m'angoisse, j'aurais juste besoin que quelqu'un de bienveillant me pose la main sur l'épaule et me prodigue un encouragement. Pourquoi ne pas le solliciter ?

Trop souvent nous pensons que nous sommes « grands », que nous devons surmonter ce moment de vulnérabilité en serrant les dents et que nous pouvons parfaitement nous passer de témoignages sensibles de la part des autres. Nous nous croyons au-dessus de ces besoins ou les ignorons même complètement.

Dans le monde du travail, la méconnaissance du besoin de reconnaissance induit des frustrations énormes et omniprésentes. Bien des personnes prétendent en être affranchies et ne plus attendre des signes qui ne viennent pas. Et pourtant, elles sont démotivées et moins investies dans leur travail ou critiques envers leurs supérieurs, leurs collègues.

La frustration provient de niveaux différents qui

vont de l'élémentaire courtoisie des rapports quotidiens à des aspects beaucoup plus spécifiques :

– être reconnu dans son existence, salué, et non traité comme un meuble qu'on ignore et qu'on déplace ;

– être reconnu comme une personne douée d'intelligence et de sensibilité, qu'on prendra au moins la peine d'informer de changements la concernant et, mieux encore, de consulter ;

– être reconnu comme une personne capable de donner un avis intéressant pour le travail (le sien ou celui d'un service, d'une entité) ;

– être reconnu pour le travail correctement effectué en temps et en heure ;

– être reconnu dans un sur-effort, dans une contribution particulière, dans une implication pour l'intérêt collectif ;

– être reconnu pour ses qualités humaines et son potentiel.

Un premier écueil consiste à dénier en soi le besoin si l'extérieur ne le comble pas spontanément. En effet, la frustration crée une souffrance récurrente. Pour ne plus souffrir, on va se convaincre, comme le renard de la fable, qu'en fait nous n'avons pas tant besoin et même pas besoin du tout – les raisins convoités, mais hors de portée, sont trop verts et bons pour les goujats ! Une fois réprimé, le besoin alimente des tensions et des émotions négatives dont nous ne comprenons pas l'origine... Les émotions, les modifications comportementales ou des symptômes physiques deviennent alors les indicateurs qui nous mettront sur la piste. Si nous ne remontons pas jusqu'à lui, nous ne viendrons pas à bout de ces symptômes qui reviendront à la charge tant que nous n'entendrons pas.

À court et moyen terme, la répression, engendrant une lutte contre soi-même, favorise le stress négatif ; à long terme, du fait de la privation d'un apport qui nous est nécessaire (un besoin nié n'a aucune chance d'être nourri), elle devient facteur de désinvestissement puis de dépression. Il importe vraiment de ne pas se dissimuler la demande de reconnaissance, par exemple, somme toute bien compréhensible. Quand nous nous investissons au travail, être reconnu, au terme d'un cycle d'action, génère un renouveau de motivation qui portera le cycle suivant. Nous avons donc tout intérêt à prendre en compte ce besoin.

« Mais, direz-vous, cela me fait une belle jambe de m'avouer ce besoin, ce n'est pas pour autant que l'extérieur, mon patron, par exemple, va y répondre. Je ne demanderais que ça mais lui trouve normal que je fasse correctement mon boulot et que seules mes défaillances doivent être soulignées. Alors autant passer cette attente aux oubliettes. »

De fait, la satisfaction des besoins ne coule pas de source et nous oblige à sortir d'une position d'attente passive. L'héritage du passé joue là un rôle majeur. De l'enfance nous avons appris :

– soit à ravaler certains besoins, désespérant d'obtenir une réponse – nous sommes devenus « sourds » à leurs appels comme nos éducateurs l'ont été ;

– soit à attendre qu'on les devine, imaginant que l'autre les percevra d'évidence, comme un bon parent.

Le monde du travail nous suppose adultes et donc capables d'identifier nous-mêmes nos besoins et de leur chercher activement une réponse. Une part importante de reconnaissance provient de moi-même : je vois ce que j'ai accompli, j'apprécie l'effort que j'ai fourni et je contemple ce que j'ai produit, pour goûter la fin du cycle d'action, comme l'alpiniste en haut du sommet ; je me ressource avant de m'engager dans ce qui suit. Si je constate que cela ne me suffit pas et qu'un apport extérieur m'apparaît nécessaire, je vais être confronté à l'épineuse question de la demande. Épineuse si, pour moi, demander c'est s'abaisser, ou c'est s'exposer à un jugement, ou aller au-devant d'un refus. En ce cas je vais éprouver des difficultés notables à ouvrir la bouche ! Demander implique que nous admettions l'éventualité du oui comme du non tout en cherchant avec intelligence à obtenir un oui. En sachant ainsi convaincre notre hiérarchique qu'il y va également de l'intérêt de l'entreprise de savoir répondre à ce besoin de reconnaissance : sinon il se transforme en facteur de stress négatif, engendrant une démotivation au niveau personnel, des rancœurs et tensions relationnelles, et une perte d'efficacité et des blocages sur le plan organisationnel. Matthieu, un commercial, a vécu cette situation si fréquente dans le monde du travail :

> Très investi dans son secteur, il ne ménage pas sa peine pour constituer un réseau fidèle à ses produits. Ses ventes augmentant, il se réjouit d'annoncer ses scores à la prochaine réunion d'équipe, persuadé de recevoir le trophée. La fin de la réunion approche, les bilans ont été projetés, mais il n'entend aucune remarque positive, malgré l'excellence de ses résultats. L'air lui manque et il s'étouffe carrément à l'annonce de la réorganisation de l'équipe. Venu récolter des lauriers, il reste le souffle coupé ! Lui a réalisé et dépassé ses objectifs mais pas l'équipe... Son chef, très concerné, négligeant la performance de Matthieu, ne voit que l'insuffisance de l'ensemble et annonce une réorganisation imprévue au sein de l'équipe. Matthieu perd son secteur et doit reprendre celui d'un collègue notoirement insuffisant. Il doit abandonner son œuvre à un autre et tout recommencer. On imaginera aisément son stress devant une situation si peu conforme à ses attentes. Le lendemain, l'intranet diffuse à l'ensemble des équipes de vente la réorganisation, sans que ses bons résultats ne soient mentionnés – à croire qu'on veut lui infliger un blâme ! Reconnu, il eut donné le meilleur de lui-même dans ses nouvelles attributions, au lieu de se sentir désavoué et donc démotivé et stressé.

La vie professionnelle n'attise pas que le besoin de reconnaissance et, pour ne citer que les principaux, elle nous confronte encore à différents niveaux de besoin. Puisque le propos de ce livre concerne avant tout ce que nous pouvons pour nous-mêmes, nous les évoquons ici, non pour convaincre les managers de les prendre en compte, mais pour que nous-mêmes les reconnaissions et cherchions les moyens d'y répondre. Ce sont des besoins :

– de soutien et d'encouragement, en osant solliciter ces témoignages auprès de notre entourage, notamment en période de surcharge, de tâche difficile, de prise de responsabilité, si nous voulons nous donner le maximum de chances de réussir ou de tenir bon ;

– d'échange, de contact et de solidarité, en sachant nous créer un réseau, pour élargir notre horizon, stimuler notre motivation, réveiller notre créativité ou faire face à une période tendue ;

– de respect de notre différence individuelle, pour apporter le meilleur de notre compétence et notre charisme personnel, en veillant à demeurer proche de nous-mêmes et de nos valeurs, sans quoi, sous prétexte d'intégration, nous aboutissons à une uniformisation appauvrissante ;

– de considération, en ne nous laissant pas maltraiter sans rien dire ;

– d'expression de soi, en cherchant à témoigner de ce que nous sommes dans nos actions ;

– de découverte et défi, en ayant l'audace de quitter des sécurités, de solliciter des fonctions différentes et nouvelles, des responsabilités ;

– d'affirmation, en osant exprimer une opinion, prendre position, dire non, dans le cadre d'une relation duelle, au sein d'un groupe, face à une assemblée ;

– de donner, en s'offrant le luxe d'écouter, de soutenir, d'encourager et de faire avancer ceux qui nous entourent ;

– de réalisation personnelle, en cherchant ce qui

nous correspond vraiment, au-delà des questions d'image, en sachant relever des défis. Ce dernier besoin dépasse la dimension affective et englobe nos dimensions intellectuelles et corporelles. Il s'inscrit dans le long terme et réclame de notre part des efforts soutenus et exigeants.

À plus court terme, dans notre quotidien professionnel, le besoin de réalisation nous fait priser les responsabilités et se retrouve dans le besoin de décider pour nous-mêmes, de disposer d'informations suffisantes pour agir sur notre environnement, prendre des initiatives, pouvoir organiser notre travail et obtenir des retours sur les effets de nos actions. Dès que nous nous trouvons en position de subir au travail et que nous perdons notre latitude de décision, notre niveau de stress négatif augmente avec son lot de somatisations.

À cet égard, l'entreprise délivre des messages souvent ambigus, voire contradictoires. Les structures en réseau qui remplacent les hiérarchies pyramidales demandent une part importante d'autonomie dans les décisions. Nous évoquions dans l'introduction cette chimiste, d'abord responsable de production puis de la qualité, qui se trouvait écartelée entre les exigences contradictoires de ses deux fonctions successives. L'obligation de résultat et la tyrannie des délais transforment une autonomie apparente en une double contrainte angoissante : « Prenez des initiatives mais vous n'avez pas le droit à l'erreur ! » – la directivité dissimulée sous une prétendue non-directivité. Avec la suppression des niveaux hiérarchiques intermédiaires, la répartition plus floue des responsabilités, le risque de se laisser piéger s'accroît. On peut alors avoir le sentiment d'en porter à l'excès et, à l'inverse, de ne trouver en face de soi qu'interlocuteurs qui se dérobent, la responsabilité se diluant dans un groupe en l'absence d'un référent dûment désigné. Dans ce contexte, des cadres en arrivent à se surcharger considérablement, leur besoin d'autonomie et de réalisation personnelle étant ainsi, sciemment ou pas, manipulé.

Dans une structure autonome qui organise des événements sous la tutelle d'une collectivité régionale, Flora encadre un personnel peu qualifié et mal rémunéré. La direction, en revanche, se montre exigeante dans ses projets et attend d'elle qu'elle obtienne le maximum. D'un côté, l'équipe se montre rétive, récrimine ou fait de la résistance passive. Ses directives sont mal respectées. Elle déborde largement ses horaires, pallie comme elle peut les carences de ses subordonnés. De l'autre, les directeurs ne manquent pas une occasion de pointer ses insuffisances, pourtant minimes. Au lieu de protester contre la surcharge qui l'accable et le manque de moyens, elle tente de se justifier maladroitement. Flora, dont c'est le premier poste de cadre, a un grand souci de bien faire, cherchant autant à faire évoluer son équipe et à obtenir des revalorisations de salaire pour tous qu'à satisfaire sa hiérarchie. Elle s'épuise à dépasser constamment sa limite et finit par consulter son médecin pour de violents maux de tête, d'apparition récente. On lui découvre une hypertension artérielle... Son désir de faire ses preuves est manifestement utilisé par sa direction, de manière assez cynique. Elle donne beaucoup, coûte peu, et les dysfonctionnements lui sont imputés !

Le manque d'un périmètre clairement défini entraîne à dépasser ses limites et à travailler toujours davantage. Les cadres peuvent facilement croire qu'ils ne sont pas à la hauteur, alors qu'on « leur fait confiance et leur laisse toute latitude » et se laisser prendre dans l'engrenage du *burn-out*. La subtilité franchit parfois un stade de plus quand ils ont à choisir eux-mêmes leurs objectifs. La suggestion, une ambiance de compétition conduisent aisément à outrepasser un niveau raisonnable de performance. Ils deviennent alors leurs propres bourreaux et peuvent se retourner seulement contre eux-mêmes – le stress négatif par excellence.

La conscience de nos besoins, déjà importante si nous voulons éviter d'être manipulés par le truchement de ces points sensibles au travail, dépasse largement ce cadre puisqu'elle concerne l'harmonie entre les différentes facettes de notre vie. La connaissance et le respect de leur hiérarchie relative, évolutive au long de notre existence, nous permettent de trouver un réel équilibre et un épanouissement durable. Cette structuration intérieure nous rend beaucoup moins vulnérables aux attaques du stress négatif. Selon quels critères ordonner nos besoins, à quoi donner la priorité, comment distinguer l'essentiel de l'accessoire ?

SE CONNAÎTRE POUR S'ACCEPTER ET CONDUIRE SA VIE

L'acceptation de la réalité, comme nous l'avons détaillée dans le chapitre précédent, comporte non seulement les faits extérieurs mais aussi les phénomènes intérieurs activés par la stimulation présente. Si l'intellect, grâce à un effort de rigueur, peut s'attacher à voir et à admettre les choses comme elles sont, il reste souvent démuni devant les profondeurs du psychisme et leur caractère irrationnel – émotions, besoins affectifs, désirs contradictoires. Le processus d'acceptation débute au plan mental, condition nécessaire mais insuffisante, et doit surtout l'emporter dans la sphère émotionnelle et le corps. Le moment critique de l'acceptation se joue dans le cœur. Quand le cœur dit oui, le corps se détend spontanément du fait de la relation physiologique qui l'unit à l'émotion. Mais, comme au plan mental, l'acceptation exige de voir clair, donc de savoir ce qui est touché en nous. Nous rencontrons là l'obstacle majeur – à la fois le plus ardu et le plus habituel – que nous ayons à traverser pour désamorcer le stress négatif.

L'acceptation de ce que nous sommes représente en vérité un grand accomplissement puisqu'elle suppose déjà de connaître ce que nous portons en nous, de plaisant comme de déplaisant, et surtout de nous familiariser avec des couches du psychisme qui ne se manifestent pas en termes explicites à notre conscience. L'introspection requiert patience et finesse d'observation. Pour la plupart d'entre nous, ce monde interne apparaît comme une pièce obscure où nous ne savons que tâtonner aveuglément. Quand un malaise généré par une situation de stress surgit, le discernement nous aide à identifier les faits en cause sans trop de difficulté mais, pour savoir ce qui s'agite en nous sous la forme d'un vague sentiment désagréable, il nous faut une bonne dose de clairvoyance : comment distinguer entre une émotion, un désir non assumé, un besoin en souffrance, une aspiration au changement, alors que la censure ou le conflit interne embrouille les pistes à plaisir ?

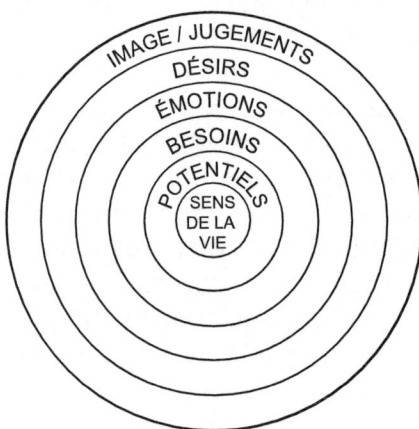

Se connaître soi-même

De même que le corps nous fournit des repères pour identifier une émotion, nous pouvons découvrir en nous des niveaux distincts. Les plus accessibles sont conscients et très liés aux représentations mentales, donc verbalisables, et les plus profonds touchent au cœur de notre être et à l'indicible.

De la surface à la profondeur

Les préoccupations touchant ce que nous présentons aux autres, notre apparence, l'**image** que nous voulons avoir et donner, ce niveau très imprégné de jugement entre fréquemment en conflit avec d'autres, plus profonds. Je souhaite apparaître comme une personne proche des autres, « cool ». Au cours d'une réunion où l'on répartit des responsabilités, je me crispe intérieurement en voyant mon collègue mieux loti que moi tout en lui disant que je suis content pour lui : en fait je suis beaucoup plus ambitieux que je ne le reconnais, et ce désir se heurte à l'image conviviale que je veux renvoyer.

Dans un autre registre, un cadre très stressé, pour éviter de montrer à quel point il est fragilisé, préfère prendre un traitement anxiolytique et antidépresseur pour sauver les apparences. Sa décision mériterait d'être discutée, suivant son contexte professionnel.

Les **désirs** appartiennent à de multiples registres : pour simplifier, nous pouvons les diviser en trois catégories, ceux qui sont conscients et acceptés – « Je veux devenir directeur artistique de ce magazine » ; ceux qui sont conscients et refusés pour diverses raisons – « J'ai envie de sortir avec la femme de mon meilleur ami » ; ceux qui sont refoulés hors du conscient – « J'ai une très grande soif de pouvoir mais bien refoulée et je critique sévèrement ceux qui le briguent ». Lors d'une situation concrète qui vient les exciter, les deux dernières catégories vont engendrer un stress négatif tant qu'elles ne seront pas à la fois conscientes et acceptées (la psychanalyse a abondamment exploré ce mécanisme et montré son rôle dans la genèse de l'angoisse). La frustration de ces désirs réveillera en outre des émotions négatives.

Les **émotions** entrent fréquemment en conflit avec le jugement et l'image – nous l'avons déjà évoqué –, parfois aussi avec le désir. « J'ai un fort *désir* d'être remarqué par le directeur général lors de cette grande réunion, en faisant une intervention brillante. Mais j'ai très *peur* que tel collègue ne saisisse l'occasion pour me ridiculiser devant tous et j'hésite à prendre la parole. »

Nous avons vu que méconnaître les **besoins** était source d'émotion et de déséquilibre. Or les besoins nous dérangent quand, par exemple, ils nous rappellent que nous ne pouvons ignorer nos congénères. En effet, pour les satisfaire, nous devons tenir compte des autres et leur demander ce qui nous manque. Certains besoins nous font peur parce qu'ils nous poussent à prendre des risques, à changer. Les écouter représente autant d'exigence que pour un parent de répondre à ceux de son enfant. Contrairement à des idées reçues qui jugent cette écoute égocentrique, elle témoigne de l'amour de soi, non au sens de flatter notre narcissisme (aimer l'image qu'on se renvoie, confusion fréquente) mais de veiller sur soi avec intelligence et sensibilité. Cette acceptation des besoins nous détend et nous rend plus autonomes et disponibles pour les autres.

Nous confondons souvent besoin et désir, en nommant besoin un désir. Le désir se manifeste dans le registre de nos préférences et de nos attirances. Le besoin, au sens strict, appartient au registre de ce qui nous est nécessaire pour vivre et nous développer, que cela nous plaise ou pas. L'enfant excité qui veut continuer à jouer le soir, clame qu'il n'a pas besoin de dormir. Une personne adulte ressentira le besoin, par exemple, si elle veut évoluer personnellement et professionnellement, de prendre davantage de responsabilités, d'animer une équipe, de s'affirmer, même si toute une part d'elle en a peur : sera-t-elle à la hauteur ? N'y perdra-t-elle pas sa tranquillité ? C'est plus qu'un désir dont la satisfaction lui ferait plaisir, c'est une nécessité pour avancer suivant l'axe de l'être et de la croissance intérieure. La peur peut la faire reculer dans sa décision, laissant alors la croissance en suspens et un fond de regrets durables.

En revanche, pour justifier certains de nos désirs, nous les prétendons besoins. Nous affirmons : « J'ai absolument besoin d'être nommé à ce poste de manager, il m'est dû et je ne supporterai pas que mon collègue me passe devant. » Non, il s'agit simplement d'un désir de pouvoir qui appartient à l'axe de l'avoir et de l'expansion. Cette discordance ne trompe généralement pas les autres et nous met en porte à faux avec nous-mêmes.

Nous portons chacun des **potentiels** de créativité, de sensibilité, d'affectivité que notre éducation et notre parcours de vie nous ont permis ou non d'actualiser et d'épanouir. Sans pour autant être Mozart ou Van Gogh, nous avons tel ou tel don d'expression, de création, une faculté de contact et d'empathie, d'humour et, chez nombre d'entre nous, ce talent n'a pas trouvé d'opportunité de s'exprimer ni de se développer. Parfois nos parents ont brimé, contrecarré cette potentialité qui n'annonçait selon eux aucun avenir professionnel prometteur, par exemple. Du coup, nous l'avons reléguée aux oubliettes et nous nous défendons même d'avoir le moindre talent. La pratique psychothérapeutique montre quotidiennement des situations de ce type : « J'ai fait des études d'ingénieur pour faire plaisir à mon père, alors que je rêvais d'être acteur. » S'accepter implique de reconnaître ses dons et de les faire fructifier, car ils sont un grand facteur d'équilibre. Cet informaticien brillant a préféré diviser son salaire par trois pour se consacrer à une carrière de chant lyrique, avec toute l'insécurité matérielle qui l'accompagne. Mais il est heureux... Ceux qui, en amateurs, jouent de la musique, peignent, pratiquent une activité artisanale savent le ressourcement que cela leur apporte en période de stress.

Les potentialités affectives, de sensibilité et d'amour – osons dire le mot ! – ne bénéficient pas nécessairement d'un meilleur destin, pour beaucoup. La culture française est souvent ironique avec les « beaux sentiments » ; la faculté à déceler failles et défauts y est cultivée comme une preuve d'intelligence. Aussi bien dans les familles que dans le monde professionnel, on verbalise plus facilement des « mises en boîte » – même sous couvert d'affection – et des critiques plutôt que des sentiments positifs directs. En caricaturant, il faut part'r ou mourir pour entendre à quel point on est apprécié, aimé. Pouvoir exprimer de l'amour, au sens large, donc pas seulement l'état amoureux, offre la plus grande source d'épanouissement. Nous parvenons là au cœur même de l'acceptation, puisque l'amour se réjouit de l'autre tel qu'il est, des choses telles qu'elles sont et, bien sûr, d'être soi-même ce que l'on est. C'est l'anti-stress absolu ! Confucius l'exprimait déjà en des termes voisins, il y a deux mille cinq cents ans : « Celui qui sait une chose ne vaut pas celui qui l'aime ; celui qui l'aime ne vaut pas celui qui en fait sa joie. » Nous avons rencontré dans nos formations quelques personnes qui dégagent cette positivité heureuse. Elles aiment les gens et ceux-ci le leur rendent, elles se réjouissent de ce qu'elles font et le font bien. Leur équilibre bénéficie à tout leur entourage.

L'amour repose la question du besoin : avons-nous comme adultes besoin d'être aimés ou seulement besoin d'aimer ? Si nous l'envisageons du point de vue du stress, la réponse s'impose avec évidence. Nous avons besoin d'aimer et de nous aimer nous-mêmes, puisque l'amour est indissociable de l'acceptation de ce qui est. C'est ce que nous observons chez ceux qui aiment vraiment la vie et, à un degré de plus, chez les grandes figures charismatiques de l'humanité. Leur force intérieure repose sur leur capacité à aimer ; ils admettent les vicissitudes de la vie, l'imperfection humaine (la leur et celle des autres) et peuvent ainsi traverser les épreuves avec confiance.

Quant au besoin d'être aimé, la majorité des personnes opteront très naturellement pour la réponse affirmative. La plupart d'entre nous ressentent en effet la nécessité profonde de recevoir de l'amour au sein d'un échange affectif où nous donnons également, dans le cadre d'un couple, d'une famille, d'un cercle amical. Nous avons vu précédemment que se sentir aimé contribuait à la construction de la sécurité de base d'un être humain dès la prime enfance. Se sentir aimé demeure, à l'âge adulte, un facteur central d'équilibre, et plus encore dans les périodes de stress, comme un élément protecteur.

Le besoin d'échange affectif ne se limite pas à la sphère privée et s'étend aussi, avec une moindre intensité, à la sphère professionnelle. Un manager à l'oreille attentive le percevra derrière bien des réactions de ses collaborateurs.

Chez certains, le besoin d'être aimé se manifeste plutôt à la manière d'une quête ou d'une revendication, à la base d'un grand nombre de situations de stress personnel et relationnel. Il prend alors un caractère plus exigeant et ombrageux – « je veux être aimé comme ceci mais pas comme cela ; je veux l'amour de cette personne-ci mais pas de cette personne-là ». Le refus de la réalité s'y intrique donc sans cesse. Nous remarquons que ces personnes qui recherchent le plus à être aimées sont celles qui s'aiment le moins. L'essentiel d'un travail psychothérapeutique consiste à apprendre à s'aimer (on traduira : se connaître et s'accepter). Leur besoin d'être aimé est décuplé par un manque provenant de l'enfance : l'adulte dont les parents n'ont pas su voir et aimer ce qu'il était, sera déficient dans son amour pour lui-même et cherchera à apaiser ce manque auprès des autres. La prévention du stress sur le long terme doit forcément inclure cette acceptation-amour de soi : si nous refusons ce que nous sommes, aussi bien du côté de nos points faibles que de nos qualités, comment nous positionner solidement en tant qu'acteur et non victime face aux situations de la vie ?

Le **sens de la vie** n'appartient pas à la raison mais émane aussi du cœur. Nous y voyons le niveau le plus profond et central. L'histoire nous rapporte que, dans des situations de stress extrême (comme les camps de concentration), ceux qui ont pu traverser ces circonstances terribles en demeurant eux-mêmes étaient reliés à un axe personnel fort. Ils conservaient un regard positif sur la vie et l'être humain grâce à des valeurs humanistes, spirituelles, qui leur permettaient de s'adapter et de faire face à l'horreur quotidienne. Plus proches encore, ceux qui de nos jours accomplissent des exploits d'endurance dans des conditions très difficiles, ceux qui font exister des projets remarquables malgré des conditions adverses, arrivent à déployer une énergie considérable grâce à la conviction qui les anime et autour de laquelle ils organisent toute leur vie.

Nous ne rentrerons pas ici dans le débat philosophique de savoir si le sens de la vie préexiste et qu'il nous faut le découvrir ou si, au contraire, la vie n'a pas d'autre sens que celui que nous lui donnons... Nous pouvons seulement, par constat empirique, affirmer que la question du sens occupe une place centrale et qu'il va de notre intérêt de nous la poser. Cette question fait peur : « Et si je m'apercevais que ma (la) vie n'a aucun sens ? » Et nous attendons, pour nous y confronter, qu'un stress important nous frappe, deuil, chômage, ruptures sentimentales, maladie, un moment où nous avons le couteau sur la gorge. Les stress les plus lourds proviennent d'une inadéquation entre la vie que nous menons et celle qui correspondrait à nos valeurs essentielles. En tant que médecins, combien de fois avons-nous entendu la souffrance de personnes qui ne pouvaient se pardonner d'avoir cédé sur leurs valeurs dans un choix professionnel ou privé ?

> Gérard négociait pour son entreprise les achats auprès des fournisseurs. Il aimait ce travail et entretenait d'excellentes relations avec ses partenaires. Pour l'engagement sur un important contrat de maintenance, son « n+1 » lui impose le choix du fournisseur le plus cher et le moins compétent. Il ne tarde pas à comprendre qu'un dessous-de-table consistant motive cette décision mais se tait. Pendant plusieurs mois, il vit un profond malaise, d'autant plus qu'il constate les effets négatifs de cette affaire pour l'entreprise. Il hésite à dénoncer la corruption mais n'en a pas la preuve formelle. Le tourment devient tel que sa santé en est affectée. Pour finir, il quitte l'entreprise avec soulagement.

Le contact avec ce courant vital central nous permet de relativiser les stress du quotidien et de réserver notre énergie à l'essentiel, plutôt que d'accumuler des tensions pour des enjeux qui n'en valent pas la peine. Après un deuil, un chômage prolongé, des exi-

gences et énervements qui nous mobilisaient auparavant nous semblent dérisoires : un homme après un
infarctus, une jeune femme après la maladie grave
d'un de ses enfants nous ont récemment exprimé combien ces événements avaient changé leur regard sur
la vie et renversé l'ordre de leurs priorités. Un axe
intérieur favorise également cette remise en perspective : qu'est-ce qui, dans ma vie, mérite vraiment que
j'investisse mon temps et mon énergie ? Voilà une
question que nous pouvons nous poser à la fois sur
le très court terme – aujourd'hui – comme sur le
moyen et long terme. Si je mourais aujourd'hui,
serais-je en paix ? En déterminant nos priorités, nous
commençons à conduire notre vie de manière plus
délibérée et cessons de subir. Si je ne suis pas satisfait,
à moi d'infléchir la trajectoire, au lieu d'incriminer la
vie ou les autres stérilement.

Enfin, la coïncidence avec notre axe de vie réduit
les conflits intérieurs puisque l'acceptation de soi ne
rejette rien de ce que nous sommes. Nous récupérons
l'énergie qui était immobilisée dans ces contradictions. L'harmonisation des différentes facettes de
nous-mêmes incluant nos points de vulnérabilité,
notre résistance s'en trouve renforcée, de même que
notre confiance. Nous abordons la vie d'une manière
plus ouverte, avec curiosité ou même passion.

Le parcours rapide que nous venons d'effectuer, de
la surface vers le centre de l'être humain, nous fait
entrevoir l'importance des enjeux liés au cœur, pour
notre équilibre personnel. Nous pouvons mieux comprendre la nécessité de nous connaître dans nos profondeurs secrètes, afin que nos facultés intuitives libérées de leurs empêchements jouent leur rôle si
inventif, dans des situations où la raison ne saurait
que piétiner.

7

Le corps, allié fidèle

« Une conformité secrète de nos organes avec les
objets forme notre instinct. »

Voltaire, *Dictionnaire philosophique*

Quelles propriétés particulières valent au corps
une place si privilégiée dans les approches visant à
prévenir et contrôler le stress ? La décharge d'adrénaline l'affecte pourtant au premier chef, en modifiant
la plupart de ses fonctionnements : la respiration, la
circulation sanguine, le métabolisme et les glandes
endocrines, le système nerveux et les muscles, la
digestion et les fonctions d'élimination, le système
immunitaire. Paradoxalement, cette participation obli-
gée du corps à la réaction de stress représente un
atout considérable. Il répond en temps réel d'une part
et, d'autre part, sa connexion avec le psychisme permet d'influer sur celui-ci. Si sophrologie, relaxation,
training autogène, yoga, gestion des émotions, arts
martiaux font intervenir la conscience corporelle, on
supputera son importance. Le corps réagissant systématiquement et instantanément, il nous avertit sans
conteste de l'existence d'un stress, même mineur,
alors que notre fonctionnement mental et émotionnel

peut l'ignorer ou le nier effrontément. Sur ce point déjà, le corps ne ment pas et met à disposition une possibilité constante de jauger notre état intérieur. Nous verrons qu'il nous offre encore bien d'autres ressources pour prévenir et traiter le stress et qu'il mérite largement son titre d'allié.

Nous sommes revenus, à plusieurs reprises, sur la signification de la réaction d'adaptation décrite par Hans Selye – mobiliser les ressources de l'organisme pour lui permettre une réponse rapide et efficace. Le mécanisme dont la nature nous a dotés prévoit un ajustement à la situation qui s'exprime avant tout par une action physique (fuite, agression), plus que par une réponse mentalisée. Que la stimulation provienne de l'environnement, d'un congénère humain, notre homéostasie[1] interne et nos facultés de mouvement et d'action sont sollicitées. Cette possibilité qu'a le corps de s'adapter à l'environnement et de se soustraire au danger, de manière immédiate et irréfléchie, nous l'appellerons ici l'**instinct**[2], pour en distinguer les spécificités au regard des fonctions des deux autres pôles, le discernement (tête), et l'intuition (cœur). Instinct, au sens de capacités de perception sensorielles et proprioceptives[3] qui nous renseignent à la fois sur l'environnement et sur notre état intérieur, sans passer par l'analyse discursive. Lors du tsunami qui a ravagé l'Asie en 2004, plusieurs témoignages dans la presse ont souligné que, dans différents lieux, des animaux avaient anticipé le danger. En Thaïlande,

---

1. Homéostasie : capacité de l'organisme à maintenir en équilibre ses constantes internes.
2. Nous n'utilisons pas ce terme suivant le sens donné par l'éthologie (un comportement inscrit dans le patrimoine de l'animal qui peut même se manifester à vide).
3. Proprioception : système sensoriel présent dans les muscles et les articulations qui nous donne la sensation de nos postures et de nos mouvements.

avant l'arrivée de la vague, des éléphants domestiques avaient, à deux reprises, manifesté des signes de détresse et cherché à s'échapper de la plage où ils étaient parqués pour s'abriter sur une colline voisine. Ce lieu s'est révélé sûr lorsque la vague a déferlé. On peut émettre l'hypothèse qu'ils ont capté par leurs récepteurs sensoriels des modifications de l'environnement (vibrations, infrasons, ou autres).

CORPS ET STRESS NÉGATIF

Comme la tête et le cœur, le corps peut-il dysfonctionner lors d'une réaction de stress ? En dehors d'un déficit sensoriel qui nous empêcherait de percevoir la stimulation ou d'une incapacité motrice qui nous priverait de répondant, le corps répercute sans défaillance la situation et se mobilise. Néanmoins un corps affaibli par l'âge ou la maladie manifeste une hypersensibilité pour des stimuli de faible intensité. Bruits, éclairages, petites contrariétés du quotidien se transforment facilement en agressions. Une grande fatigue, inversement, peut nous rendre inerte et nous faire supporter des stimuli que nous ne tolérerions pas usuellement. Ils ne nous atteignent plus, faute d'énergie.

Ces dysfonctionnements sont purement quantitatifs, par abaissement ou élévation du seuil de déclenchement. Le corps peut-il nous tromper avec un stress sans cause ou en déformant la réalité ? En l'absence d'une interférence mentale ou émotionnelle qui, elle, a le pouvoir d'imaginer, d'interpréter et de déformer des perceptions ou de remémorer celles qui appartiennent au passé, le corps perçoit ce qui l'entoure de manière fiable. Quant à sa réponse physiologique, son caractère universel et non spécifique la préserve de dérèglements qualitatifs : si elle est sollicitée, elle se déclenchera jusqu'à épuisement de nos ressources, quel que soit le facteur en cause.

Nous incriminons pourtant souvent le corps dans nos périodes de stress négatif, il nous importune par ses douleurs et tensions. En quoi cet inconfort nous sert-il ? Au lieu de contribuer à la résolution, il consomme de l'énergie inutilement et nous fatigue.

Ce phénomène que nous connaissons tous tient à deux ordres de raisons ne provenant pas d'un dysfonctionnement corporel.

Chez nombre d'entre nous, la conscience du corps est insuffisamment développée, si bien que nous ne percevons l'existence du stress qu'à son stade confirmé. Le corps nous a pourtant adressé des messages dès le début mais notre attention étant investie majoritairement sur le plan mental, ils sont passés inaperçus, quand nous ne les avons pas délibérément ignorés... Ici le corps fait les frais de ce défaut de conscience, il n'est pas responsable de la tension persistante. Le fonctionnement mental se trouve généralement en cause.

Un cadre commercial travaillait soixante-dix heures par semaine, dans une tension nerveuse permanente, sans réaliser le moins du monde son survoltage. Il s'indignait « des tours que lui jouait son estomac – un ulcère puis une perforation » et avalait des médicaments quand la douleur devenait excessive. Il n'imaginait pas une seconde que son mode de vie pouvait jouer un rôle dans ses mésaventures gastriques.

Notre environnement actuel rend la réaction physiologique de stress inadaptée, en termes de réponse corporelle, pour la plupart des situations qui la déclenchent dans nos vies. Certes, nous avons besoin d'une stimulation mentale, mais non d'avoir nos muscles bandés et notre système cardio-vasculaire sous pression dans le but de livrer un combat ou de nous enfuir à toutes jambes – un peu excessif lorsqu'il s'agit seulement de raccrocher le téléphone ou d'appuyer sur la pédale de frein ! Nous aimerions bien parfois décocher un coup de poing dans le plexus d'une personne qui nous exaspère ou lui hurler dans les tympans, jeter notre ordinateur rétif par la fenêtre, mais la raison et nos conditionnements sociaux nous l'interdisent ! Le corps se trouve tenaillé d'influx contradictoires, entre atavisme animal et sociabilité humaine, entre une pulsion de mouvement puissante et une action requise minime en termes d'effort physique. Les symptômes qu'il déploie expriment ce décalage. Le corps souffre des tensions générées par l'énergie accumulée et réprimée. Cela explique pourquoi, fatigués par une journée de travail, nous allons retrouver du punch en faisant du sport. Notre corps peut enfin se libérer de ce qu'il a contenu et se détendre. Nous n'avons pas le pouvoir de réformer l'équipement physiologique inscrit dans nos gènes. Vu cet état de fait, le manque de conscience du corps, encore une fois, intervient en laissant des tensions s'installer et s'aggraver. Par une présence attentive à nos réactions corporelles, nous saurions, en nous y entraînant, les modérer et les désamorcer.

La réaction de stress forme un matériau brut qui manque de subtilité, puisqu'elle est non spécifique (identique, qu'il s'agisse d'un stimulus physique, chimique, psychologique). Cela induit pour le corps un effet cumulatif que nous connaissons tous, au fur et à mesure que la journée avance, et qui constitue le substrat du stress chronique. Aucun élément à lui seul ne saurait déstabiliser durablement l'équilibre interne du corps, mais l'addition de cinquante petits facteurs, distillés dans la journée, élève le niveau global de tension et nous crispe suffisamment pour empêcher le retour à une vraie détente. Notre héritage phylogénétique se trouve ici aussi en cause ; mais un héritage que nous pouvons œuvrer à transformer et qui détient un riche potentiel, celui de l'instinct.

Tous ceux qui pratiquent assidûment une discipline corporelle savent les trésors recelés par l'instinct corporel. Le corps a la notion du geste juste, de l'économie de moyen et démontre une forme d'intelligence remarquable. Déjà, dans l'antiquité chinoise, les sages faisaient l'éloge d'artisans qui avaient développé une perfection gestuelle éblouissante. Aujourd'hui, on l'observe encore chez les grands sportifs, des artisans compagnons du Tour de France, des techniciens de haut vol, des chirurgiens. Le félin qui manifeste un degré élevé de précision et d'élégance dans ce même registre nous délivre un bel enseignement : savoir retomber sur ses pattes en toutes circonstances ne représente-t-il pas un bel accomplissement, face au défi de l'adaptation au changement ?

LE CORPS, NOTRE ALLIÉ

Lors d'une stimulation, l'instinct va intervenir pour les deux phases de réception et de réponse.

Au moment de la réception, le corps, par des modifications même légères, signale le stress dès le stade précoce, avant que nous ne le reconnaissions sur le plan mental. L'indicateur, constamment modifié chez tous, nous est fourni par la respiration. Celle-ci, d'abdominale et souple, tend à devenir plus superficielle et à remonter vers l'étage thoracique, le diaphragme perdant de sa mobilité. Nous ne pouvons toutefois noter ce changement que si nous avons développé une conscience suffisante de nos mouvements respiratoires. Nous disposons aussi chacun de notre signal d'alerte personnel, quand nous l'avons identifié (par exemple palpitations, tension dans l'estomac, tremblement). La reconnaissance du stress, dès son apparition, comporte un double avantage. Non seulement il ne va pas se développer à notre insu – la caractéristique du stress chronique négatif – mais surtout, nous pourrons beaucoup plus facilement faire le lien avec la situation source. Cela nous évite de tâtonner pour deviner ce qui a déclenché la tension.

Il nous aide effectivement à identifier la situation d'origine. Nous pouvons l'utiliser en suivant le principe du jeu où une personne, les yeux bandés, doit trouver un objet, grâce à la guidance des autres qui lui indiquent « tu chauffes » quand elle s'en rapproche et « tu refroidis » quand elle s'en éloigne. Quand nous nous repassons le film des événements récents, le signal d'alerte s'intensifie chaque fois que le point sensible revient à notre esprit. Le corps nous sert donc à repérer le fait initial incriminé puis à valider notre hypothèse quant à la cause de ce trouble. Cette tension dans la nuque est apparue au moment où untel a parlé durant la réunion. En y revenant de plus près, je m'aperçois qu'au milieu d'un discours anodin, il a glissé une information qui pourrait bien avoir des conséquences pour moi. En repensant à cette phrase, je sens ma crispation s'accentuer. « Tu brûles ! » c'est bien cela.

Pour percevoir une situation, notre éducation occidentale nous a entraînés à nous servir surtout de la vue et de l'ouïe au détriment des autres sens, en particulier le tact et la proprioception (sensation interne du corps). Ce dernier sens véhicule une extraordinaire richesse d'informations qui représente un apport primordial. N'est-ce pas notre instinct qui nous met en alerte quand nous pénétrons dans une pièce et percevons quelque chose d'inhabituel avant même de l'avoir identifié ? Lui, encore, qui nous avertit que quelqu'un tente de nous duper, alors que nous n'en avons aucune preuve ? Comme les animaux qui sentent venir le tremblement de terre, nous disposons d'« antennes » sensorielles mais complètement sous-exploitées.

Au chapitre précédent, nous avons vu qu'à la phase de stress confirmé le corps nous permet de diagnostiquer la présence d'une émotion réprimée actuelle ou beaucoup plus ancienne. Là encore, interroger nos sensations nous fait gagner un temps précieux. Le corps nous permet également de découvrir des pans de notre passé déterminants dans nos conditionnements psychologiques, grâce aux marques qu'il conserve des émotions réprimées jadis dont il reste le dépositaire. Nous avons vu combien ces conditionnements intervenaient dans le stress négatif en l'amplifiant démesurément. En témoignant, par des signes spécifiques (voir chapitre 6) de la présence sous-jacente de l'émotion, il signale la coloration qui déforme notre perception de la réalité et entrave notre discernement.

Au stade de la réponse, l'instinct nous guide sans que nous sachions le justifier mais d'une manière qui fait ses preuves. Qu'est-ce qui nous retient d'avancer, nous pousse à faire un détour à la dernière seconde, à ne pas utiliser un objet très usuel pour nous, à nous lancer dans une action que la raison estime risquée ou impossible ? Et aussi à nous garder de certaines personnes – « c'est épidermique », dirons-nous ; nous faire sentir que c'est le moment de confronter quelqu'un ou au contraire de partir ; d'oser un premier geste dans une attirance amoureuse... Le langage quotidien recèle bien des locutions concernant l'instinct, « j'y vais à l'instinct », dira un commercial, « je suis mes mains », dira un kinésithérapeute, « je vais là où mes pas ou mon flair me conduisent », dira un journaliste en quête d'information. Bien souvent le stress négatif surviendra parce que nous aurons « raisonnablement » repoussé une suggestion de l'instinct dont nous nous défions, par manque de preuves.

Enfin le corps nous présente une gamme de possibilités pour traiter le stress. Tandis que notre volonté se débat vainement pour maîtriser des ruminations mentales ou canaliser une émotion qui nous déborde, il nous reste, à tout moment, la faculté de relâcher notre corps, d'expirer profondément ou de faire quelques mouvements. Des trois pôles, c'est le plus accessible à la volonté, immédiatement. L'adage latin, « Un esprit sain dans un corps sain », garde toute sa vérité. L'indéfectible interaction entre tête, cœur et corps joue en positif comme en négatif. Si les tensions du corps rajoutent au vécu négatif du stress en encourageant des pensées et des émotions de refus, un corps plus détendu et qui respire mieux inspire des sentiments plus confiants au cœur et des idées plus sereines à la tête. Nous y reviendrons plus longuement à la dernière partie du livre, dans les pistes de résolution du stress.

LA CONSCIENCE DU CORPS

C'est une banalité d'énoncer que le corps est encore traité en parent pauvre dans l'éducation. Nous favorisons principalement le développement de certains canaux sensoriels comme la vue, l'ouïe et le goût, plus que celui du toucher et de l'odorat. D'autres civilisations se sont intéressées à une perception plus fine de soi et des états intérieurs. Des traditions orientales comme le yoga et les arts martiaux, intégrant mouvement fluide, détente et stabilité nous en montrent l'exemple.

L'approfondissement des connaissances sur notre physiologie corporelle a permis, grâce aux progrès technologiques concomitants, une approche diagnostique toujours plus pertinente et des thérapeutiques mieux ciblées et efficaces. Dans cette approche scientifique, notre corps devient un objet d'étude extérieure ; nous nous soumettons à des examens effectués par d'autres ou par des instruments de mesure pour savoir ce qui se passe en nous. Cette expertise de l'extérieur nous est indispensable pour une complète connaissance de notre état corporel en cas de maladie. En revanche, aucun observateur externe ne peut remplacer la conscience intime de notre corps, pour sentir et observer la fluctuation de nos états intérieurs au quotidien. Notre tendance naturelle est de percevoir les états extrêmes. Une rage de dents nous fait intensément ressentir la douleur lancinante de l'infection. Une crise de colite rappelle douloureusement à notre souvenir l'existence de nos intestins, comme le lumbago, les limites de notre appareil locomoteur. À l'autre extrémité des sensations, nous savons goûter le bien-être d'une pause au soleil après un moment de natation par exemple, le plaisir d'un effort physique intense. Mais, tout au long de nos journées, nous ne pensons guère à consulter notre baromètre interne.

La mentalisation de l'espèce humaine l'a amenée, dans une culture comme la nôtre, à reléguer l'instinct dans une place subalterne, quand elle ne l'a pas rejeté comme trop animal. Nous espérons avoir suffisamment démontré de quels atouts nous nous privons en le sous-estimant ainsi ; et, aussi, combien la carence de conscience corporelle participe au stress négatif, pour les multiples raisons évoquées ci-dessus.

Si nous cessons d'opposer nos fonctions corticales supérieures aux perceptions et suggestions qui viennent « d'en bas » (conflit intérieur = stress négatif), mais les plaçons ensemble sous l'égide de la conscience réfléchie, la tête et le corps, en synergie, vont se relayer pour nous permettre la meilleure adaptation possible. Comme nous l'avons déjà pointé, l'apanage de la conscience nous délivre du caractère impératif des réponses instinctives animales. En les éclairant, elle nous restitue une liberté de choix quant à la réponse. Elle distingue également l'instinct d'une impulsivité émotionnelle dont nous savons le grand risque de partialité. La mère angoissée se convainc vite qu'il est arrivé malheur à son enfant alors qu'elle projette simplement son angoisse. En revanche, une mère tranquillement en train de cuisiner, alors que ses enfants jouent dans une pièce voisine, ressent soudain une qualité de silence particulière et se précipite pour découvrir une belle bêtise en cours de réalisation. L'instinct ne cherche pas à prouver quoi que ce soit, à la différence d'un emportement émotionnel où nous nous auto-justifions. La conscience peut le tester en vérifiant la réalité des perceptions sensorielles d'où il tire sa neutralité et sa fiabilité. Le discernement pourra alors analyser l'information brute délivrée par l'instinct et s'en servir pour élaborer la décision.

La conscientisation de l'instinct corporel manque à notre éducation, à l'exception de quelques privilégiés qui ont appris à l'écouter, à cultiver ses facultés. Explorer ses potentialités instinctives requiert du temps et une pratique répétée où nous les soumettons à l'épreuve. Idéalement, il faudrait amener dans le champ de la conscience toutes ces perceptions sensitives qui ne cessent de nous informer sur nous-mêmes et sur l'extérieur. Alors, les facultés du pôle corporel s'intégreront pleinement à notre fonctionnement psychique et l'enrichiront d'autant. Dans notre approche, la première étape de la conscience corporelle concerne le développement de la sensibilité proprioceptive.

LES BASES DE LA PROPRIOCEPTION

La proprioception est la faculté sensorielle de percevoir notre appareil locomoteur : squelette et muscles.
Grâce à elle nous avons la sensation de nos postures
et attitudes, et de notre corps en mouvement. Sous ce
terme, nous choisissons d'englober aussi les sensations qui proviennent de nos organes, dites intérocep-
tives, pour réunir toutes les perceptions émanant de
l'intérieur du corps.

Nous avons vu, plus haut, que notre expérience
proprioceptive se limitait habituellement aux couleurs
tranchées. Nous pouvons en développer la palette de
nuances et découvrir des teintes nouvelles et insoupçonnées qui nous révèlent à nous-mêmes.

Comme nombre d'entre nous sont peu familiers de
cette perception intérieure du corps, nous allons proposer maintenant au lecteur un bref rappel de notre
schéma corporel pour rendre cette approche plus
concrète.

L'axe central autour duquel tout notre corps se
structure est la colonne vertébrale, cet empilement de
vertèbres, articulées par des disques intervertébraux.
La colonne présente une alternance de courbures
antéro-postérieures : le creux cervical, l'arrondi dorsal, le creux lombaire et l'arrondi sacro-coccygien. Les
disques élastiques permettent la flexibilité de notre
colonne vertébrale mais en sont la partie vulnérable
en cas d'effort trop intense ou de mauvaise posture.

Notre tête, posée sur la première vertèbre cervicale, est formée d'une boîte osseuse, le crâne, qui
protège notre cerveau, organe vital essentiel. Du cerveau descend, comme une queue-de-cheval, la moelle
épinière, qui emprunte le canal médullaire, formé par
les arcs vertébraux. À tous les étages intervertébraux,

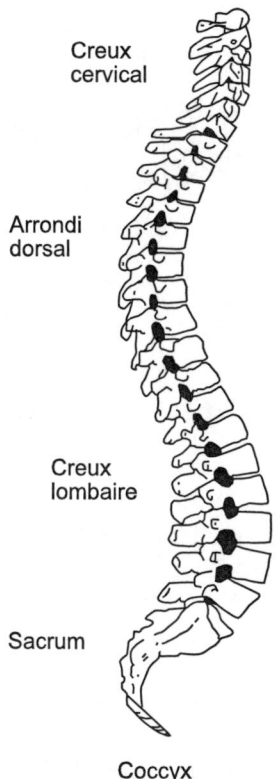

Creux
cervical

Arrondi
dorsal

Creux
lombaire

Sacrum

Coccyx

La colonne vertébrale - Profil

des racines nerveuses sensitivo-motrices émergent de la moelle épinière par les trous de conjugaison. Ces racines innervent l'ensemble de notre corps et risquent d'être comprimées par une déformation d'un disque intervertébral abîmé (les hernies discales), déclenchant alors des névralgies très douloureuses. La partie antérieure de la colonne vertébrale est tapissée par les plexus des systèmes nerveux végétatifs sympathique et parasympathique qui interviennent dans la réaction de stress, les émotions et les régulations de nos fonctions viscérales.

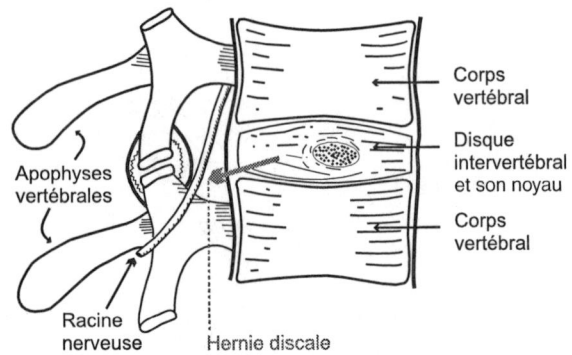

Corps
vertébral

Disque
intervertébral
et son noyau

Apophyses
vertébrales

Corps
vertébral

Racine
nerveuse   Hernie discale

L'articulation intervertébrale

Notre tronc comporte trois étages :
– thoracique ; la cage osseuse constituée par les côtes, le sternum, la clavicule et les vertèbres dorsales abrite le cœur et les poumons, organes vitaux. Le muscle du diaphragme sépare le thorax de l'abdomen et sert de soufflet à la respiration ;
– abdominal ; la cavité abdominale abrite les viscères (tube digestif, foie, pancréas, rate, reins) ;
– pelvien ; ce dernier étage, charpenté par les os du bassin, accueille les organes génito-urinaires et le rectum.

Cherchons maintenant à percevoir où nos jambes s'articulent avec notre tronc. En nous accroupissant, nous sentons nos hanches, articulations solides, faites pour être sollicitées et environnées de muscles puissants. Nos membres inférieurs s'appuient sur la voûte plantaire des pieds. Nous verrons l'importance de développer la sensation du contact avec le sol par les pieds pour favoriser un enracinement solide.

Nos membres supérieurs s'attachent au thorax par l'épaule, délicate articulation constituée par l'omoplate, la clavicule et l'humérus. La mobilité de l'omoplate permet à nos bras de se déployer comme des ailes et à nos mains de jouir d'une grande latitude de mouvement.

Si nous plantons bien nos jambes et respectons les courbures vertébrales naturelles, nous ressentons la force et la tranquillité d'un bon ancrage osseux. Nous pouvons percevoir l'énergie qui nous parcourt, le long de la colonne vertébrale érigée, du coccyx au sommet de la tête, supportée sans crispation. La cage thoracique se dilate à chaque inspiration et dégage les épaules qui s'abaissent sur les côtés. Nos omoplates glissent doucement à l'arrière de notre thorax bien ouvert et nous massent le dos à chaque respiration. Nous sommes bercés et régénérés par le va-et-vient de l'air en nous, jusqu'au fond de nos alvéoles pulmonaires.

LA RESPIRATION ABDOMINALE

La coupole du diaphragme s'abaisse à l'inspiration et repousse les viscères vers le bas, en les massant. Sous l'effet de cette pression, le ventre s'arrondit moelleusement. À l'expiration, tout se relâche, le diaphragme remonte et le ventre se détend. Le cycle se conclut par une pause, moment essentiel, avec l'expiration dans une démarche de relaxation. Voilà la respiration dite abdominale, qui consiste précisément dans cette participation de l'abdomen au processus respiratoire grâce à la poussée diaphragmatique. Dès que nous sommes tendus, le ventre contracté reste figé et le mouvement respiratoire remonte à l'étage thoracique par action des muscles intercostaux.

La respiration abdominale est facilitée par une posture qui respecte les courbures de la colonne vertébrale, tout en l'étirant. Des positions déviées, comprimant cage thoracique et abdomen l'entravent. Aisément ressentie en position allongée, elle est moins facilement perçue dans une position assise. Certaines statues orientales en position du lotus, avec le thorax ouvert, et le ventre légèrement arrondi, nous montrent une posture assise bien ajustée qui inspire force et sérénité. Un placement corporel juste s'apprécie comme une mélodie harmonieuse, rythmée par la respiration.

Cultiver la proprioception nous incarne davantage dans notre corps et nous ouvre l'accès à une gamme variée de ressentis physiques et émotionnels (ces derniers ayant toujours une composante corporelle). Notre expérience s'enrichit d'autant et nous avons alors l'impression de disposer d'un sixième sens pour percevoir le mouvement de la vie en nous et chez les autres.

LES BESOINS DU CORPS

Nous ne passerons pas en revue tous les besoins du corps mais seulement ceux qui présentent une relation particulière avec la réaction de stress.

La décharge d'adrénaline provoque un afflux d'énergie en vue d'un sur-effort. Suivant le principe basique de l'arc réflexe, une stimulation sensitive appelle une réponse motrice. Le corps se rassemble, retient son souffle avant de se détendre, comme un ressort, dans l'action. Son besoin naturel réclame **le mouvement** pour écouler l'énergie qui nous prépare à la fuite ou au combat. Or les multiples contrariétés de la vie quotidienne : embouteillages, afflux de courrier, modifications d'emploi du temps, s'additionnent sans spécificité pour déclencher un sur-régime de notre organisme sans que l'énergie soit effectivement dépensée. De ce fait, notre corps demeure sous tension, avec tous les inconvénients que nous connaissons – palpitations, tensions, douleurs abdominales, etc. Prendre en compte ce besoin permettra de retrouver un niveau interne d'énergie plus confortable et compatible avec la détente. Plus notre activité est sédentaire, plus nous avons donc intérêt à l'entrecouper de petites récréations de mouvement (marche, étirements). L'exercice physique, en milieu de journée ou en fin d'après-midi, offre un bon moyen d'évacuer ce surplus de tension et de ramener notre niveau d'énergie dans la zone de confort. Une course à pied, une partie de tennis, un tour en vélo, une bonne marche ou des longueurs de piscine évacueront agréablement le stress de la journée et remettront les compteurs à zéro !

L'ergonomie vise une meilleure adaptation du corps au poste de travail en prenant en compte ses besoins. Elle cherche donc à réduire les facteurs de stress. Un aspect nous semble, d'expérience, particulièrement important et mérite toute notre vigilance, c'est celui des **postures corporelles** au travail. Ainsi, même quand nous disposons de sièges ergonomiques, cela ne suffit pas et nous pouvons très mal nous y asseoir. Si nous travaillons plusieurs heures par jour, assis, sans respecter les courbures physiologiques de notre dos, nous lui imposons une coûteuse adaptation.
La relation qui unit la posture et le stress joue dans les deux sens : une mauvaise posture, assise ou debout, est facteur de stress ; une bonne, devient source de recentrage, de détente et de renouveau d'énergie. En ajustant sa posture, on peut donc influer positivement sur un état de stress.

Avec le **besoin de contact physique**, nous abordons une question plus explosive ! De là au harcèlement sexuel, il n'y a qu'un pas à franchir... Déjà, avons-nous besoin de contact physique ? La vie des mammifères dont nous faisons partie témoigne de l'importance des contacts entre congénères d'un même groupe. Ces contacts jouent un rôle essentiel dans la régulation du stress, en terme d'apaisement. Nos cousins les singes y emploient une part importante de leur temps. À l'opposé, le rejet du contact avec tout étranger au groupe, à l'espèce, marque bien la limite. Si une promiscuité inadéquate est imposée, elle déclenche un stress intense en enfreignant la bulle de protection.

La nécessité vitale du contact corporel pour un développement psychomoteur harmonieux n'est plus à démontrer chez l'enfant. Comme adultes nous pouvons certes nous en passer – le caractère vital a disparu –, mais au prix d'une tension sourde. Il va nous manquer un bien-être, un apaisement qu'une parole ne saurait transmettre aussi fortement. Dans le monde du travail, il nous arrive autant d'être associés à des personnes dont le contact nous agrée que le contraire. Dans certaines équipes, le contact circule librement et contribue à une convivialité et une détente. Il s'effectue spontanément. Dans d'autres, on se saluera de loin, sans même se serrer la main. Dans la panoplie du harcèlement moral, traiter une personne en pestiférée, en se gardant ostensiblement de tout contact physique avec elle, participe à la déstabiliser. On peut enfin souffrir du contact envahissant d'un(e) collègue, qu'il s'agisse d'un toucher simplement collant, intrusif, ou carrément sexualisé.

Lors d'un stress plus important, le besoin de contact grandit, le plus souvent à notre insu ; nous ne pensons pas à le solliciter auprès d'un proche, ou à travers un massage par un professionnel. Et si nous sommes conscients de ce besoin, nous nous heurtons fréquemment à la difficulté de demander, par honte, par crainte d'être jugé ou d'essuyer un refus. Nous retrouvons des obstacles similaires à ceux qui freinent l'expression des besoins affectifs. Un contact nous rassurerait pourtant et nous économiserait bien des tensions.

Avec un stress aigu, le phénomène peut s'inverser en intolérance au contact, reçu comme une agression.

La personne a d'abord besoin de reconstituer sa « bulle », de se recentrer, pour redevenir perméable au toucher.

Le besoin de contact ne concerne pas que nos rapports avec les autres mais aussi avec la matière sous toutes ses formes, avec les éléments naturels, le vent, la mer, la pluie, la terre, le bois, avec le spectacle de la nature – paysages, végétation, avec les animaux. Tous ces contacts contribuent à nourrir notre sensibilité et notre sensualité, à nous rééquilibrer, à nous détendre et nous apporter de l'énergie.

Nous avons évoqué le harcèlement sexuel qui signale la présence de la sexualité dans le territoire professionnel de manière caricaturale. Sans parvenir à cette exacerbation, elle attise là comme ailleurs bien des tensions. Même si elle n'est pas le propos dans cet environnement, on ne peut l'ignorer, avec son lot de manœuvres et de tentatives de séduction. On imaginera facilement que là se trouve la motivation qui sépare, dans de nombreuses sociétés traditionnelles, hommes et femmes pour travailler. Allez vous concentrer et vous détendre si vous partagez votre bureau avec une personne qui éveille en vous du désir... ou si, inversement, vous sentez peser sur vous des regards quelque peu insistants. Lorsque l'attirance rencontre un refus, elle se transforme fréquemment en agressivité, elle-même source de stress relationnel.

> Une assistante en début de CDD change de hiérarchique. Le nouvel arrivant ne tarde pas à lui faire comprendre que, si elle veut conserver son poste et obtenir un CDI, elle devrait se montrer ouverte à ses avances. Malgré son peu d'assurance, la jeune femme refuse nettement. Commence pour elle un véritable enfer, non pas à travers un harcèlement sexuel mais moral. Les ordres contradictoires pleuvent, des pièges lui sont tendus pour qu'elle fasse des erreurs, pour qu'elle craque et parte.

Hygiène et rythmes corporels

Répondre à des défis d'adaptation dans les meilleures conditions demande de prendre soin de notre corps par une hygiène de vie adaptée. Nombre d'entre nous se soucient davantage de la révision de leur voiture que du respect de leurs rythmes corporels. Considérant notre organisme comme un ensemble où chaque partie est solidaire d'un tout, les différentes facettes de l'hygiène retentissent globalement sur nos facultés d'adaptation. Sommeil, alimentation, exercice physique et temps de récupération constituent les piliers d'une approche corporelle efficace du stress. Nous pouvons ainsi observer que notre niveau d'énergie fluctue au cours de la journée. Elle atteint son plein régime après une période d'échauffement matinal, s'affaiblit l'après-midi et rebondit en sursaut au début de la soirée pour retomber avec l'approche du sommeil. Suivant notre tempérament et le moment de la journée, nous sommes plus enclins à une activité physique, intellectuelle, à des travaux routiniers, à des contacts sociaux et des réunions, à l'isolement, à la détente. Méconnaître ces fluctuations consomme plus d'énergie et nous donne une sensation d'effort pénible. Nous avons donc intérêt, autant que possible, à faire coïncider ces phases avec notre planning.

Le sommeil

Le premier des rythmes psycho-corporels concerne l'alternance circadienne de veille et de sommeil. Même si la quantité nécessaire diminue avec l'âge adulte, le sommeil joue un rôle essentiel dans notre équilibre. Non seulement il représente le moment privilégié de récupération physique (par le sommeil profond) et mentale (dans le sommeil paradoxal), nécessaire après l'effort de la réaction de stress, mais il interviendrait aussi dans nos processus d'apprentissage. Les recherches actuelles sur le sommeil suggèrent qu'il favorise la mémoire procédurale (notre aptitude à mémoriser un apprentissage) et augmenterait notre capacité à résoudre des problèmes cognitifs, en retraitant l'information de la journée. On trouverait là la confirmation de l'adage : « La nuit porte conseil. » Il participe à notre vie psychique par le biais des rêves. La présence des rêves influe sur la qualité du sommeil et nous offre un aperçu sur les profondeurs de notre vie subconsciente. À ce titre, les rêves nous donnent parfois des clés de compréhension dans des situations de stress complexes.

Une commerciale dans une grande entreprise s'interroge sur une éventuelle reconversion professionnelle. Elle rêve qu'elle reçoit de son travail un colis contenant de jolis ustensiles pour les WC. En réfléchissant à ce rêve qui l'a d'abord laissée perplexe, elle réalise qu'au fond d'elle, elle porte un jugement négatif sur son travail. Celui-ci lui apporte un confort matériel évident et une insouciance financière mais il va contre les valeurs de son idéal. Au regard de cet idéal, elle a le sentiment de vendre de la m... L'image des jolis ustensiles résume parfaitement son sentiment ambivalent. Elle se rend alors compte de l'intransigeance de son idéal qui dénie combien elle a souffert de l'insécurité matérielle, et combien cet emploi lui convient pour la période actuelle où elle a besoin de cette sécurité pour différentes raisons. Son rêve l'a aidée à faire la part des choses et à se positionner plus clairement. Elle ne renonce pas à son désir de reconversion mais l'inscrit dans une perspective à plus long terme.

Les perturbations du sommeil s'intriquent étroitement au stress, à la fois comme facteur, signe et conséquence.

Le mauvais sommeil joue pour beaucoup de nos

contemporains un rôle de cofacteur de stress. Quand j'ai mal dormi pour une raison quelconque, je me sens fragilisé pour affronter la journée avec son lot de difficultés. Je ne dispose pas de tous mes moyens. Ma faculté à faire face, au moins au niveau physique, se trouve en partie amoindrie.

Les troubles du sommeil sont un signe de stress. Quand nous ignorons ou nions l'existence du stress, la détérioration de nos nuits joue un rôle de signal : je m'imagine que tout va bien pour moi dans cette période de restructuration. Pourtant, alors que j'étais un gros dormeur, je constate que j'ai du mal à m'endormir et que je me réveille plusieurs fois dans la nuit... Ne serais-je pas travaillé dans la profondeur ?

Le mauvais sommeil peut aussi être une conséquence du stress. Dans les périodes de tension chronique, nos capacités d'adaptation dépassées par l'hyper-sollicitation réclament le repos nocturne pour récupérer. Notre niveau de vigilance trop élevé nous empêche justement de trouver le sommeil ou le rend plus superficiel. Les préoccupations refont surface entre deux cycles de sommeil et finissent par nous réveiller complètement, sans avoir bénéficié d'un temps de récupération suffisant. Le manque et la mauvaise qualité du sommeil aggravent notre état en se rajoutant comme cofacteurs de stress et nous entrons dans un cercle vicieux. Plus notre besoin croît, plus nous devenons tendus, moins bien nous dormons, et nous désespérons. Certains cherchent la solution dans les somnifères et tranquillisants. Utilisés dans la durée, ceux-ci comportent un risque de dépendance ou d'effets indésirables – troubles de mémoire, viscosité du lendemain, baisse de vigilance incompatible avec certaines activités professionnelles ou sportives.

La pratique de la relaxation peut rompre cet engrenage infernal et amorcer une récupération. La baisse concomitante du niveau de vigilance favorisera, dans une seconde étape, l'endormissement.

L'alimentation

En Occident, nous ne souffrons pas d'une sous-nutrition qui affaiblirait notre faculté à faire face. Nos cellules disposent, a priori, du glucose nécessaire pour fonctionner en état de stress. En revanche, dans les périodes de surcharge, l'alimentation connaît souvent des perturbations : repas sautés ou avalés sur le pouce, grignotage, déséquilibre des apports et consommation excessive de glucides, alimentation de médiocre qualité, pauvre en produits frais et vitamines. De nombreux ouvrages de diététique existants proposent, de manière détaillée, les bases d'une alimentation saine. Nous insisterons plutôt sur le fait que chaque repas offre déjà un moment de pause qui rythme la journée. Le petit déjeuner constitue une transition douce entre le sommeil et l'activité diurne qui nous permet de rassembler nos facultés. Le déjeuner articule les deux moitiés de la journée et devrait occuper la place d'une mi-temps pour des sportifs, plutôt que d'être expédié. Sa dimension sociale, avec des collègues ou des proches, participe à la vitalité de notre réseau relationnel. Quant au dîner, il amorce la phase de récupération et de détente qui prépare la nuit. Chaque repas offre l'occasion de s'arrêter et de se détendre, d'orienter notre attention sur le goût et l'odorat et de vivre un moment corporel sensuel. Le stress bouscule l'ingestion des aliments que nous avalons à la va-vite, sans apprécier. Trop souvent négligée, la mastication lente et soigneuse permet une bonne assimilation des nutriments, et en même temps devient un temps de ressenti proprioceptif qui participe à détendre tout le corps. Elle régularise certains problèmes digestifs concomitants du stress et contribue à combattre des excès pondéraux.

Se préoccuper de la qualité gustative, esthétique et diététique d'un repas est une manière de prendre soin de soi, de se manifester de la considération. L'anticipation de la période qui va suivre compte beaucoup pour éviter d'avoir à fournir un effort d'adaptation supplémentaire. La physiologie nous a enseigné que stress et digestion se mariaient mal. Un repas trop lourd ajoutera à notre fatigue et notre inconfort ; s'il est insuffisant, compte tenu de la tâche à effectuer, il la rendra pénible par une sensation de faiblesse. Nous avons donc à rechercher ce rapport optimal entre les besoins créés par notre activité et les apports alimentaires, en observant nos réactions « sur pièces ». Chacun réagissant différemment, et de manière variable suivant les périodes, une théorie générale ne remplace donc pas une connaissance de soi pragmatique.

Le repas, facteur d'équilibre psycho-affectif

Au terme de nos journées, le dîner, un repas familial ou amical, parfois aussi solitaire, permet de faire le point sur la journée écoulée et de partager, quand le contexte s'y prête, nos expériences du jour. La capacité à faire face au stress s'appuie sur un accès fluide à nos ressentis. Prendre conscience des émotions suscitées par les événements de la journée, les verbaliser, permet de voir plus clair et de se resituer. Simultanément, nous trouvons enfin une disponibilité pour écouter nos proches, sans chronomètre dans la tête. Ayant ainsi mieux intégré notre vécu et reçu des remarques et feed-back des autres, nous pouvons envisager la soirée, délestés de la charge diurne. Dans cette perspective, le dîner nous prépare déjà à une nuit sereine. Pour que ces échanges puissent se faire, saurons-nous installer le silence audiovisuel ? Comment partager une relecture de sa journée, quand l'espace intime est occupé par un flux d'images et de sons véhiculant des nouvelles extérieures souvent chargées d'intensité dramatique ?

L'alcool et les excitants

Il est bien reconnu que le stress modifie notre appétence pour l'alcool, les excitants et le tabac, du fait de l'état de tension qu'il suscite en nous. Le déséquilibre créé par le stress et notamment par sa forme chronique nous fait rechercher d'un côté des substances qui apaisent l'anxiété – alcool, tabac, cannabis, médicaments (tranquillisants) – et, de l'autre, les excitants qui lutteront contre la fatigue et le manque d'énergie.

Nous n'insisterons pas sur les considérations de bon sens concernant la consommation d'**alcool**. Chacun connaît les aspects conviviaux et gustatifs du vin et des autres spiritueux autant que leurs effets toxiques pour la santé, en cas d'abus. Évoquons simplement qu'une consommation excessive d'alcool peut être facteur, signe et conséquence du stress :

– facteur de stress : les effets désinhibiteurs de l'alcool sont recherchés comme anti-stress mais ils entraînent également un amoindrissement du contrôle, notamment sur le plan émotionnel et comportemental, avec ses répercussions négatives pour soi et pour les autres – propos déplacés, maladresses et oublis, accidents ;

– signe de stress : bien des personnes, en période d'incertitude professionnelle et de stress, sans pour autant devenir alcooliques, boivent davantage. L'apéritif du soir prend par exemple un caractère systématique. Sans trop se le dire, elles recherchent l'effet anxiolytique de l'alcool. C'est un bon signal d'alerte !

– conséquence d'un stress mal géré ou chronique, la prise d'alcool s'intrique avec une dimension dépressive. À la suite de difficultés qui débordent sa capacité d'adaptation, la personne commence à se dévaloriser et à perdre confiance en elle. Elle recourt à l'alcool pour fuir cette réalité douloureuse. Son problème s'aggrave d'autant, puisque ses capacités d'analyse et de décision s'émoussent davantage.

La persistance d'un tabou entourant l'alcoolisme maintient, dans le monde du travail, une opacité sur un phénomène pourtant très courant et qui touche toutes les professions et tous les niveaux hiérarchiques. La dilution actuelle des responsabilités ne contribue pas à faciliter la mise en œuvre d'une aide efficace pour ceux qui dérivent vers l'alcoolisme sous la pression d'une situation de stress. Fréquemment, lorsque des signes d'éthylisme sont constatés en milieu professionnel, ils ne sont pas confrontés directement avec la personne concernée, mais font plutôt l'objet de conversations dans son dos. La prise en compte, dans ce contexte, n'interviendra qu'à un stade avancé, par des sanctions. Ce non-dit augmente le malaise et isole encore plus celui qui se trouve en difficulté, en faussant ses rapports avec les autres. Un stress relationnel vient donc alourdir une situation déjà complexe en elle-même. Dans certaines entreprises, des médecins du travail organisent, au-delà d'interventions individuelles, des actions sur le thème de l'alcoolisme, avec un effet bénéfique manifeste. La levée du tabou aboutit à un traitement plus fluide de ces situations de crise.

La consommation d'excitants bénins comme **le café ou le thé** suscite des constats du même ordre, mais à un degré moindre. Leur consommation excessive peut aussi être :
– facteur de stress par la nervosité et les troubles

du sommeil induits. La caféine provoque, comme le stress, un état d'hyper-vigilance ;

– signe de stress : nous pouvons constater l'accroissement de notre consommation en période d'hyper-sollicitation où nous recherchons des dopants pour tenir le coup et venir à bout de nos tâches. Dans cette dernière optique, nous avons à répartir la prise de café par petites doses, pour bénéficier d'un effet stimulant plus stable, plutôt que d'ingérer un grand bol le matin, en pensant nous donner un coup de fouet pour la journée. La caféine mettant au moins six à huit heures pour s'éliminer, nous prenons alors en compte la durée de notre activité et l'heure probable de notre coucher ;

– conséquence d'un état de stress plus avancé où les difficultés d'endormissement et les insomnies cumulées à l'épuisement dû à des journées trop tendues laissent sans force dès le matin. Face à cet état de fatigue chronique, plainte fréquente dans nos cabinets de consultation, le besoin de stimulant s'accentue pour combattre la somnolence et la confusion mentale. La même personne, trop nerveuse le soir, de ce fait, doit absorber un tranquillisant ou un somnifère pour s'endormir et se retrouve piégée dans un cercle vicieux.

Le **tabac** appelle des remarques assez voisines quant à ses liens avec le stress. Il s'y rajoute ses effets nocifs sur la santé. La plupart des fumeurs s'accordent pour observer que leur consommation augmente avec leur niveau de stress. Le nombre de cigarettes devient alors un indicateur. Bien que le tabac soit recherché pour se déstresser, le plaisir de fumer s'estompe, l'allumage devient un acte mécanique et les mégots s'accumulent dans le cendrier. Si des tensions excessives s'installent dans la durée, le fumeur se raccroche à cette gestuelle familière dans la tourmente qui l'emporte.

Lors d'un stress social ponctuel, on recourt à la cigarette pour se donner une contenance, pour faciliter un contact relationnel. Malgré l'application toujours plus étendue de la loi Évin, les bureaux où l'on fume sont fréquemment le lieu de stress relationnels avec les non-fumeurs.

Actuellement, on voit s'accroître la consommation, chez les moins de quarante ans, d'autres produits, notamment à base de **cannabis**, dont l'effet lénifiant sur les émotions et l'anxiété gomme le stress de la vie. En faisant disparaître le stress, la personne risque d'une part de se retrouver prisonnière d'une dépendance et, d'autre part, d'éviter des confrontations nécessaires avec la réalité. Ses émotions sont neutralisées et les prises de conscience freinées ; l'impact des événements est amorti, notamment celui des situations « dérangeantes » qui réclameraient justement une réponse adaptative.

Certains médicaments psychotropes (tranquillisants, somnifères) font parfois l'objet d'une consommation excessive ou trop prolongée pour pallier un stress chronique, engendrant une dépendance qui rend le sevrage difficile.

Le stress, par le déséquilibre qu'il crée en nous, favorise donc des conduites de dépendance diverses, réversibles au départ mais qui ont tendance à s'installer et à évoluer pour leur propre compte. En dehors de l'alcool, du tabac, des excitants, des médicaments et des sucreries, une addiction est apparue plus récemment, celle pour les **écrans** qui servent alors de support d'évasion. Pour éviter d'affronter des situations stressantes, certains passent des heures à jouer, à aller sur le net, à regarder des films sans discontinuer et deviennent totalement indisponibles à leur environnement.

EXERCICE ET DÉTENTE CORPORELS

La réaction animale de stress prépare l'individu à réagir selon deux conduites actives, le combat ou la fuite, supposant un organisme en bon état à disposition. Quand nous nous sentons en pleine possession de nos moyens physiques, nous sommes confortés dans notre sentiment de sécurité face aux imprévus qui nous arrivent. Si nos facultés s'amoindrissent, du fait de la fatigue, de la maladie ou du vieillissement, nous nous sentons beaucoup plus vulnérables et insécures. La sensation d'un corps tonique, souple, réactif rejaillit immédiatement sur notre sentiment intérieur d'affirmation.

Le manque d'exercice physique affecte l'équilibre psycho-corporel de nombreuses personnes, trop prises dans leurs implications professionnelles et familiales. Leur corps passe en dernier, lorsqu'elles ont le temps, et reçoit la part du pauvre ! Nous le considérons déjà comme un symptôme de stress significatif, notamment quand ces personnes pratiquaient régulièrement une activité auparavant. Leur humeur s'en ressent souvent, puisqu'elles n'écoulent plus l'excitation physique générée par le stress ni ne bénéficient du pouvoir euphorisant d'un bon moment de sport. La qualité du sommeil s'en ressent également, comme la courbe de poids...

La sédentarité, les mauvaises postures, un climat de tension, des gestes répétitifs favorisent l'apparition des douleurs et **troubles musculo-squelettiques** comme les lombalgies, sciatiques, hernies discales, névralgies cervico-brachiales et tendinites diverses dont souffrent nombre de nos contemporains. On peut en être surpris dans une époque où la mécanisation des engins de manutention et la robotisation ont fait considérablement diminuer la charge physique de travail : ces pathologies deviennent la cause la plus répandue de maladie professionnelle, actuellement, mais résultent aussi d'actes de la vie courante mal exécutés (par exemple, soulever une charge, ramasser quelque chose sur le sol). Quand nous négligeons les données de la physiologie articulaire et nos sensations proprioceptives, nous répétons au fil des années des gestes anti-physiologiques qui raccourcissent la cambrure du cou ou sollicitent à tort notre région lombaire. Nos disques s'usent peu à peu et sont pris en tenaille entre les vertèbres qui les pincent. Quand une hernie discale apparaît, elle comprime une racine nerveuse, provoquant douleurs et troubles neurologiques voire une paralysie (crise de sciatique). La région cervicale manifeste une sensibilité particulière aux tensions et à une gestuelle inappropriée. Les nombreuses heures passées devant l'écran d'ordinateur, une main sur la souris et le combiné téléphonique dans l'autre (quand il n'est pas coincé entre la mâchoire et l'épaule !) pourvoient leur lot de douleurs et de tensions du cou et des épaules.

Le stress, par le fait des tensions qu'il engendre, participe au développement de ces troubles musculo-squelettiques...

Rappelons la formule de Claude Bernard dont la véracité nous apparaît essentielle dans ce domaine : « La fonction crée l'organe. » L'exercice physique régulier entretient l'appareil locomoteur et le système cardio-vasculaire. Plutôt que d'absorber antalgiques et anti-inflammatoires sur de longues périodes, le corps endolori demanderait plutôt de retrouver la physiologie de ses mouvements par des exercices doux et adaptés. Le développement de nos capacités proprioceptives nous permet de nous placer et de nous ajuster au mieux en tenant compte de nos capacités physiques et de notre état intérieur.

Enfin, la pratique de la relaxation, moins usuelle que celle du sport, répond à une nécessité qui ne se limite pas au corps. Nous n'avons pas toujours l'opportunité ni le tonus pour dépenser notre énergie par une activité physique. Bien des journées ou des semaines se terminent avec un corps tendu, ankylosé, endolori. Pour éliminer ces crispations et prévenir l'apparition de contractures plus tenaces, nos muscles demandent que nous venions les relâcher consciemment. Nous exposerons, au chapitre suivant, comment nous y prendre et comment intégrer au quotidien une détente plus durable.

La prise en considération des différents aspects de l'hygiène corporelle concourt à une plus grande vitalité, à une expérience plus sensuelle de notre manière d'être. L'amitié qui se développe ainsi avec notre corps rejaillit sur le plan émotionnel et mental, confortant une bienveillance et une confiance en nousmêmes. La sécurité et la détente passent par le développement de la conscience du corps et le respect de ses besoins et ses rythmes.

Troisième partie

DES PISTES DE RÉSOLUTION

Les deux premières parties ont exploré le fonctionnement du stress et la contribution de l'individu à sa
propre difficulté, du fait même de l'interaction entre
sa faculté de réponse et les stimuli de la vie. Abon-
dance d'éléments nous a prouvé que le stress négatif
ne dépendait pas seulement de l'extérieur, mais aussi
de notre attitude intérieure. En devenant beaucoup
plus attentifs à notre rapport avec la réalité, en apprenant à accueillir avec davantage de souplesse nos
émotions et besoins, en nous appuyant sur l'allié corporel, de grandes perspectives d'amélioration et de
transformation s'ouvrent devant nous. Déjà, de notre
côté, nous jouissons d'un pouvoir de changement à
peine imaginable, tellement il est supérieur à ce que
nous croyons.

Cette bonne nouvelle concernant le potentiel de
liberté dont nous disposons ne doit pas conduire à
négliger pour autant les actions réduisant les facteurs
stressants. Dans cette dernière partie, nous resitue-
rons donc la personne dans son environnement, en
envisageant aussi les possibilités d'intervention dans
le contexte professionnel. Entre une forme insidieuse
de culpabilisation – « Si vous êtes stressé, c'est que
vous vous y prenez mal ! Faites donc du développe-

ment personnel » (dérive d'un libéralisme à tout crin) –, et une surprotection de l'individu qui le déresponsabilise – « Tout votre stress vient de l'entreprise ; vous êtes victime de conditions défavorables » –, un juste équilibre demande à être trouvé. Autrement dit, diminuer le niveau de stress appartient à chacun et à toutes les composantes de l'entreprise, et n'est l'apanage exclusif d'aucune d'entre elles. Direction, service des ressources humaines et de la formation, syndicats, salariés, service médical et service de sécurité vont chacun jouer un rôle pour rechercher la meilleure adaptation possible entre les contraintes spécifiques requises par le projet de l'entreprise et les hommes. Pour parvenir à des résultats satisfaisants, la pluralité des points de vue et la confrontation de leurs contradictions apparentes se révèlent absolument indispensables, aucun aspect ne devant être négligé. Il s'agira donc autant :

– de favoriser l'évolution des personnes dans leur capacité à contrôler leur stress (capacité à faire face et facteurs individuels),

– de rechercher les facteurs de stress liés aux conditions, à l'organisation du travail, à la nature des tâches et aux rythmes (facteurs environnementaux et organisationnels),

– et enfin de repérer ce qui tient à la composition des équipes ou à des incompatibilités de personnes (facteurs relationnels).

Parmi les instances de l'entreprise, nous avons constaté à plusieurs reprises dans notre activité de conseil et de formation le rôle joué par le Comité d'hygiène et de sécurité et des conditions de travail. Par sa mission et les membres qui le constituent (direction, représentants du personnel, médecin, responsable sécurité), il se trouve au cœur d'une démarche vouée véritablement à ce but. La législation sur la prévention du risque professionnel de novembre 2001 l'a conforté dans ce rôle.

Nous verrons au chapitre 9 des exemples d'actions qui intègrent ces trois niveaux individuel, relationnel et organisationnel. Avant cela, nous reprendrons au chapitre 8 une approche plus synthétique d'une démarche de prévention et de contrôle du stress à l'échelle de l'individu, avec l'articulation d'un programme personnel de prévention.

Programme personnel de gestion du stress

	APPROCHE GLOBALE (non spécifique)	CONSCIENCE	APPROCHE ANALYTIQUE (spécifique)
COURT TERME	- Conscience du corps – posture de la respiration - Libération d'énergie : mouvement écriture - Détente - ↗ Force, ancrage corporel - Vide mental - « Bulle » : ajustement de la distance	Arrêt minute Acceptation : Moi dans cette situation Ouverture	- Signal d'alerte précoce - Identification du facteur → individuel / relationnel / environnemental - Représentation → faits / opinion, interprétation Discernement *la* réalité ↔ *ma* réalité RÉPONSE — à quoi *oui* / à quoi *non* *ressenti* ÉMOTIONS *sensations* CORPS *langage du corps*
MOYEN TERME	- Hygiène : sommeil, alimentation - Pratique corporelle, sport, relaxation - Créativité, expression, plaisirs - Affirmation de moi-même	Rendez-vous avec moi-même Priorités	Image de moi Tendances caractérielles Stresseurs internes Identité ↔ BESOINS → Dépendance (-) ← RELATIONS Réseau (+) Appartenance ↘ Réduire les facteurs de stress BESOINS ↓↑ → CORPS → ENVIRONNEMENT ↓ Respect du corps
LONG TERME	- Réalisation de ce que je suis - Sens de *ma* vie / *la* vie	Vision	M'accomplir : faire / recevoir / donner Conduire ma vie
		PRÉSENCE	

8

Bâtir un programme personnel de prévention

Nous avons inventorié, au cours des chapitres précédents, un grand nombre d'aspects et de dysfonctionnements possibles qui concourent chacun au développement du stress. Un chantier si vaste ne doit pas nous décourager mais plutôt être considéré comme un éventail de possibilités. De fait, le contrôle de notre stress, c'est-à-dire la gestion de cette limite ténue, si aisément franchie, entre stimulation profitable et tensions préjudiciables, tient à des variables multiples qu'il n'est pas nécessaire de contrôler simultanément. Nous aurons seulement à privilégier une approche sur une autre, à un moment donné. La démarche ne vise pas la disparition de tout facteur de stress – vaine utopie, il faudrait pour cela que la vie s'arrête. Elle ne prétend pas davantage régir simultanément la complexité de tous nos paramètres intérieurs. Elle recherche simplement un but réaliste atteignable par chacun, compte tenu de son propre niveau d'exigence : se soustraire autant que possible à l'influence de facteurs stressants nocifs et rendre nos fonctionnements psychiques plus fluides et créatifs. Une telle évolution réclame une persévérance d'observation et une écoute attentive.

Précisément, afin que le lecteur ne se trouve rebuté par la confusion qu'il rencontre fréquemment au départ de la démarche et qu'il garde la perspective des changements possibles, nous allons reprendre ici de manière structurée ce qui a été détaillé au fil des chapitres précédents, plus seulement du point de vue de la compréhension, mais à travers des propositions concrètes. Le tableau réunit toutes ces propositions pour en offrir une vision d'ensemble. Il départage déjà deux approches différentes mais complémentaires :

L'approche globale regroupe un éventail de ressources qui, chacune, contribueront à abaisser notre niveau de stress, mais d'une manière non spécifique. Nous ne cherchons pas à savoir quoi, pourquoi ni comment, mais nous nous contentons de prendre acte d'un état de « surchauffe » et, par la ressource utilisée, de revenir à notre régime de croisière. L'approche globale prend une place déterminante dans la prévention du stress.

L'approche analytique articule au contraire ce que nous avons développé dans la deuxième partie du livre – comment recentrer spécifiquement le fonctionnement des trois pôles, tête, cœur et corps – pour répondre de la manière la plus appropriée à une situation précise. Cette approche, dont on peut faire l'économie pour des petits stress du quotidien, devient incontournable lorsque nous constatons un niveau de tension plus élevé, avec des répercussions physiques. Si l'enjeu de la situation mérite une décision mûrement pesée, nous avons également tout intérêt à suivre cette analyse méthodique.

À la confluence des deux approches, nous retrouvons l'élément central qui porte toute la démarche, **le développement de la conscience**. Celle-ci, en effet, peut aussi bien permettre le processus analytique, en éclairant phénomènes internes et faits externes, que s'exercer d'une manière diffuse et demeurer simplement attentive à notre niveau de détente, sans rentrer dans les détails.

Enfin, les moyens mis en œuvre se distingueront

aussi, selon qu'ils interviennent à court, moyen et long terme.

L'APPROCHE GLOBALE

Ressources à court terme

Conscience du corps

Dès que nous reconnaissons, grâce au signal d'alerte précoce, l'apparition du stress, le simple fait de tourner notre attention vers la **perception de notre corps** tend à nous recentrer, même si dans un premier temps, nous ressentons le malaise avec plus d'acuité. Nous pouvons sentir les appuis du corps sur le sol, le siège et nous y enraciner tout en rectifiant notre posture pour nous caler, nous camper solidement en respectant la physio-logie de notre squelette (cf. chapitre 7). La conscience de la respiration abdominale nous empêchera de nous durcir dans une attitude. Il n'est point besoin pour cela d'avoir pratiqué le yoga pendant vingt ans.

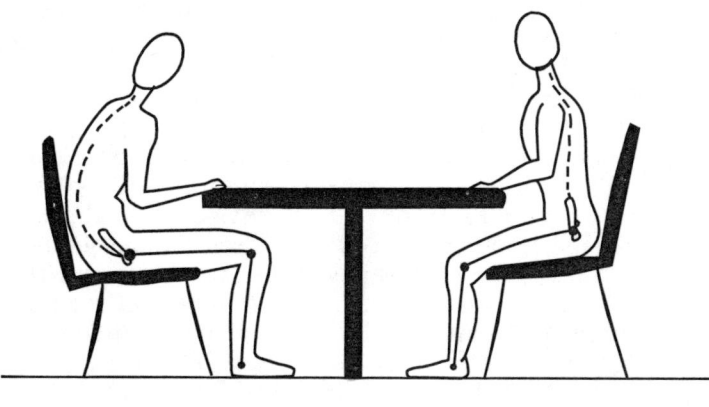

Antiphysiologique   Physiologique

Posture assise

La position assise

Elle sert à reposer ses jambes et non à déformer notre colonne vertébrale, ni à comprimer nos plexus et nos viscères. Avant de nous placer, commençons par quelques mouvements d'accroupissements puis de flexion des jambes afin de réveiller nos hanches. Puis cherchons à sentir le plancher pelvien, la zone qui s'étend de l'anus aux organes génitaux. Normalement ferme et tonique, cette région qui est le fondement du tronc doit se poser sur le siège pour que nous puissions nous redresser naturellement, sans crispation du dos. Aussi faut-il détendre et dégager les fessiers pour installer bien à plat le plancher pelvien sur la chaise puis nous étirer du coccyx au sommet du crâne. Les jambes légèrement écartées favorisent une bonne position du bassin, avec les cuisses un peu inclinées vers le bas. Les pieds posés tranquillement par terre renforcent notre contact au monde. La colonne vertébrale peut alors onduler légèrement comme un roseau à chaque respiration et libérer la cage thoracique. Le ventre se détend et retrouve la souplesse agréable de la respiration abdominale. Les épaules bien dégagées relâchent les trapèzes, la nuque s'allonge, et les bras se déploient sans tension. Ainsi, nous devenons plus perceptifs, en contact, avec une sensation de fluidité et de légèreté. La recherche d'une position assise juste est dynamique et dynamisante.

Sans cette attention à notre position, nous nous laissons glisser sur le siège et nous asseyons sur le bas de la colonne lombaire. Cette posture nocive pour le dos s'installe souvent dès l'âge de l'école ou à l'adolescence. Voûté à table, tordu sur sa chaise ou affalé dans un canapé, le jeune adulte malmène sa colonne, oubliant que son tronc est destiné à s'étirer lors des cycles respiratoires. Les épaules remontent en avant et referment le thorax qui s'affaisse, les côtes viennent appuyer sur le ventre et entravent la respiration abdominale. Comment l'énergie arrive-t-elle à circuler si l'axe qui part du plancher pelvien et ressort au vertex[1], un point très important en médecine chinoise, est dévié ?

----

1. Vertex : point situé au sommet du crâne.

Détente-relaxation

Quand nous constatons un niveau de tension qui devient désagréable et qui risquera de gêner notre sommeil, nous avons intérêt à devenir conscients des crispations musculaires pour les relâcher. La respiration joue un rôle puissant pour se détendre et expirer profondément, soupirer, bâiller sont des actes à la portée de tous, dès que la machine s'emballe ! Si nous disposons d'un peu de temps, par exemple, à l'arrêt dans un embouteillage, au cours d'une réunion qui se prolonge, passons en revue les différentes parties du corps pour les relâcher davantage. Le bain du soir, par le flottement et la chaleur de l'eau, génère naturellement un état de **relaxation**, si nous nous y plongeons un temps suffisant. Enfin, une véritable relaxation allongée, avec l'aide éventuelle du CD joint au livre ou d'une musique, répare davantage les effets du stress et favorise le sommeil ou permet provisoirement d'en pallier la carence. Cependant, si nous avons accumulé trop de fatigue, le corps va nous présenter la dette et le manifester par des douleurs et un épuisement temporaires. Nous aurons à traverser cette réaction avant d'accéder à des sensations plus gratifiantes. Nous pouvons aussi profiter de ce moment pour renforcer nos ancrages corporels par une relation de pesanteur plus forte avec le sol. La détente restitue de l'espace interne au corps, l'aide à retrouver son centre de gravité et le contact, tant avec l'intérieur qu'avec l'extérieur. Suivant la méthode de relaxation employée nous allons soit vers un relâchement profond, proche du sommeil, soit vers un ressourcement d'énergie qui nous rendra toniques en fin de parcours et prêts à affronter la journée ou une épreuve particulière.

Relaxation, un mode d'emploi [1]

Choisir un moment tranquille et s'installer dans une pièce calme pour une demi-heure à une heure.

Veiller à se sentir confortable : passer aux toilettes, porter des vêtements chauds et amples, dégrafer ceinture et cravate. Après quelques étirements afin de délier les différentes parties du corps, on s'allongera sur une grosse serviette ou un petit matelas en posant d'abord la région sacrée puis le dos, la tête, les bras et les jambes. Nous voilà sommairement posés. Vient le temps d'un placement plus précis : les jambes seront légèrement écartées pour que le bassin soit bien ouvert ; nous soulevons légèrement la tête, en étirant la nuque, pour replacer le dos, en égrenant vertèbre après vertèbre du sacrum au cou. La tête est délicatement posée et peut être calée par un petit coussin sous la nuque. Les épaules sont bien dégagées et descendues. Dans leur prolongement, les bras seront allongés à 45° du tronc, les mains ouvertes, paumes face au ciel et doigts déliés. Il reste à allonger les jambes en les plaquant doucement au sol et en tendant les orteils en direction des tibias. Mollets et cuisses s'étirent. En cas de douleurs lombaires, placer un coussin sous les genoux pour ne pas cambrer trop les reins. Nous soufflons, en nous laissant peser de tout notre poids sur le sol.

Successivement, nous ressentons la chaleur et le poids des différentes régions du corps qui se relâchent. Nous accueillons l'air qui nous emplit et nous suivons son trajet interne durant les cycles respiratoires. À mesure que l'enracinement et la pesanteur s'installent, nous voyons apparaître des sensations de fluidité et de légèreté : le thorax s'élargit, nos poumons se dilatent, notre ventre se détend, nos viscères sont massés par les mouvements respiratoires. Nous portons à nouveau notre attention sur les différents segments corporels : la tête, les bras, les jambes, le bassin où nous percevons notre énergie rassemblée dans la région sacrée.

---

1. Le CD en donne une version détaillée.

Au terme de plusieurs parcours, nous nous préparons à favoriser la circulation de l'énergie. Blottie dans le bassin, elle va se déployer et ruisseler comme une fraîche cascade le long de la colonne, vertèbre après vertèbre, jusque dans la tête, puis redescendre en irradiant les bras puis les jambes jusqu'au bout des doigts et des orteils.

Nous retrouvons le contact avec le mouvement en nous étirant par d'amples mouvements et bâillements ; puis nous nous mettons en boule, pour nous masser le dos contre le sol, d'avant en arrière et de droite à gauche. Ces gestes alternés de rassemblement et de déploiement favorisent notre retour à un état plus habituel. Les sons qui accompagnent les bâillements, l'émission d'une voyelle chantée, nous font entrer en résonance avec l'entourage après avoir goûté la saveur moelleuse du calme intérieur.

La séance se conclut par un point sur les ressentis : agréable cette relaxation ? Parfois non. Alors, cherchons : conditions matérielles inadéquates, froid, entrave, bruit ?... Agitation mentale, ronde incessante des pensées : quelles sont-elles ? Laissons-les passer, venir et partir sans nous y accrocher. Émotions profondes dont nous sommes habituellement coupés, qui en profitent pour poindre ? Paisiblement, accueillons-les, notons-les au besoin. Douleurs physiques, inconfort résultent parfois d'une mauvaise installation, à laquelle il est possible de remédier. Les douleurs peuvent aussi être l'expression d'émotions passées, refoulées, enfouies, mais inscrites dans notre chair. Elles se rappellent alors à notre bon souvenir. Traitons-les avec bienveillance, même si nous avons des difficultés à les identifier et à les expliquer. Parfois une attention chaleureuse peut détendre certains nœuds.

Au terme de cette pause, nous nous sentons en général détendus et ressourcés, branchés sur une autre qualité d'énergie. Bien centrés, nous avons savouré notre espace intérieur, expérimenté nos limites et le contact avec l'extérieur. Présents, nous sommes prêts pour l'action, pour la relation avec l'autre, les autres et la vie.

La relaxation, dans l'approche du stress, procure des effets à la fois curatifs et préventifs. Si, après une séance matinale, nous abordons la journée sur cette base de détente, nous verrons mieux venir les réactions de stress. Dans un état d'équilibre stable et centré, il nous sera plus aisé d'éviter qu'elles se déclenchent – c'est la dimension préventive. Après une réaction de stress, la relaxation nous aide à retrouver plus facilement et rapidement un niveau d'énergie confortable, et accélère la récupération – c'est la dimension curative.

Libération d'énergie

Quand nous repérons un excès d'énergie stockée sous forme de tensions et qu'une activité trop sédentaire ne lui offre aucune opportunité de s'écouler, faisons quelques pas ou accomplissons une marche à pied, étirons-nous, questionnons notre corps sur le mouvement qu'il aimerait faire, chantons ou crions si nous sommes prisonniers dans notre voiture. Certains horaires professionnels autorisent un cours de gymnastique (ou autre) durant la journée ; sinon, une marche, la course à pied ou une quelconque activité sportive après la journée de travail libéreront l'énergie accumulée. C'est d'autant plus nécessaire lorsque nous sommes énervés, agressifs, pour éviter de la déverser sur notre entourage. Lorsque notre emploi du temps ne peut inclure une séance sportive, ne négligeons pas des formes d'exercice toujours accessibles : l'escalier monté à pied, les trajets effectués en marchant ou à bicyclette. Transformons nos gestes du quotidien en sport ou en yoga, en y développant la conscience proprioceptive : un ménage fait dans cet état d'esprit équivaut à une séance de gymnastique, une lessive étendue à une partie de volley !

L'humour offre une manière particulièrement élégante d'abaisser une tension qui monte, quand il n'est ni ironique ni cinglant. Par le recul dont il témoigne, il remet les choses à leur place en les relativisant et nous recentre. Mais pour se manifester, puisqu'il ne se commande pas, il demande que nous cherchions déjà à nous détendre, à accepter. Le rire, et d'autant plus lorsqu'il est partagé, décharge la pression émotionnelle et détend le corps. Savoir s'en offrir une bonne tranche, dans des moments où la dramatisation nous gagne, faire le pitre, se caricaturer avec humour, regarder un film hilarant fissureront la gangue de morosité ou de crispation qui nous emprisonne.

L'écriture, quand nos mouvements sont restreints, permet aussi de dégager un surplus d'énergie, en laissant la main courir sur le papier sans se soucier de la qualité du graphisme, en notant une idée qui nous tourne dans la tête et y maintient une tension, par crainte de la laisser échapper ; ou parce qu'elle recherche une forme minimale de concrétisation et nous obsède tant que ne lui avons pas donné ce quitus. Dans le prolongement, l'utilisation de rappels écrits libère l'espace mental de tensions superflues.

La sexualité offre un merveilleux exutoire à un trop-plein d'énergie, à plusieurs niveaux simultanément. Sans parler de son impact relationnel, elle a le pouvoir de nous remettre pleinement en contact avec notre corps et nos émotions profondes. Grâce à elle, nous retrouvons le plaisir de l'instant présent et d'une expression créative. Malheureusement, le désir sexuel pâtit fortement du stress, ce qui nous rend moins enclins à nous régénérer de cette manière – cercle vicieux car la frustration sexuelle et le manque de contacts physique et affectif alimentent des tensions profondes. Savoir s'offrir une soirée en amoureux ou une escapade de week-end en couple, justement dans une période où nous sommes accaparés par des soucis professionnels, créera une brèche dans le mur d'indisponibilité qui nous enferme. Les retombées positives dépasseront évidemment la détente énergétique, quand on sait combien le couple souffre d'un manque chronique d'intimité !

L'alternance de différentes formes d'activité évite d'accumuler fatigue et tensions et favorise le renouvellement de l'énergie. Faisons en sorte, chaque jour, d'alterner contact avec les autres, concentration solitaire, réflexion, action, détente, immobilité, mouvement, activité d'intérieur et d'extérieur, etc.

Vide mental

Le flux incessant des pensées non seulement finit par nous fatiguer le cerveau, mais surtout, par ses liens avec les émotions du stress même mineur, suscite des tensions dans le corps. Les pensées nous captivent – si nous sommes excités – ou nous monopolisent tant – si nous sommes inquiets – que nous en oublions notre corps qui survit comme il peut. Stopper volontairement, quelques instants, cette farandole, faire le vide mental en s'efforçant de focaliser l'attention sur la respiration, accorde un répit à nos neurones en ébullition et ouvre une fenêtre dans notre esprit. Dans cet espace vierge, nous nous retrouvons pour un instant au calme, au cœur même de l'activité quotidienne. C'est l'un des aspects de « l'arrêt-minute » que nous présenterons plus loin.

Mini-sieste

La mini-sieste de quinze minutes fait une pause mentale encore plus radicale et renouvelle notre énergie, quand nous cumulons de longues journées, des déplacements et une insuffisance de sommeil. Elle se place naturellement au moment du fléchissement de notre énergie, dans notre biorythme quotidien (habituellement en milieu d'après-midi) et favorise un regain de meilleure qualité pour la fin de journée. Le fait de détacher l'attention des pensées pour la diriger vers la respiration favorise un endormissement rapide (phénomène valable aussi lors d'insomnies nocturnes). Certains cadres n'hésitent pas à se l'autoriser après le repas, sachant qu'ils seront beaucoup plus performants ainsi, plutôt que de lutter contre la fatigue tout l'après-midi.

Respect de notre bulle de protection

Nous avons déjà évoqué au chapitre 4 le respect de notre « bulle ». Dans les relations interpersonnelles, tout ce qui touche à notre bulle intervient dans les phénomènes de stress. Rester attentif à notre espace intérieur, ajuster la distance physique avec nos interlocuteurs nous aidera à nous sentir à l'aise et à veiller à notre intégrité. La bonne distance est celle qui nous permet la détente.

Ressources à moyen terme

Hygiène du corps

Avec le court terme, nous avons examiné un éventail de possibilités ponctuellement accessibles pour diminuer la pression rapidement. Pour le moyen terme, nous accédons à un autre registre qui concerne notre manière de vivre au quotidien, donc tout ce qui contribuera sur des périodes plus longues (mois ou année) à maintenir l'équilibre entre activité et ressourcement.

Sur le plan des **conseils diététiques**, nous nous bornerons à conseiller au lecteur de veiller à une bonne hydratation en période de stress ; d'éviter de supprimer le déjeuner et de commencer la journée par un petit déjeuner complet, avec un bon apport vitaminique par des fruits et énergétique par des céréales, de s'accorder une vraie coupure à midi plutôt que de grignoter.

Le sommeil bénéficiera de quelques précautions simples. On ne décide pas volontairement de s'endormir mais on peut créer les conditions les plus favorables à l'endormissement : une chambre calme, obscure, aérée et fraîche, une literie de qualité, une régularité de l'heure du coucher pour la synchroniser avec les cycles de sommeil (dont on repère le début par des picotements des yeux, une somnolence), une diminution progressive des sollicitations (moins d'écran – télévision, jeux vidéo –, pas de discussion polémique, pas d'exercice physique dans l'heure qui précède le coucher), un bain relaxant marquant le passage de l'activité à la détente, la prise d'une boisson chaude (infusion ou lait avec du miel), un moment de détente, une fois allongé (relâcher les muscles successivement par zones et accompagner les mouvements de la respiration tranquillement, selon la même approche que dans la démarche proprioceptive). La ronde des pensées se calme, les émotions elles aussi sédimentent et le corps s'endort.

Cette approche du sommeil se prépare également dans la journée en prenant soin de dépenser l'excès d'énergie par un exercice physique, d'éviter la prise exagérée d'excitants dans l'après-midi ; en faisant des points qui nous resituent régulièrement pour ne pas être submergé le soir par des problématiques non réglées.

Sachons aussi être souple dans l'estimation de notre besoin de sommeil, ne nous fixons pas avec rigidité une quantité d'heures à dormir. Si le sommeil nous quitte plus tôt, prenons-le avec souplesse. Voyons ce qui nous monte des profondeurs, détendons-nous, respirons, reposons-nous. Si une idée nous trotte dans la tête, notons-la pour retrouver un espace intérieur calme. Et puis si le sommeil ne revient pas et que cela nous contrarie, levons-nous et profitons de ce moment qui n'appartient qu'à nous pour nous adonner à une activité d'expression ou au passe-temps de notre choix.

Si nos horaires de sommeil se sont complètement décalés par des déplacements ou des couchers tardifs, offrons-nous un week-end pour nous remettre en phase, avec des activités de plein air dans la journée et une mise au lit en phase avec nos premiers cycles de sommeil.

Les personnes qui arrivent à bien résister au stress négatif pratiquent en général une **activité corporelle** régulièrement. Son abandon signe le début du dérapage, avec des symptômes comme la prise de poids et l'hypertension artérielle. Tout un chacun sait d'expérience la valeur d'une activité corporelle pour se détendre comme pour retrouver du « punch ». Les sports, la gymnastique, les arts martiaux, pratiqués d'une manière qui respecte les rythmes et les limites du corps, et bien sûr, plus spécifiquement, le yoga, la relaxation, jouissent de ce pouvoir bénéfique de prévenir et limiter le stress. Ces activités ont aussi le mérite de nous distraire momentanément des situations de tension, nous permettant de prendre le recul nécessaire pour nous recentrer et mieux évaluer les faits et notre ressenti.

Les activités physiques nous permettent aussi de nous impliquer pleinement, tête, cœur et corps. Elles favorisent le **contact** avec nous-mêmes. Souvent, dans la réaction de stress, les pensées s'emballent, les émotions colorent la situation et le corps réagit. Une activité physique soutenue – sport, art martial, yoga – demande le concours de notre corps mais aussi de notre intelligence (habileté, tactique, précision) et de notre cœur (motivation pour gagner ou pour aller jusqu'au bout de l'épreuve, recherche du beau geste). Cette réunification des trois pôles est plus consciente dans la pratique de certains arts martiaux et du yoga, mais elle est le prélude et le fruit de la plupart des activités physiques. Nous pouvons nous en servir lorsque nous avons besoin de résoudre un problème de manière créative : sortons marcher dans un environnement calme et pour un temps suffisant (une bonne heure). Dans un premier temps, concentrons-nous dans le mouvement d'une marche alerte, en le vivant pleinement et en le rythmant avec la respiration, jusqu'à trouver le régime de croisière qui s'impose naturellement. Laissons notre problème au repos dans un coin de notre tête. Sans rien forcer, les idées commenceront à surgir spontanément, comme les morceaux d'un puzzle, et nous conduiront à une solution imprégnée de la vitalité corporelle. Nous découvrons par cette approche qui unifie tête, cœur et corps, plus de recul, de vivacité, de liberté et d'innovation.

Activités créatives et d'expression

Ceux qui pratiquent **un art ou une forme d'artisanat** en expérimentent les effets bienfaisants : arriver fatigué et stressé à un cours de musique, de danse ou de peinture et en ressortir joyeux, avec une énergie inattendue. Des niveaux plus profonds s'expriment et traversent la couche des préoccupations et les dissolvent, au moins temporairement. Point n'est besoin d'avoir un génie artistique mais seulement de ressentir que l'on s'adonne pleinement à ce qu'on fait, en concrétisant quelque chose qu'on porte en soi. Nous incluons dans cette catégorie le jardinage, le bricolage, des activités ménagères d'intérieur, tant que le plaisir reste la motivation.

Vivre des émotions esthétiques, rencontrer, s'ouvrir à des idées, des sensations nouvelles, partager avec d'autres, rire de bon cœur, déguster un repas choisi en bonne compagnie nous distrait de nos tensions quotidiennes et nous ressource. Notre **réseau**

amical joue un rôle très important par les échanges qu'il permet mais aussi comme soutien lors de stress plus importants. Nous négligeons pourtant ces ressources dès que la pression monte, convaincus d'avoir autrement plus urgent à traiter. Des personnes isolées, transplantées loin de leur milieu familier, de leurs habitudes culturelles, deviennent beaucoup plus vulnérables au stress.

Le développement personnel

Le développement personnel prend bien des visages et nous ne détaillerons pas ici le catalogue de ses nombreuses écoles de pensée. Chercher à mieux se connaître, à comprendre ses fonctionnements, quelle que soit la méthode, contribue à nous donner du recul, à nous libérer de mécanismes intérieurs négatifs. Nous nous dégageons mieux des péripéties quotidiennes ou de situations plus délicates et apprenons à nous affirmer, à poser nos limites, capacités éminemment nécessaires en milieu professionnel. L'entreprise propose aux salariés des stages de développement personnel, dans le cadre de la formation continue, et permet à bien des personnes de mieux gérer leur stress. À cet égard, on a connu quelques excès dans des stages ayant pour but l'affirmation de soi, le team building, quand ces méthodes ont été dévoyées en psychanalyse sauvage. De même, des stages de prise de risque ont été imposés sans véritable assentiment des participants.

Au regard du stress, la **méditation** mérite une place particulière au sein des moyens de développement personnel. Les effets de sa pratique régulière tiennent à ce qu'elle réunit une bonne posture, l'attention à la respiration et à la perception intérieure du corps, un apaisement du flot des pensées. Cette dernière propriété dégage des espaces de liberté dans l'esprit, confère du recul et un plus grand discernement. La méditation nous recentre émotionnellement et favorise le contrôle des emportements.

Le développement personnel nous conduit naturellement au long terme.

Ressources à long terme

Les ressources à long terme concernent l'évolution de la personne dans sa globalité, sa maturation. À mesure que nous nous connaissons mieux, à la fois par l'introspection et l'observation de nos réactions et accomplissements dans la réalité, nous savons mieux qui nous sommes réellement et apprenons à l'accepter. Les situations de stress personnelles ou professionnelles nous ont montré les ressources dont nous disposions. L'expérience de la vie, du travail, si nous cherchons à mener notre barque plutôt que de nous laisser partir à la dérive, nous enseigne la différence entre les situations qui valent le stress et celles où nous regretterons ultérieurement d'avoir dépensé tant d'adrénaline inutilement...

Nous cessons de nous imposer des façons d'être aliénantes, de nous faire violence en niant nos besoins profonds pour nous consacrer à la réalisation de ce que nous portons d'essentiel à nos yeux. L'ajustement avec le sens de notre vie nous procure un sentiment de sérénité et nous accueillons de meilleure grâce les inévitables vicissitudes de l'existence.

L'APPROCHE ANALYTIQUE

À court terme

Par l'approche analytique, nous allons traiter une situation de stress pour lui apporter la meilleure réponse adaptative. Ici, le discernement (la tête) pilote la démarche, d'étape en étape, pour veiller à ce que nous restions en phase avec nous-mêmes comme avec la réalité extérieure. L'intuition (cœur) et l'instinct (corps) lui apportent leurs ressources afin que la réponse réclamée par la situation nous corresponde complètement.

Repérer le signal d'alerte. Un symptôme affecte mon corps, mon comportement, mon fonctionnement mental ou émotionnel, et attire mon attention. Si j'ai appris à le repérer (en tant que signal précoce) et que je veux bien l'entendre, je suis maintenant informé du démarrage de la réaction de stress. En l'ignorant, volontairement ou non, je manque l'opportunité de le relier au stimulus en cause et je me condamne à recevoir des messages plus désagréables.

Identifier la situation causale. Une respiration moins ample ne suffit pas à démasquer l'élément qui vient troubler ma routine. J'ai donc à rechercher le facteur déclenchant : provient-il de moi-même (une pensée, un jugement par exemple), d'une relation avec un (des) autre(s), de mon environnement ? Le signal d'alerte et l'instinct vont valider mon diagnostic. S'il est exact, je ressens un certain soulagement de savoir où focaliser mon attention. S'il est erroné, le signal d'alerte continuera d'émettre.

Démêler les différentes composantes de la situation. Quels sont les faits en cause, avant toute interprétation ou opinion de ma part ? Comment me représentai-je la situation, quelles hypothèses quant à sa signification me viennent à l'esprit ? Puis-je déceler la présence d'une émotion qui colore ma vision de la situation, quelle est mon intuition de la dynamique en cours ? Que disent les sensations du corps, l'instinct ?

Ce que nous pouvons résumer par trois questions simples :

– *Que se passe-t-il* (les faits) ?

– *Qu'est-ce que j'en pense* (mon opinion) ?

– *Qu'est-ce que je ressens* (mon vécu émotionnel et mes sensations) ?

Accepter de se trouver impliqué. La phase d'acceptation, d'une importance déterminante, mérite une attention privilégiée. Puis-je accepter ce qui se passe en prenant garde de discerner les faits de mes interprétations ou « films », donc en me calant uniquement sur des certitudes à 100 % ? Mes interprétations doivent être reconnues pour ce qu'elles sont, des hypothèses. Le corps va me signaler par une crispation, une tension, la présence d'un éventuel refus, quand celui-ci n'est pas avéré dans notre esprit (« Oh non ! Ce n'est pas possible ! »).

Le discernement intervient avec acuité pour voir en face ce qui est, d'un côté et, de l'autre, ce qui, selon moi, devrait être (« Cela ne devrait pas arriver ou ne pas m'arriver à moi », ou, au contraire, « Il aurait absolument fallu que cela (m')arrive »). Une fois cette distinction clarifiée, je tente d'accepter ce qui est, en lâchant mon refus de la réalité. Si je n'y parviens pas, c'est que le refus concerne également mon vécu intérieur. Il me faut donc écouter mon ressenti, déceler un éventuel conflit intérieur, et rechercher l'émotion ou le besoin réprimés (langage du corps). Puis-je alors m'accepter comme je suis, sans me juger, dans ce vécu du moment, dans ce comportement ou cette limite qui me déçoivent, sans pour autant basculer dans la résignation ? Quand, enfin, le terrain est déblayé du refus, une vision plus objective de moi dans cette situation se dégage et me permet d'aborder la seconde phase, la réponse.

Décider. La décision comporte deux versants : ce que je réponds à la situation extérieure, et ce que je fais de mon ressenti. Par exemple, un embouteillage bloque mon parcours habituel, je décide de prendre un autre chemin mais aussi, voyant l'intensité de mon énervement, je pousse un bon hurlement pour me détendre.

Mettre en œuvre une réponse adaptée. Le discernement va encore intervenir activement. Des questions basiques nous aideront à faire le tri et parvenir à un résultat qui intègre conjointement efficacité, sécurité et respect de mon identité.

– *Est-ce à moi de répondre à cette situation ?* Si oui, et que je le refuse, je serai stressé. Si non, et que je m'en charge néanmoins, je serai aussi stressé.

– *Ai-je les moyens de répondre ?* Similairement, récuser l'action qui m'appartient et dont j'ai les moyens, cause du stress négatif ; l'entreprendre sans m'assurer de disposer du temps, de l'énergie, des compétences ou des supports techniques, également. La seconde proposition conduit logiquement à l'épuisement.

– *Est-ce le moment ?* Oui, la situation le réclame – stress si je remets à demain ; non, cela peut attendre, ce n'est pas le moment pour moi – stress, si je me laisse déranger sans cesse, si je ne tiens pas compte de mes cycles d'activités et biorythmes. Ce qui, plus tard me serait aisé, me coûte beaucoup plus d'énergie maintenant.

– *À quoi dis-je oui, à quoi dis-je non ?* Afin de me sentir en plein accord avec ma décision, j'en détaille les différentes facettes. J'économise ainsi une grande déperdition d'énergie. Oui, je prends cette communication ; non, je n'y aborderai pas ce sujet-là maintenant, même si l'autre insiste ; oui, j'ai cinq vraies minutes, mais pas davantage, etc.

La rigueur de cette démarche vise une relation étroite avec la réalité, tant extérieure qu'intérieure. Tout le processus est placé sous le faisceau de la conscience. La réaction de stress remplit sa mission, en mobilisant intentionnellement nos ressources, ni plus ni moins que la situation ne l'exige. Nous mettons ainsi toutes les chances de réussite de notre côté.

Nous nous adaptons en gardant notre consistance, en ne laissant rien dans le flou.

À *moyen terme*

L'observation répétée de mes réactions, de mes fonctionnements, va m'enseigner sur des tendances personnelles beaucoup plus durables. Ce que nous écrivions du développement personnel s'inscrit évidemment dans une approche analytique. En connaissant plus clairement mes désirs, mes émotions, mes besoins et potentiels et en considérant les composantes actuelles de mon existence, je peux rechercher un équilibre qui harmonise tous ces aspects au mieux.

Réduire les facteurs psychologiques de stress : *est-ce que je me traite bien ?*

La connaissance de soi permet de voir en quoi certains conditionnements éducatifs, des préoccupations touchant l'image de soi, certains traits de caractère nous causent des tensions superflues. Nous pouvons ainsi remettre en question un perfectionnisme pointilleux, une trop grande importance accordée au regard d'autrui, un manque d'affirmation, une agressivité systématique, une mauvaise relation au temps. Notre identité prend des contours plus définis et notre intuition nous aide à trouver la juste mesure de l'affirmation face aux autres, sans sous-estimer le besoin d'être acceptés par eux (la sécurité affective).

Réduire les facteurs émotionnels de stress : *est-ce que je tiens compte de ce que je ressens ?*

L'identification et la prise en compte, dans une période donnée, de nos besoins affectifs et de réalisation interviennent pour repérer les dépendances relationnelles négatives (chercher trop à plaire, se laisser inhiber par la peur du jugement) dont nous avons à nous affranchir. Cela nous économise déjà bien des émotions pénibles. Nous veillons aussi à entretenir les différents réseaux, professionnels, amicaux, familiaux qui contribuent à notre équilibre affectif. L'appartenance à ces groupes renforce notre sentiment de sécurité.

Réduire les facteurs corporels de stress : *est-ce que je m'occupe bien de moi ?*

À l'instar des besoins affectifs, en reconnaissant les besoins particuliers de notre corps pour la période concernée, nous pourvoyons au support énergétique (par apport direct et par récupération) dont nous avons besoin pour faire face. Nous recherchons à donner à notre corps l'activité et l'environnement les plus favorables, en écartant les nuisances qui peuvent l'être.

La réduction de ces différents facteurs qui captent notre attention et dévorent notre énergie dégage la vision de nos véritables priorités. L'un des points les plus importants consiste évidemment dans l'articulation entre vie privée et professionnelle. Ce sont toutes les questions concernant les motivations qui nous animent :

– Suis-je content de rentrer chez moi le soir ?

– Suis-je content de partir à mon travail le matin ? De le quitter le soir ?

– Qu'est-ce que j'aime vraiment faire et qu'est-ce qui me rebute ?

– Qu'est-ce que je pourrais lâcher pour retrouver du temps ?

En m'interrogeant ainsi, je discernerai mieux la priorité en ce moment. Je saurai plus clairement si je dois ménager plus particulièrement mon couple, une phase décisive de ma carrière ou mes enfants ; si je dois changer d'activité, d'entreprise, entreprendre un cursus de formation. La non-écoute de ces nécessités plus durables et profondes engendre des troubles psychosomatiques proportionnels à l'importance du décalage avec le besoin réel.

À long terme

Une telle démarche, poursuivie dans le long terme, ordonne, autour du sens que nous percevons à notre vie, les priorités qui se succéderont. Nous entrevoyons les étapes de notre existence et leurs spécificités. L'intuition et l'instinct nous donnent le sens des obstacles à franchir, nous indiquent les défis à relever, les besoins profonds à nourrir, les accomplissements vitaux. Trois questions simples nous offrent une base de réflexion :

– *Est-ce que, dans ma vie, je fais ce que j'ai à faire ?*

– *Est-ce que, dans ma vie, je reçois ce que j'ai à recevoir ?*

– *Est-ce que, dans ma vie, je donne ce que j'ai à donner ?*

Si nous nous sommes trop peu écoutés pendant de longues années, ces questions peuvent nous faire peur. Nous craignons de découvrir d'être passés à côté de l'essentiel. Cette rencontre avec nous-mêmes, même si elle se révèle confrontante et réclame du courage, nous évitera d'accumuler des regrets encore plus cuisants. De ce point de vue, elle prépare les bilans de la maturité, puis du déclin de notre vie et de l'approche de la mort. Avant cela, elle nous incite à nous réorienter autant que possible dans le sens de notre vie, pour accomplir ce que nous avons à accomplir. Dans le vaste et puissant courant de l'existence, nous cherchons habilement à mener notre esquif entre les écueils, vers des eaux plus sereines et propices.

LE DÉVELOPPEMENT DE LA CONSCIENCE

Rappelons encore une fois que le développement de la conscience occupe la place centrale de toute la démarche. Comment allons-nous le favoriser ? Au départ, notre conscience est présente en pointillé. Elle émerge spontanément dans des moments de disponibilité et de réceptivité. Sinon elle s'intensifie dans des instants de stress positif où nous percevons tout avec force, ou lors de chocs douloureux de la vie. Tout ce que nous entreprenons, aussi bien en termes d'approche globale qu'analytique, contribue à resserrer le rythme de ces points de conscience et à en allonger la durée.

À court terme

Préventivement : l'arrêt-minute. Au quotidien, essayons aussi souvent que possible de ponctuer la journée de ces arrêts instantanés : dans l'espace de ce court laps de temps, accessible en tout lieu, je me demande amicalement : « Ça va ? » Je prends, dans le feu de l'action, la température intérieure : régime de croisière ? surchauffe ? signal d'alerte ? J'en profite pour expirer et rectifier ma posture. Voilà, c'est fini ! Et je repars à mon activité. Plus ces instants se rapprochent au cours d'une journée, plus le visage de celle-ci change car nous contrôlons beaucoup mieux les dérapages et désamorçons l'effet cumulatif du stress.

Curativement : en situation de stress. Dès qu'un signal indique un stress un peu plus important, posons-nous quelques minutes de plus ou, à défaut, en fin de journée. Le négliger nous expose à somatiser et à détériorer la qualité de notre sommeil. Prenons le temps de tester nos repères internes pour nous réajuster si nous constatons un décalage (voir chapitre 4) : sommes-nous centrés mentalement (en phase avec notre objectif), émotionnellement (nous contrôlons notre émotion) et physiquement ? Explorons également notre perception de l'espace intérieur sur ces trois plans et la qualité du contact avec notre vécu et avec l'extérieur.

Accordons-nous une vraie attention pour déterminer comment nous recevons la situation : acceptons-nous ce qui se passe ? Ne laissons pas le refus se durcir en nous car tout va alors nous agresser, nous excéder. Dans ce moment, la conscience prend la forme d'une ouverture – ouverture à soi-même et ouverture à la réalité. Elle assouplit la rigidité de nos réactions et nous incite à des réponses plus créatives.

À moyen terme

Prendre des rendez-vous avec soi-même. Nos journées et nos semaines laissent peu ou pas de temps mort. Nos activités se succèdent dans un feu roulant et nous pouvons les enchaîner sans prendre de recul. Si nous espérons qu'un miracle se produise et qu'un temps se libère juste pour nous, sans dérangement, nous risquons d'attendre longtemps ! Il nous faut programmer des rendez-vous pour garder le contrôle sur nos vies et éviter que le stress chronique ne les domine. Que penserions-nous d'un manager qui se contenterait de régler les affaires courantes sans jamais planifier ? La micro-entreprise que nous sommes chacun demande tout autant de projeter des objectifs, d'assurer les moyens à mettre en œuvre, de veiller à notre capital santé, avec la vision d'une perspective à plus long terme.

Planifier nos priorités. Notre équilibre intérieur et l'ajustement à la réalité réclament que nous envisagions les différentes données de notre actualité, en les confrontant avec nos aspirations et ressources personnelles du moment. Notre temps et notre énergie sont précieux, parce que comptés, et méritent que nous prenions l'entière responsabilité de la manière dont nous les utilisons. Si nous ne choisissons pas nous-mêmes, les événements ou les autres le font pour nous, et insensiblement nous commençons à subir et nous nous laissons entraîner dans le flot d'agitation ambiante. Alors, nous négligerons précisément les activités qui nous ressourcent, les projets qui construisent l'avenir ; simultanément les péripéties du quotidien, les problèmes des autres absorberont toutes nos forces et notre attention.

À titre indicatif, un rendez-vous hebdomadaire d'une heure, mensuel d'une demi-journée et annuel d'un jour ou deux nous semblent indispensables pour assurer une bonne coordination de nos priorités tant privées que professionnelles.

Il s'agira, par exemple :
– de choisir une activité corporelle ;
– de cibler un trait de caractère négatif à modérer ;
– de dégager du temps pour la vie relationnelle ;
– d'éliminer des tâches chronophages ;
– ou de nous recentrer sur un objectif professionnel.

En prenant un temps plus long que le simple arrêt-minute, un processus de décantation peut s'enclencher et produire le recul indispensable à ces choix. Pour les rendez-vous mensuels et annuels, certaines lectures alimentant la réflexion, la rencontre avec des personnes-ressources de notre réseau relationnel, le contact avec la nature vont contribuer à nous recentrer autour de notre axe de vie.

À long terme

Si nous persévérons dans nos efforts d'**attention**, des percées de conscience commencent à survenir spontanément dans le courant du quotidien et investissent des gestes que nous effectuions jadis mécaniquement. Une veilleuse reste allumée, à l'arrière-plan de nos activités, et s'intensifie dès que le flux des stimulations s'accélère. Nous ne supportons plus de nous laisser dévorer par des préoccupations qui n'en valent pas la peine ni de perdre durablement le contact avec nous-mêmes. « Il y a un pilote dans l'avion ! » Le champ de la conscience s'élargit et englobe dans son panorama les situations extérieures et nos états intérieurs. Alors que le stress négatif emprisonnait en nous la conscience, comme le hamster tournant frénétiquement dans sa roue, elle reprend son essor et nous voit, comme un observateur aérien, dans le théâtre de nos activités.

La **vision** est en effet l'une des conséquences majeures de la démarche, à long terme. Une vision qui ne juge pas mais nous regarde tels que nous sommes dans notre vie, une vision nourrie à la fois de discernement, d'instinct et d'intuition. Nos trois pôles de fonctionnement s'intègrent et s'unissent dans cette nouvelle capacité. Les décisions s'imposent du fait même de la vision, ce qui nous libère des affres du doute. Elles deviennent à la fois plus affirmées et plus sereines. Nous sentons que nous répondons au meilleur de ce que nous pouvons. Une fois posée, l'action n'engendre aucun regret.

Autre conséquence essentielle, la **présence** se déploie et imprègne notre existence : nous sommes bien là, et en entier ; la tête ne se sépare plus du cœur ou du corps en oubliant jusqu'à leur existence. Nous cessons d'attendre, pour nous poser et nous retrouver, l'hypothétique moment où la liste de nos tâches s'épuiserait. La présence ouvre une autre perspective – savourer l'instant, que nous agissions ou nous nous reposions. Étant en accord avec nos choix, ne subissant pas notre vie, cela devient possible. Et si nous nous laissons déborder à l'occasion, si nous traversons une crise, nous ne dramatisons pas. Nous faisons l'expérience de cette turbulence, nous la *vivons*. Plus de sagesse ne nous protège pas des aléas extérieurs ni ne nous rend sans faille mais fait de nous des personnes qui ont du répondant ! Avec l'entraînement, le stress de la vie est devenu un sport que nous pratiquons avec plus de souplesse et d'élégance...

9

Démarches dans l'entreprise

Les différentes facettes du développement personnel que nous venons d'exposer constituent une base éminemment nécessaire dans la vie professionnelle actuelle. Elles ne suffiront pas à enrayer les défauts d'une organisation, à pallier des erreurs de management relationnel ni à faire disparaître des conditions de travail défavorables. Nous allons maintenant envisager les ressources potentiellement disponibles dans l'environnement professionnel. Suivant la taille de l'organisation, son appartenance au secteur public ou privé, les configurations varient, du fait de l'existence, ou non, de telle ou telle instance interne : service sécurité, médecine du travail inter-entreprises ou autonome, syndicats, comité d'hygiène, de sécurité et des conditions de travail (CHSCT), service formation. Nous décrirons donc les responsabilités et possibilités de chacune de celles-ci. Le lecteur, s'il est en demande pour lui-même, trouvera un éventail de recours. S'il est conduit, par sa fonction dans l'entreprise, à rechercher des solutions pour un individu, un service ou la collectivité, il pourra s'inspirer des exemples de réponses et d'actions à ces différents niveaux.

S'occuper du stress professionnel est devenu incontournable déjà sur le plan légal, avec l'obligation de prévention du risque psychosocial, mais aussi à cause du nombre croissant de demandes émanant des salariés, par l'intermédiaire des syndicats, du CHSCT, ou auprès du service formation. C'est aussi le fait de directions (ressources humaines ou générale) qui, d'elles-mêmes ou persuadées par le médecin du travail, ont compris que l'intérêt des personnes et celui de l'entreprise se rejoignaient : la qualité d'adaptation des individus conditionne leur motivation et leur créativité.

L'EMPLOYEUR

Toute démarche s'effectue sous sa responsabilité. Il a un rôle majeur d'impulsion pour des actions d'envergure, tant sur le plan de l'organisation et des conditions de travail que sur la politique de formation. La production annuelle du Document unique[1] sur la prévention du risque professionnel (ici psychologique), pour l'Inspection du travail, lui incombe. Il s'appuie généralement sur le service sécurité et le service médical pour sa réalisation.

De nombreux dirigeants vivent eux-mêmes des pressions considérables, la gestion d'une entreprise (ou d'une administration) se révèle d'une complexité croissante, tant sur le plan des obligations administratives, fiscales, que de la réalisation des objectifs.

---

1. Document unique (article R. 230.1 du Code du travail) : ce document, mis à jour annuellement, inventorie les différentes catégories de risques liés au travail et les évalue. Il implique la mise en place d'un programme de prévention dont les effets seront analysés en vue des ajustements correcteurs nécessaires. Il est tenu à la disposition des membres du CHSCT (ou des représentants du personnel) et des personnes soumises à ces risques. L'Inspection du travail et d'autres organismes de protection sociale peuvent également le contrôler. Le fait de ne pas tenir ce document ni de le mettre à jour est sanctionné (article R.263.1.1).

Le dirigeant se trouve souvent pris entre les orientations de son conseil d'administration, les réalités du terrain, et les hommes. Lors de la visite médicale annuelle, nombre d'entre eux, après un déni initial, s'avouent stressés, voire surmenés – ce qui ne les empêche pas d'être passionnés par leur activité.

L'évidence montre qu'une personne stressée démultiplie le stress, à la fois par la nature de ses décisions et son rythme accéléré, mais aussi humainement par ce qu'elle dégage, par la tension et l'indisponibilité qui en émanent. Le bon sens et l'économie dictent qu'une démarche de prévention devrait commencer par le haut de la hiérarchie. Des stagiaires de nos formations l'expriment souvent : « Si seulement mon patron pouvait venir à ce stage, ça nous ferait du bien à tous ! »

Lorsque des secteurs entiers de l'entreprise sont exposés à des facteurs de stress, les réponses interviennent déjà au niveau de l'écoute et de la qualité de la communication : la façon dont les personnes concernées se sentent entendues, la façon dont l'information est diffusée et sa clarté sont autant d'aspects déterminants.

Effectivement, chaque fois que nous avons pu convaincre, directement ou avec l'aide du médecin du travail, les membres d'un comité de direction de s'impliquer personnellement dans un processus de prévention du stress, nous en avons constaté les retombées positives, pour eux-mêmes et pour l'entreprise, par une meilleure prise en compte des hommes et de leurs réactions, par une manière plus fluide de mettre en place des changements. La manière dont les dirigeants vont présenter les décisions puis les faire appliquer prend quasiment autant d'importance que leur enjeu. On voit de bonnes décisions provoquer des levées de boucliers parce que ces aspects ont été négligés.

Les syndicats, les délégués du personnel, le CHSCT

Suivant les cas, délégués du personnel, membres élus au comité d'établissement (CE), représentants syndicaux et membres du CHSCT appartiendront à la configuration particulière de l'entreprise ou de l'administration concernées. Dans leurs fonctions de représentation et de protection des salariés, ils peuvent tous jouer un rôle important dans la prévention et la gestion de situations de stress. Par leur proximité avec les autres salariés, leur connaissance du travail à accomplir, ils sont informés de l'écart éventuel entre tâches prescrites et tâches effectuées. Leur approche plus globale de l'entreprise, leur connaissance du contexte socio-économique et législatif, leur implication dans différentes instances de l'entreprise les rendent aptes à comprendre la complexité des situations. Dans leur fonction, ils interviennent pour identifier, évaluer le risque psychosocial et peuvent solliciter l'avis d'experts, en interne (service médical), ou en externe.

Ils jouent donc un rôle aux trois niveaux :

– individuel, en écoutant, soutenant et défendant les salariés en difficulté ;

– relationnel, en repérant des tensions et des dysfonctionnements et en signalant, proposant des approches complémentaires des situations ;

– collectif, en demandant des améliorations des conditions de travail et une réduction des facteurs de stress organisationnel, en proposant des actions et en veillant au suivi de celles-ci.

Nous verrons, plus loin un exemple d'action de traitement et de prévention du stress initiée par le service médical et le CHSCT.

LE SERVICE SÉCURITÉ

Il a pour tâche d'identifier et d'évaluer les risques de toute nature dans l'environnement professionnel. Traditionnellement voué à la recherche des dangers physiques, il gère particulièrement les accidents en recherchant leurs causes matérielles, pour en prévenir la récidive. Ses actions de prévention concernent aussi les maladies professionnelles. Il était déjà confronté au stress, qui intervient à travers des facteurs comportementaux, dans les accidents du travail. Cette ouverture au domaine psychologique et comportemental a été confirmée par la loi de 2001. En effet, il est généralement chargé par l'employeur de réaliser le Document unique, et de remplir l'obligation légale de le réviser annuellement.

Un responsable de la sécurité peut être à l'initiative d'une action d'information ou de formation visant la prévention du stress. Il nous est ainsi arrivé de faire des conférences sur ce thème ou d'étudier un projet de formation à la demande directe de l'un d'entre eux.

Certaines structures font appel à des intervenants en prévention des risques professionnels (IPRP), à des ergonomes, à des hygiénistes industriels pour leurs capacités à analyser et proposer des mesures de correction et d'amélioration des conditions de travail. Leur expertise intervient donc pour diminuer les facteurs de stress

LE SERVICE MÉDICAL

Le service médical a pour mission de veiller à la santé physique et mentale des salariés, à la fois par un suivi individuel et par un rôle de conseil sur le plan de l'organisation et des conditions de travail. Son influence et ses possibilités d'action, en pratique, varient considérablement s'il s'agit d'un service autonome, installé in situ et connaissant donc bien les hommes et les rouages de l'organisation, ou d'un service inter-entreprises, qui a la charge d'effectifs plus élevés sur plusieurs lieux, et avec des secteurs d'activité différents. Médecins et infirmiers représentent un pôle de stabilité et de continuité dans le temps, au regard des fluctuations d'organigramme de l'entreprise, quand la pérennité de leur présence leur permet d'observer, en perspective, les changements et leur impact. Idéalement, ils incarneront, au niveau collectif, le pôle stable de la conscience réfléchie. Nous envisagerons maintenant les facettes de leur rôle, quand ils bénéficient du positionnement et des conditions d'action les plus favorables. Nous apporterons l'exemple de situations vécues par Isabelle Sauvegrain dans son activité.

Le rôle du médecin

L'identification et l'évaluation des facteurs

Nous avions déjà évoqué le fait que médecins et infirmières ont vu augmenter les signes de stress de leurs consultants et le nombre des consultations spontanées pour problèmes personnels et relationnels. Le médecin a donc un panorama de l'existence du stress dans l'entreprise et dans ses différents services. Il peut également en évaluer le niveau par l'importance des retombées comportementales et psychosomatiques.

La connaissance des personnes, de la nature de leur travail, de l'évolution des relations interpersonnelles et des organisations permet plus aisément de diagnostiquer les facteurs de stress d'origine professionnelle, avec l'aide des intéressés eux-mêmes, de l'encadrement, des services compétents, du CHSCT.

Ces éléments concourent à déterminer l'aptitude d'un salarié à son poste de travail.

Le diagnostic individuel

Il s'appuie sur les dires du consultant et les manifestations physiques qu'il met en avant : tensions, douleurs musculo-ligamentaires ou viscérales, signes cardio-vasculaires sont écoutés et, en l'absence d'une pathologie organique, replacés dans un contexte psychosomatique. Un bon examen clinique complété, s'il le faut, par des examens complémentaires, permet de rassurer le consultant et de suggérer une cause autre à ses symptômes. Quand la douleur est-elle apparue ? Dans quelles circonstances ? Par quoi est-elle aggravée, apaisée ? La personne est écoutée dans sa globalité, au-delà de son symptôme. En tâtonnant, le diagnostic se fait plus précis, avec le concours de l'intéressé.

André, responsable des services généraux, me fait la grâce de venir passer sa visite car il n'a pas que cela à faire et d'ailleurs tout va bien. S'il en éprouve le besoin, il a son médecin traitant qui, lui, est un vrai médecin, et de son choix... Son introduction teintée d'agressivité ne me laisse pas indifférente. Je prends sur-le-champ quelques instants pour me recentrer et me détendre, afin de pouvoir l'écouter.

Nous poursuivons la consultation, en faisant le point sur son travail, sa santé et sa vie personnelle. Sa vie personnelle ne me regarde pas ! Pourtant, il m'avait précédemment confié des difficultés dont je venais m'enquérir...

L'aspect travail le rend plus loquace. Il apprécie beaucoup son rôle de maître de maison veillant à la qualité du nettoyage, de la restauration, du courrier, de la reprographie. Mais la multiplicité des tâches, l'impatience et l'exigence des clients internes le fatiguent. Sa santé ne pose aucun problème, d'après lui. « Circulez, il n'y a rien à voir » est le message qu'il souhaite me faire entendre.

J'entreprends donc l'examen clinique complet habituel, après avoir observé sa réticence à se déshabiller. Discrète et rapide, je fais le tour des différents organes et fonctions et note des paramètres normaux. Je suis surprise de découvrir de grandes plaques d'eczéma réparties sur les bras et les jambes, alors qu'il ne s'en est pas plaint, malgré leur état inflammatoire. Je le questionne pour en cerner les caractéristiques d'apparition et d'évolution. Je m'interroge sur un possible lien allergique avec ses conditions de travail. Dirigeant l'équipe, il ne s'expose pas personnellement au contact des produits de nettoyage. Il me confirme qu'il ne manipule aucun produit lui-même et que, de toute façon, ses méthodes de travail sont bonnes et que les concentrations nécessaires et suffisantes sont respectées. Je n'ai pas à lui apprendre son travail ! Nous passons en revue les autres facteurs allergisants, lessive et savons, alimentation, sans aboutir à une piste convaincante. Perplexe, j'hésite à m'arrêter là et à le laisser avec sa poussée d'eczéma en me contentant de lui conseiller de voir « son » médecin ou un spécialiste. L'intuition d'un blocage énergétique dans le territoire cutané, interface préférentielle entre l'individu et l'autre, l'individu et le monde, me conduit à lui offrir de pousser plus loin l'investigation. Son agressivité du début pourrait exprimer sa défense contre une détresse sous-jacente.

Je reviens au contexte professionnel pendant qu'il se rhabille, en envoyant des sondes. Cela ne doit pas être facile d'encadrer des équipes de services généraux, avec des gens si différents... Sa figure s'éclaire soudain et il me regarde, les larmes aux yeux, avec un vrai sourire. Il enchaîne sur ces gens qui n'en font qu'à leur tête pour effectuer leurs tâches. Il se sent impuissant et ridiculisé, face aux libertés prises avec les protocoles qu'il tente d'établir. Sa langue se délie et il s'installe confortablement. Lui, si pressé, semble perdre la notion du temps pour me décrire ses difficultés à gérer les initiatives des uns et des autres. Il en a des boutons depuis quelque temps... Enfin, voilà nommé le symptôme qui m'a alertée ! Son refus de cette situation qui le contrarie devient évident pour lui, grâce à la prise de recul suscitée par l'écoute empathique. Il prend conscience des effets aux niveaux corporel, intellectuel et émotionnel de ce stress relationnel.

Tandis qu'il parle de son émotion, ses larmes coulent à nouveau, laissant entrevoir un grand désarroi – un désarroi sans proportion avec sa seule situation professionnelle. Je reste silencieuse. Entre deux sanglots, il confie son histoire. Il pensait avoir trouvé la femme de sa vie après deux divorces et deux enfants. Il souhaitait construire lentement sa nouvelle vie, en commençant par éponger ses dettes et clarifier sa situation avec ses enfants. Alors qu'il n'en voulait pas d'autre, au moins dans l'immédiat, il a été mis devant le fait accompli par sa nouvelle compagne. Âgée aussi d'une quarantaine d'années, elle a refusé de temporiser. Malgré de fortes tensions entre eux et son immense refus, sa compagne a tenu bon et mené sa grossesse jusqu'au bout. Il n'arrive pas à accepter cet enfant et, encore moins, que sa compagne ait décidé seule de l'attendre et de le garder.

L'impuissance vécue par André au travail réactivait celle qui le révoltait dans cette paternité non décidée. En réalisant toute la violence de ce conflit intérieur et interpersonnel, il ressentait maintenant le lien entre ce sentiment cuisant et ses poussées d'eczéma.

Le suivi et le conseil individuels

Quand il se montre attentif aux données extérieures de la situation de travail comme aux ressentis corporel, émotionnel et intellectuel de ses consultants, le médecin joue un rôle de miroir qui permet à la personne de prendre du recul, de réaliser plus clairement l'impact de la situation sur elle. Il favorise l'émergence d'une **prise de conscience**, qui sort de la confusion la personne en souffrance. La situation s'éclaire dans sa dimension objective et dans les aspects subjectifs qu'elle fait résonner. Les interprétations, sous-tendues par des expériences antérieures conscientes ou inconscientes, peuvent apparaître au consultant qui s'en saisit ou non. De même, le scénario et les projections émotionnelles qui voilent la réalité deviennent plus tangibles. Miroir neutre, le médecin renforce le rôle de la conscience réfléchie. À partir de cette remise en perspective le consultant, mieux situé, saura plus aisément développer ses capacités à faire face.

La dimension d'écoute et d'empathie représente un apport fondamental, car elle manque fréquemment dans l'univers professionnel. Elle suffira dans bien des cas à désamorcer le stress. Elle rend de l'espace, remet en contact, recentre, et suscite une détente favorable au recul nécessaire.

Le suivi comporte différents aspects, à la fois vers le plan médical avec l'orientation vers les médecins traitants, mais aussi sur le plan humain, par un soutien, une compréhension, une aide pédagogique, et sur le plan professionnel par les mesures concernant la protection du salarié et son aptitude à son poste de travail.

La médiation relationnelle

Le médecin pratique également la médiation relationnelle :

> Une crise de colite conduit en urgence un acheteur au service médical. La consultation révèle qu'il ne supporte plus les permanents changements de priorité impulsés par son responsable : « Attelé à une tâche déclarée prioritaire, je suis sans cesse dérangé par une autre demande présentée comme plus urgente. Je ne dispose pas des éléments nécessaires pour établir moi-même le choix des priorités et j'ai l'impression de me faire promener en bateau, manipuler comme un pantin au détriment de la qualité de mon travail ; ça me noue les tripes ! » Après avoir compris comment son perfectionnisme pouvait contribuer à le paralyser face ces imprévus, il constatait, à

côté de ce facteur personnel de stress, des facteurs relationnel
et organisationnel.

J'ai donc proposé de nous retrouver avec son responsable
pour mettre à plat la façon de travailler ensemble (relationnel)
et au sein de la société (organisationnel), dans mon bureau,
afin de faciliter l'expression réciproque des attentes et des
besoins, dans un climat de respect. En servant d'interprète
entre deux mondes psychologiques différents, j'ai favorisé une
meilleure compréhension mutuelle des façons de voir et de
fonctionner, et l'expression de demandes recevables.

Le rôle du médecin se révèle précieux dans l'**abord
du stress relationnel**. Face à des situations d'incompréhension ou de conflit, il peut recevoir tous les protagonistes qui le souhaitent, les écouter, les prendre
en compte dans leur subjectivité. Écoutés et respec-
tés, ils se détendent et sont invités à prendre du recul.
Chacun élargit son point de vue partiel et partial – ma
situation, mon problème, les inconvénients pour moi
– à d'autres facettes de la situation qui l'éclairent et
la complètent. Le médecin, dans un premier temps,
essaye de parler avec chacun sa langue, puis tente de
trouver un langage commun qui tienne compte de la
différence des approches. Il nomme ce qui appartient
au registre des faits, à celui des opinions et des préférences personnelles, à celui du jugement et des émotions, pour éviter que le débat ne s'enlise en polé-
miques stériles.

De là, soit une possibilité de conciliation émerge
entre les protagonistes, soit le médecin peut encore
intervenir auprès de la DRH ou de l'encadrement pour
qu'un mouvement de poste résolve une incompatibi-
lité relationnelle trop destructrice. Les confidences
qu'il reçoit sous le sceau du secret médical l'aident
parfois à élucider des situations complexes : ce que
personne n'osera dire en public sera posé avec soulagement dans la confidentialité du cabinet médical –

problème d'alcoolisme d'un collègue, troubles du comportement, chantages et harcèlement. Une personne peut ainsi se plaindre d'être persécutée par un collègue ou un supérieur hiérarchique, alors que c'est elle-même qui exerce une véritable oppression sur toute son équipe pour empêcher la parole de circuler, elle est l'incendiaire qui crie au feu ! En entendant isolément les uns et les autres, le médecin verra progressivement plus de vérité émerger.

Les actions au plan collectif
Si le médecin ne décide pas de l'organisation de l'entreprise, il joue un rôle de conseil non négligeable au plan collectif, pour la direction comme pour le Comité d'entreprise et les représentants du personnel. Il s'exprime également au sein du CHSCT dont il fait partie. Ses visites dans les ateliers et les bureaux, conjointes aux confidences qu'il recueille, éclairent sa perception des situations. L'ensemble lui permet d'évaluer les conditions, la charge et le rythme de travail, l'ambiance relationnelle d'une unité, d'une équipe, d'un service... Il intervient auprès des directions concernées pour réduire les facteurs de risque, jouant un rôle de sentinelle, Il a un rôle de consultant pour la rédaction du Document unique.

Ses possibilités se trouvent néanmoins restreintes, d'une part du fait du secret professionnel – il ne peut faire état des confidences reçues, pourtant bien plus proches de la vérité que les discours publics ; d'autre part, la direction reste la décisionnaire et refuse parfois, soit d'entendre ses messages d'alerte, soit de les prendre en compte pour des raisons politiques ou financières. D'une société à l'autre, d'une direction générale à l'autre, le crédit dont dispose le médecin varie notablement. Certains se retrouvent cantonnés à un exercice de routine, avec une audience minimale.
Devant certaines difficultés pressenties ou confir-

mées, il propose des actions collectives d'évaluation du stress, d'identification et d'appréciation des facteurs – nous en exposerons plus loin un exemple. Il contribue à mettre en place des actions de correction et de prévention avec l'aide, si nécessaire, de consultants spécialisés. L'implication de la direction, de la DRH et des membres du CHSCT sera alors gage de réussite.

Dans nos interventions auprès d'entreprises multinationales, les médecins du travail disposaient d'une véritable marge d'influence et d'action qui tenait à la fois à leur position, à leur ancienneté et à leur fort investissement personnel. Ils ont permis la réalisation d'actions d'envergure de prévention du stress, en jouant pleinement cette fonction de conseil auprès des partenaires de l'entreprise. Nous en donnerons un exemple approfondi plus loin.

Le médecin du travail ressent souvent la nécessité de formations complémentaires pour mieux tenir les différentes facettes de son rôle. Dans l'ensemble bien préparé à la gestion du risque physique, chimique et biologique, il est parfois démuni devant l'émergence du risque psychosocial. Un parcours de formation spécifique complète les ressources dont il dispose pour déployer des actions au niveau individuel, relationnel et collectif. Ainsi, mieux préparé à percevoir, sous la plainte corporelle, un malaise psychosomatique, il renforcera son écoute empathique du consultant et élargira ses possibilités d'action.

Le rôle de l'infirmier(ère) du travail

L'infirmière[1] partage avec le médecin le rôle de diagnostic et l'écoute des salariés. Sa présence, souvent

---

1. La profession étant majoritairement féminisée, nous avons fait le choix du féminin en espérant que les infirmiers n'en prennent pas ombrage !

plus continue que celle du médecin, représente une ressource précieuse que nombre de personnes savent solliciter. Sur le plan diagnostique, son expérience et une formation adéquate lui permettent de pressentir ce qui revient sans doute à une problématique de stress. La qualité de son écoute, sa capacité à apporter du réconfort et à effectuer un certain *nursing* apaiseront le consultant dans bien des cas. Elle joue aussi un rôle de miroir et de prise de conscience sur les composantes du stress, et suggère des pistes de solutions de bon sens. Elle peut transmettre des clés de compréhension et montrer les bases corporelles de la détente et de la respiration abdominale. Dans des situations plus complexes ou aiguës, il lui revient de diriger la personne vers le médecin ou vers un spécialiste.

Au niveau relationnel et collectif, elle peut apporter son soutien et participer aux actions impulsées par le médecin. Ce fut le cas dans la plupart de nos actions, où les infirmières jouèrent une fonction de relais irremplaçable, par leur contact quotidien avec les salariés.

Le rôle de l'assistante sociale

Nombre d'entreprises et d'administrations d'une certaine taille bénéficient de la présence d'une assistante sociale, autonome ou intégrée au service médical ou à la DRH. Elle apporte également ses capacités d'écoute et une aide concrète précieuse pour gérer des facteurs de stress extra-professionnels.

LA DRH ET LE SERVICE FORMATION

Le service des ressources humaines

Il joue d'évidence un rôle capital dans la modulation des facteurs de stress, par ses interventions aux niveaux individuel, relationnel et organisationnel, notamment pour les profils de poste, de carrière, les embauches, etc. Quand l'évolution économique et la politique de l'entreprise le transforment en gestionnaire d'effectif, il risque de perdre le contact direct avec les employés et le sens de sa dénomination. D'aucuns trouvent ce rôle ingrat et difficile, tiraillé entre respect des personnes et objectifs financiers. Il demande alors d'avoir développé des capacités relationnelles particulières pour préserver le sens de la considération humaine et accueillir le stress des personnes confrontées à des changements pénibles.

Au sein des directions des ressources humaines, les services de formation jouissent de possibilités privilégiées d'action pour la gestion du stress. En effet, investis de la mission du développement professionnel des employés, ils disposent d'un budget réglementaire conséquent. Certaines entreprises l'augmentent encore, par un choix de la direction ou du fait d'accords collectifs.

Le service formation

Il participe de manière déterminante à la prise en compte du stress dans l'entreprise, dans ses composantes individuelles, relationnelles et collectives.

Au niveau individuel, de nombreux facteurs de stress peuvent être diminués par la formation professionnelle. L'acquisition de compétences complémentaires renforce le sentiment d'adéquation et de sécurité dans une tâche à effectuer et un rôle à tenir. Elle permet d'évoluer professionnellement et de développer ses capacités d'adaptation au changement – possibilité précieuse dans l'évolution actuelle du monde du travail où il importe de préserver ou d'améliorer son employabilité.

Des formations à la gestion du stress individuel et relationnel renforceront la capacité à faire face et aideront à éliminer certains facteurs stressants. Des formations moins spécifiques en développement personnel participent à l'affirmation du potentiel individuel et à une prise en compte ajustée de ses limites.

Un accompagnement personnalisé ou le coaching apportent des formules « sur mesure » à des personnes qui sont confrontées à de nouvelles responsabilités, à un contexte difficile, pour utiliser au mieux leurs ressources ou évoluer dans leur carrière. Certaines entreprises ont aujourd'hui recours aux compétences de psychologues qui interviennent aux trois niveaux : individuel, relationnel et collectif.

Le bilan de compétences permet de questionner l'orientation choisie ou subie, fruit des circonstances du moment ou des choix de l'entourage familial. Il devient un moment de prise de conscience et de recul qui incite à infléchir son parcours professionnel, pour l'accorder mieux avec ses compétences, ses goûts et ses besoins. Il constitue alors une forme particulière de « rendez-vous avec soi-même », tels que nous les prônons. Les réajustements qu'il déclenche, harmonisant vécu et aspirations personnels avec l'activité professionnelle, feront diminuer les tensions ressenties ou manifestées.

Toujours dans le domaine de la prévention du stress individuel, on trouve encore des formations en gestion du temps, en gestion des priorités ; des formations au changement qui aident à l'accompagner plutôt que le subir ou lui résister.

Au niveau relationnel, il existe de nombreuses propositions de formation dans la perspective du développement personnel qui contribuent à l'évolution des compétences relationnelles.

Au niveau relationnel et collectif : beaucoup d'entreprises prévoient pour leurs cadres un programme qui les forme au management de leurs équipes et où le développement des capacités relationnelles occupe une place importante.

Dans cette optique, la DRH, en instaurant les entretiens annuels d'évaluation, permet au manager de faire le point avec ses collaborateurs. C'est l'occasion de fournir des repères clairs, sur le plan des objectifs et des moyens nécessaires pour les atteindre. Nous avons vu combien le flou générait de l'incertitude et du stress. L'entretien représente aussi une opportunité de réguler des aspects concernant le comportement et la relation.

Les services formation et des ressources humaines se sont évidemment trouvés au cœur de nos interventions, déjà pour l'organisation et le soutien logistiques, mais aussi pour la construction et l'articulation « sur mesure » du projet de formation.

Nous conclurons en illustrant comment les différentes instances se sont complétées pour diminuer et prévenir le stress dans une entreprise en pleine mutation ou en restructuration.

UN EXEMPLE D'ACTION D'ENVERGURE SUR LE STRESS [1]

Notre action a débuté avec des médecins du travail appartenant à un grand groupe industriel pour parta-

---

1. Cette action a reçu le prix Santé et Entreprise 2005 du Club européen de la santé. Le jury était présidé par le chef du service de l'Inspection médicale du ministère de l'Emploi, de la Cohésion sociale et du Logement. L'action, commencée chez Rhône-Poulenc Agro, a continué chez Aventis CropScience, issu de la fusion avec l'agrochimie de Hœchst, et se poursuit chez Bayer CropScience (rachat par Bayer suivi d'une nouvelle fusion).

ger avec eux nos constats quant à l'évolution du climat de l'entreprise ; mais surtout pour leur transmettre, dans le cadre de séminaires de formation, les clés de compréhension et de gestion du stress que nous avions développées. Eux-mêmes, une fois sensibilisés, nous ont envoyé leurs équipes d'infirmières. À travers ces formations à la gestion du stress individuel et relationnel, ils devenaient, au sein de l'entreprise, des relais actifs d'une pédagogie d'information et de prévention auprès des salariés. Cette pédagogie a été appuyée par des conférences ou des ateliers ouverts d'une demi-journée, permettant de mieux cerner la réalité et les enjeux du stress.

Certains des médecins, confrontés à des réorganisations ou pressentant l'arrivée de bouleversements importants, ont convaincu des équipes de direction de venir expérimenter elles-mêmes le processus de formation. Outre l'apport pour la gestion de leur stress personnel, ces dirigeants ont pu constater une retombée positive inattendue, comme action de *team building*. Ils pouvaient aussi être rassurés de vérifier que la démarche restait ancrée dans les réalités de la vie professionnelle et ne prenait pas l'allure d'une psychanalyse sauvage. Ils devenaient plus vigilants à ne pas transmettre leur stress aux collaborateurs ni à les stresser en croyant les faire avancer.

Puis les bouleversements pressentis se sont produits, avec fusion puis rachat et donc des restructurations amples et répétées. Le stress des salariés, plongés dans l'incertitude sur leur devenir ou poussés à accepter des changements qu'ils ne souhaitaient pas, avait été bien anticipé par les services médicaux, en lien avec partenaires sociaux et direction. Le CHSCT a été le lieu d'une élaboration commune où les différentes parties sont parvenues à la conviction d'agir sans attendre des signes de dégradation, pour l'intérêt conjoint des hommes et de la structure. Tandis que chaque instance (syndicats et direction) continuait d'assumer fermement son rôle dans les négociations du plan social, une action de formation d'envergure a pu être montée grâce à cette décision prise au nom de l'intérêt de l'ensemble. Les membres du CHSCT ont décidé d'expérimenter, comme un groupe pilote, la formation qui serait proposée, en accès ouvert, à l'ensemble des salariés. Fait remarquable, compte tenu de l'hétérogénéité d'appartenance des participants (médecin, ingénieur sécurité, représentants syndicaux, directeur), des échanges et un riche partage d'expérience s'est révélé possible, montrant que dans un climat de confiance on peut transcender des clivages traditionnels de fonction. Ayant validé la formation, ils ont incité d'autres groupes à la suivre et ce, régulièrement, durant toute la période de restructuration, pour accompagner le changement.

L'impact de cette démarche collective, montée en synergie avec les services formation, a permis une prise de conscience plus généralisée et un fructueux partage de pistes de résolution. Les échanges entre stagiaires illustrent nos propos théoriques et servent de situations expérimentales à étudier et éclairer. Ils offrent l'occasion de découvrir d'autres personnes de l'entreprise. La parenté et la variété des expériences et des ressentis forment le terreau d'une éducation à l'écoute, au respect de la différence. Les règles du jeu, clairement annoncées et respectées par tous, la confidentialité notamment, permettent une implication authentique des participants.

Enfin, les remaniements importants qui transformaient l'organisation des services, les mouvements de cadres ont fait émerger la nécessité de resserrer la trame relationnelle pour fédérer les équipes reconstituées. Le CHSCT expérimenta un second module de formation concernant la dimension relationnelle. La DRH relaya cette initiative, ayant senti l'importance d'impliquer prioritairement les cadres dans cette formation puisqu'ils sont des piliers fondamentaux de l'organisation. Le processus se poursuit donc avec ceux-ci, toujours en ajustement constant avec la réalité de l'entreprise.

Durant ces changements qui se sont déroulés sur plusieurs années, les services médicaux ont représenté l'élément de continuité. Ayant traversé les périodes successives, ils en connaissaient les particularités et gardaient la mémoire des événements collectifs. Ils devenaient, face à des interlocuteurs qui changeaient, une présence témoin et garantissaient la cohérence et la poursuite des actions. Ils ont assuré, avec constance, le contact avec nous, les formateurs. Nous avons, comme eux, suivi toutes les phases du changement, ce qui faisait également de nous des « points fixes » et des dépositaires de la mémoire collective.

Les salariés ont dû affronter des changements, d'éprouvantes périodes d'incertitude, mais la grande majorité de ceux qui ont décidé de participer aux stages ont témoigné de l'utilité des clés qu'ils avaient reçues. Ils ont aussi exprimé combien ils ont été sensibles au fait d'avoir été pris en compte de cette manière, dans leur difficulté, par l'entreprise.

Conclusion

Le monde du travail, la société et notre environnement ont notablement changé au cours de ces dernières décennies et continueront de changer. L'affirmation des droits de l'individu s'exprime avec une exigence croissante sur le plan de la qualité de vie. Homme ou femme, nous ne voulons plus des contraintes que les générations précédentes supportaient sans trop protester. Au travail, la protection de l'individu a permis de diminuer considérablement les risques physiques encourus, en termes d'accidents ou de maladies professionnelles. Les phénomènes de tension et d'usure s'exercent donc maintenant à un niveau plus subtil, non plus directement sur le corps mais sur le plan mental et émotionnel. Les facteurs de stress ne menacent plus, comme d'antan, la santé des salariés, par la dureté, la pénibilité physique des tâches et leur éventuelle dangerosité. Des pressions d'un autre ordre sont apparues, comme le raccourcissement des délais et la gestion en flux tendu, l'accélération incessante des changements, une exigence impérieuse de rentabilité financière immédiate, touchant progressivement tous les secteurs de la société. Cette évolution amène une partie des salariés à une hyperactivité et une surcharge croissante, tandis que d'autres sont exclus du mouvement général, inactifs prématurément du fait de leur âge ou d'une forme d'inadéquation à des changements trop rapides. Certains, encore dans le monde du travail, se retrouvent en marge dans leur environnement professionnel, en sous-charge, et se sentent à la fois dévalorisés et déconsidérés.

La dimension humaine et la qualité des relations dans l'entreprise pâtissent de cette évolution. Si le mineur de fond du XIXe siècle était confronté à des conditions de travail inhumaines, le salarié d'aujourd'hui, dans un environnement beaucoup plus protégé, connaîtra plutôt une forme de déshumanisation dans les rapports professionnels, insidieuse et sans éclat. L'individu se trouve exposé à une gamme variée de multiples sollicitations et agressions qui ébranlent sa stabilité psychique. Il oscille entre la sur-implication avec sa spirale de stress chronique, et des ruptures qui le font basculer dans la démotivation ou le stress aigu. Le législateur a reconnu cette évolution puisqu'il demande aux employeurs de prévenir ces risques.

Comme la réaction de stress bouleverse notre physiologie de manière identique, quelle que soit la cause d'origine, les divers facteurs de stress qui nous touchent ont un effet cumulatif. Ils produisent alors un stress chronique qui affecte notre équilibre psychosomatique global. On l'observe ainsi avec les troubles musculo-squelettiques qui représentent plus de 60 % des maladies professionnelles et sont générés, en partie, par le stress. Les tensions psychiques se répercutent sur le corps en crispations et mauvaises postures, et exacerbent des lésions tendineuses ou articulaires.

Heureusement, la réaction de stress n'obéit pas à une fatalité implacable puisqu'elle témoigne d'une interaction vivante entre un individu et son environnement. Elle tient donc autant aux facteurs en cause qu'à la capacité de cet individu à y faire face. Vu l'environnement dans lequel nous vivons et travaillons, et donc la multiplicité des sources de stress, nous nous épuiserions vainement à vouloir éliminer toutes les nuisances. Comme un certain nombre d'entre elles échappent totalement à notre contrôle, nous avons la ressource de renforcer notre capacité à faire face – potentialité que nous avons principalement développée dans ce livre. Il s'agit donc de recréer sans cesse un équilibre qui maintienne un niveau suffisant de stimulation (stress positif), tout en respectant les limites propres à chacun, pour éviter l'usure et les effets destructeurs.

Nous disposons de trois facultés essentielles pour appréhender la réalité et nous adapter aux changements qui surviennent : le discernement intellectuel, l'intuition et l'instinct (au sens où nous les avons définis). La démarche consistera à rendre plus performant le fonctionnement de ces facultés. La résolution et la prévention du stress demandent une grande clarté et précision de fonctionnement intellectuel. Le stress provient très souvent de nos représentations de la réalité qui s'éloignent de la stricte vision des faits. Nous nous laissons entraîner, avec la conviction que ce sont des certitudes, dans des interprétations qui n'ont pourtant pas plus de valeur que des hypothèses ou des projections. Le discernement intervient alors pour nous ramener à la réalité et pour l'accepter telle qu'elle est et non telle que nous l'imaginons ou la voudrions. Dans cette adhésion attentive au réel se trouve le fondement de l'efficacité : elle rend optimal le rapport entre effort fourni et résultat – la meilleure réponse avec la dépense minimale d'énergie. Accepter la réalité inclut d'accepter aussi notre vécu de la situation et toutes nos réactions. Or celles-ci se produisent pour une part dans nos profondeurs subconscientes. Pour nous accepter nous-mêmes, tels que nous sommes, nous devons mieux nous connaître, sans jugement, et reconnaître émotions, désirs et besoins. L'émotion non assumée vient aggraver la perturbation du stress et cesse de le faire dès que nous lui rendons sa place. Notre intuition se dégage alors des projections émotionnelles et nous aide à inventer des réponses originales et créatives. S'épanouir et se détendre durablement réclame que nous écoutions nos besoins et apprenions au mieux à les satisfaire. Quand nous prenons soin de nous intelligemment, nos priorités s'ordonnent autour d'un axe à long terme qui donne sens et fédère notre vie dans toutes ses dimensions.

Le corps, enfin, parent pauvre de notre système éducatif, mérite de notre part un traitement plus respectueux et davantage de considération pour ses ressources irremplaçables en situation de stress. Les modifications de sa physiologie nous avertissent immédiatement de la décharge d'adrénaline, notamment par le biais de la respiration. L'instinct, que nous pouvons développer en cultivant les sensations proprioceptives, nous guide dans les moments où il faut décider vite et sûrement ou quand l'intellect est perplexe. Par son sens naturel de la limite, il nous incite à dire non ou stop, nécessité impérative dans la vie professionnelle actuelle.

Dans un monde où tout devient mouvant et incertain, nous pouvons et devons trouver des repères et une stabilité en nous-mêmes. Toute la démarche de prévention du stress repose sur le développement de la conscience, seul pôle stable dans le flux des changements extérieurs et intérieurs. Elle nous permet de prendre le recul nécessaire à la fois vis-à-vis des événements et de nos réactions émotionnelles, tout en découvrant des richesses insoupçonnées dans notre ressenti. Ainsi, notre adaptation aux vicissitudes de la vie respectera mieux nos valeurs et notre identité. Une large palette de moyens se propose à nous pour développer la conscience réfléchie, nous n'avons que l'embarras du choix. Les approches corporelles actives ou de détente, les activités créatives et d'expression, le développement personnel sous toutes ses facettes offrent, chacun, des manières variées de se retrouver soi-même, de se recentrer.

La connaissance de soi, à la fois par l'analyse et les prises de conscience, nous montre comment certains de nos fonctionnements psychologiques et de nos traits de personnalité accentuent notablement notre stress et l'empêchent de se résoudre. Les expériences de stress, éclairées par l'observation consciente, nous conduisent à évoluer vers plus de sérénité et d'efficacité dans nos actes. Notre énergie ne se disperse plus dans la fébrilité ni dans les fausses priorités mais se rassemble sur les seuls objectifs valables à nos yeux. Ces choix délibérés concentrent notre force et nous rendent présents à l'acuité de chaque moment, pour en apprécier la saveur. En ponctuant nos journées de brefs arrêts, en nous accordant des moments plus longs de recul, la qualité de notre vie se transforme. Au lieu de courir du matin au soir après le temps, nous avons le sentiment, comme un navigateur, de rester à la barre. Conduire son existence devient une expérience passionnante. Nous voyons mieux venir les perturbations et apprenons à manœuvrer et garder notre cap malgré des vents contraires.

Parallèlement au renforcement de notre capacité à faire face, nous cherchons à diminuer les facteurs de stress, autant qu'il est possible. L'entreprise (ou l'administration) dispose de toute une gamme de ressources pour agir et prévenir, tant au niveau des individus, que des relations, de l'organisation et des conditions de travail. Il lui appartient de réduire les nuisances et dysfonctionnements qui affectent la santé physique et psychique de ses employés. Différentes instances de l'entreprise interviennent dans ce registre : direction, service des ressources humaines et de la formation, service médical, service sécurité, représentants du personnel et syndicats. Il y va de l'intérêt de tous, et à tous les échelons : pour l'entreprise, des individus sereins et bien centrés montrent davantage d'efficacité et de créativité ; pour les salariés, le respect dont ils sont l'objet les encourage à s'investir et à engager le meilleur de leur potentiel. Sinon, l'appauvrissement des relations humaines et le manque de considération entretiennent méfiance et démotivation, sur le fond. Comment se confronter à la concurrence impitoyable de la mondialisation et survivre à plus long terme si on se prive de la richesse créative et de l'implication des hommes ?

Pour en savoir plus

Sur les possibilités de formation proposées par les auteurs, le lecteur peut consulter le site internet : **résolustress.fr**

La démarche pédagogique développée dans ce livre, avec l'ensemble des schémas, est protégée sous la marque : **Résolustress**

La réalisation infographique des schémas a été effectuée par Caroline Varon.

Le dossier lauréat du Club européen de la Santé – prix Santé et Entreprise 2005 a été conçu et réalisé par Sophie-Anne Sauvegrain.

Remerciements

Toute notre gratitude va
– à celles et ceux qui, avec patience et bienveillance, ont éclairé notre recherche de leur expérience vivante. Au fil du temps, ils nous ont transmis les clés essentielles que nous nous efforçons de mettre en pratique depuis plus de trente ans et qui constituent les fondements de ce livre ;
– à nos conjoints qui ont partagé, depuis les débuts, notre recherche, nous ont soutenus de leur amour et nous ont aidés tout au long de la rédaction de ce livre ;
– à nos parents qui ont su nous transmettre des valeurs essentielles ; à nos enfants, Priscille, Sophie-Anne et Jérôme, et Nirmala, Frédérick et Axel. Ils nous apportent des joies toujours renouvelées et nous préservent de l'illusion quand nous pourrions nous croire arrivés !
– à nos frères, beaux-frères et belles-sœurs, à nos amis qui, par leur affection et par les expériences partagées, nous stimulent dans notre recherche ;
– à Geneviève Imbot-Bichet qui nous a apporté une aide précieuse par sa connaissance du monde de l'édition.

Nous remercions chaleureusement les confrères et consœurs médecins du travail et leurs équipes infirmières qui nous ont fait la confiance de participer à nos stages, et plus particulièrement, pour leur appui, les docteurs Alain Paris, Claire Moulin et Jean-Claude Contassot ; et enfin, les docteurs Simone Bassinot et Jean Mathis dont l'engagement durable et le soutien actif ont permis la réalisation d'actions en profondeur.

Nous souhaitons également témoigner notre reconnaissance aux stagiaires, consultants et patients qui, au quotidien de notre pratique, nous accordent leur confiance, en partageant leur vécu et leurs difficultés face aux péripéties de la vie et en expérimentant les clés de compréhension et d'évolution que nous leur proposons.

Nous remercions enfin les directions et différentes instances des entreprises qui ont fait appel à nos services pour la qualité des relations développées au cours de nos partenariats.

Table

Deuxième partie

Les ressorts de l'adaptation

Troisième partie

Des pistes de résolution

Du docteur Christophe Massin

Le bébé et l'amour,
Aubier-Flammarion, Paris 1997.

Vous qui donnez la vie,
Aubier-Flammarion, Paris 2001.

DANS LA MÊME COLLECTION

Mal de mère, mal d'enfant
Catherine Garnier-Petit

Le diagnostic anténatal
Dr Clarisse Foncacci

L'attente et la perte du bébé à naître
Micheline Garel et Hélène Legrand

Vivre ensemble la maladie d'un proche
Dr Christophe Fauré

Le couple brisé,
de la rupture à la reconstruction de soi
Dr Christophe Fauré

Vivre le deuil au jour le jour
Dr Christophe Fauré

Vivre le grand âge de nos parents
Anne Belot et Joëlle Chabert

La vie en maison de retraite
Claudine Badey-Rodriguez

Une nouvelle vie pour les seniors,
Psychologie de la retraite
Philippe Hofman

Quand la mort sépare un jeune couple,
le veuvage précoce
Corine Goldberger

Composition IGS
Impression Bussière, décembre 2005
Éditions Albin Michel
22, rue Huyghens, 75014 Paris
www.albin-michel.fr

ISBN : 2-226-16879-6
N° d'édition : 23944. – N° d'impression : 054433/4.
Dépôt légal : janvier 2006.
Imprimé en France.